Manuali Laterza
172

Titolo dell'edizione originale
*Einführung in die Rechts-
und Staatsphilosophie*

© 2000, Wissenschaftliche
Buchgesellschaft, Darmstadt

© 2003, Gius. Laterza & Figli
per la Prefazione di Giuseppe Duso

Traduzione di Luca Basso
e Massimiliano Tomba
Revisione di Emanuele Cafagna

Prima edizione 2003

Questo volume viene pubblicato
nell'ambito delle attività del Centro
Interuniversitario di Ricerca sul Lessico
Politico e Giuridico Europeo, che è parte
del Centro di Ricerca sulle Istituzioni
Europee con sede presso l'Istituto
Universitario Suor Orsola Benincasa
di Napoli

Hasso Hofmann

Introduzione alla filosofia del diritto e della politica

a cura di Giuseppe Duso

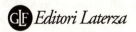 Editori Laterza

Proprietà letteraria riservata
Gius. Laterza & Figli Spa, Roma-Bari

Finito di stampare nel gennaio 2003
Poligrafico Dehoniano -
Stabilimento di Bari
per conto della
Gius. Laterza & Figli Spa
CL 20-6729-3
ISBN 88-420-6729-6

Prefazione

La novità del lavoro di Hasso Hofmann si mostra già nel titolo: non solo un'introduzione alla filosofia del diritto, ma un'*Introduzione alla filosofia del diritto e della politica*, secondo un legame che non è comune nelle trattazioni disciplinari in Italia. I temi classici della filosofia del diritto – definizione del concetto, principi universali di riferimento, rapporto tra validità ed effettività, dottrina dell'ordinamento, rapporto tra produzione e interpretazione delle norme – sono considerati non in uno spazio teorico e dottrinale autonomo, ma nel legame stretto che hanno con il modo di intendere e di organizzare la vita in comune degli uomini e l'ordine della società, in tutte le diverse forme che essa ha assunto nel corso della storia antica e moderna. Per questa ampiezza della trattazione, non limitata alla – peraltro centrale – figura dello Stato moderno, si è preferito tradurre il termine *Staatsphilosophie*, che l'autore ha utilizzato nel titolo tedesco di questo libro, con l'espressione italiana *filosofia della politica*. L'attenzione continua all'intreccio tra la dimensione del pensiero e le strutture «costituzionali» (usando il termine in senso etimologico e non pregiudicato dal significato moderno) delle comunità umane permette di individuare e porre in rilievo quel nesso tra diritto e forma politica che ha la sua manifestazione più evidente nella centralità che i concetti nati con il *giusnaturalismo* hanno assunto nel contesto della dottrina dello Stato e delle moderne costituzioni.

Quello della riflessione sul diritto naturale non è un semplice momento tra gli altri nella storia del pensiero, come dimostra lo spazio che Hasso Hofmann dedica ad autori quali Hobbes, Locke, Kant in modo particolare, e Hegel. Si tratta infatti di un momento di modificazione radicale del modo di intendere l'uomo e la politica che è stato proprio di una millenaria tradizione di pensiero. La rilevanza accordata alla filosofia politica moderna costituisce la premessa per un'interrogazione problematizzante, la quale evita i pericoli sia di una trattazione di tipo storico-descrittivo, che neutralizzi la riflessione critica, sia di un'analisi «teorica» che, appiattendo gli autori e i problemi in un quadro omogeneo, perda lo spessore dei cambiamenti radicali di prospettiva e rischi di muoversi all'interno di una scelta presupposta di valori. Il volume segue perciò i diversi assetti teorici che la riflessione sul diritto e sull'ordine della società ha assunto, riportandoli alle concrete esperienze storiche da cui sono sorte domande ed esigenze.

Teso a fornire un quadro complessivo sul diritto e sulla politica, il presente lavoro, in una sintesi nella quale chiarezza ed essenzialità si accompagnano a ricchezza di informazione e profondità di ragionamento, è il risultato di un lungo cammino di ricerca, iniziato in modo significativo con l'analisi critica di uno dei giuristi che con maggiore radicalità hanno riflettuto sui concetti fondamentali della politica e dello Stato moderni: quella monografia (*Legitimität gegen Legalität. Der Weg der politischen Philosophie Carl Schmitts*, Berlin 1964, trad. it., *Legittimità contro legalità. La filosofia politica di Carl Schmitt*, Napoli 1999) si presenta ancor oggi come uno degli studi più acuti ed equilibrati su Schmitt. Ma l'attenzione alla logica dei concetti e al loro legame con gli assetti storici e costituzionali si è imposta soprattutto con quello che è il più importante lavoro sulla storia del concetto di rappresentanza politica (*Repräsentation. Studien zur Wort- und Begriffsgeschichte von der Antike bis ins 19. Jahrhundert* [*Rappresentazione. Studi sulla storia della parola e del concetto dall'antichità fino al XIX secolo*], Berlin 1974, 1990²). È qui che si dispiega la capacità di analizzare le determinazioni dei concetti, il significato che assumono all'interno dei diversi contesti storici, le modificazioni che si producono.

Una tale attenzione critica innerva anche il presente volume, nel quale, seguendo l'interrogazione sul *giusto* posta in apertura della kantiana *Dottrina del diritto*, Hofmann riporta fin dall'inizio il diritto alla domanda originaria *sulla* giustizia, che è anche una domanda *di* giustizia, e che rappresenta il filo conduttore di tutto il lavoro. In questa ricostruzione il diritto, inteso come l'insieme delle leggi poste, si trova in continua tensione con quell'idea di giustizia che chiede se le leggi cui gli uomini obbediscono corrispondano a principi di giustizia universali. Tale tensione percorre tutta la storia e diviene tragica opposizione sempre attuale, come appare dalla vicenda antica di Antigone fino alle più sconvolgenti vicende contemporanee, quale quella del totalitarismo.

La presenza costante e fondamentale della questione della giustizia, che caratterizza una lunga storia del pensiero, costellata di impostazioni diverse, come si può notare con Platone, Aristotele, lo stoicismo, il cristianesimo, sembra cessare, o interrompersi, con la filosofia politica moderna, la quale, in virtù di quel radicale mutamento che abbiamo ricordato, fornisce una soluzione formale al problema della giustizia, riducendola al quadro delle leggi legittimamente create all'interno dello Stato. Nell'orizzonte di questo cambiamento, inaugurato dal giusnaturalismo hobbesiano, è il concetto di libertà che si pone al centro dell'attenzione teorica, e con esso anche quell'istituzione dello Stato e quel potere politico che tale libertà devono tutelare e realizzare.

Riconoscere nella libertà il concetto centrale della filosofia politica non significa tuttavia che lo si accetti come valore indiscusso e privo di problemi e che con esso si tracci una linea di demarcazione tra il moderno e il suo «progresso» da un lato e la più «arretrata» tradizione del pensiero antico e medievale dall'altro. Quella che l'autore esercita in questo testo è, al contrario, una riflessione che si interroga sul significato e sulle conseguenze dell'eclissarsi della domanda sul giusto, significato e conseguenze che egli già ha messo in luce in un magistrale volumetto destinato a questo tema attraverso un itinerario di iconografia politica (*Bilder des Friedens oder Die vergessene Gerechtigkeit* [*Immagini della pace ovvero la giustizia dimenticata*], München 1997). In esso gioca un ruolo centrale il confronto tra un modo di intendere la politica segnato dalla questione della giustizia e dalla nozione di governo, quale si palesa nel famoso affresco del *Buon governo* di Ambrogio Lorenzetti, e quello inaugurato dalla moderna scienza politica di Hobbes, contrassegnato dalla nozione del diritto e della libertà degli individui e dalla sua unica possibile garanzia, costituita dal potere dello Stato, quale si evidenzia nel frontespizio del *Leviatano*.

Anche nel presente volume la riflessione su questa rottura operata dalla dottrina politica moderna appare centrale, come pure la problematizzazione del nesso tra libertà e potere caratterizzante la forma dello Stato moderno, una problematizzazione che emerge all'interno della stessa storia dell'epoca e del pensiero moderni, come si può riscontrare facendo attenzione alla secolare vicenda del dibattito sulla giustizia sociale e al riemergere recente, anche a livello teorico, della questione della giustizia.

L'esercizio filosofico della critica, non acquietata nella semplice ripetizione di valori unanimemente accettati, e l'attenzione alla logica dei fenomeni giuridici e costituzionali emergono chiaramente quando si riflette sulla situazione paradossale a cui mettono capo le enunciazioni universali dei diritti dell'uomo, nel momento in cui questi ultimi vengono intesi come presupposti fondativi della vita politica e del potere dello Stato, dal quale traggono la loro effettività. Senza dubbio essi hanno origine da un bisogno di giustizia e mirano, senza restrizioni, all'emancipazione degli uomini, ma, in quanto sono invocati, nel contesto delle moderne costituzioni, come principi di assetti politici determinati, essi finiscono per delimitare i raggruppamenti umani, creando confini di inclusione ed esclusione, particolarizzandosi dunque inevitabilmente e negando l'impulso universale cui devono la loro esistenza. Si pensi inoltre alla difficoltà di intendere sulla loro base – sulla base cioè del concetto astratto degli individui eguali posto al centro dell'ordinamento – le differenze, la pluralità dei soggetti, le minoranze e la loro valenza politica. Ma questo è solo un esempio della capacità dell'autore di mettere in questione valori che sono divenuti luoghi comuni indiscussi; in realtà, come si è detto, sono il disegno complessivo del volume e l'attenzione stessa alle domande originarie che hanno mosso il pensiero sul diritto e sullo Stato ad acquisire il tono dell'interrogazione filosofica e ad assumere una funzione di stimolo nei confronti della formazione critica del lettore.

Per questo carattere problematizzante e intrinsecamente filosofico, che – così mi sembra – qualifica lo spirito autentico della ricerca di Hofmann, il volume si presenta come uno strumento prezioso in relazione al diritto, alla politica, alla dottrina dello Stato, alla riflessione filosofico-politica, attraversando temi e autori fondamentali. Ne risulta un quadro nel quale l'ampia informazione si accompagna alla capacità di offrire linee di orientamento: un quadro insieme storico e critico, che appare necessario non solo per quanto riguarda una singola disciplina accademica, ma per l'ambito più vasto della ricerca sulla sfera pratica dell'agire umano. Il testo offre dunque una serie di nozioni basilari e tuttavia supera quegli steccati disciplinari che impediscono spesso la comprensione vera dei problemi e che non sono consoni al processo concreto della ricerca.

A buon titolo questa traduzione si inserisce nell'ambito delle attività del Centro interuniversitario di ricerca sul lessico politico e giuridico europeo (lo stesso Hofmann ne fa parte come membro della Consulta scientifica), tese alla ricostruzione critica della genesi e della logica dei fondamentali concetti politici e giuridici della tradizione europea, al di là di una continuistica storia delle idee che tende a ipostatizzare e a rendere universalmente validi concetti che hanno la loro genesi e trovano il loro specifico significato solo all'interno della Modernità. Il lavoro complessivo di Hasso Hofmann sul pensiero giuridico e politico, che trova in questo testo un significativo compendio, indica una via particolarmente feconda per una ricerca critica di storia dei concetti.

Giuseppe Duso

Premessa

La riflessione sul diritto è parte integrante della riflessione sul buon ordinamento della comunità umana. Perciò il presente testo prende in considerazione i principi della filosofia del diritto nel contesto delle questioni che riguardano la filosofia dello Stato. Pensato come una sorta di introduzione, questo testo non cerca di fornire l'accesso a una mera successione di singoli punti di vista, attraverso un ragionamento che passa in rassegna il campo dei problemi gettandovi uno sguardo retrospettivo. Questa concatenazione di riflessioni non intende dunque seguire né uno schema rigorosamente storico né un preciso schema sistematico. Si deve piuttosto mostrare che i progetti sistematici rispondono a domande che – una sola volta o con delle variazioni storiche – sorgono a partire da concrete esperienze storiche. Nascono così, per fare un esempio, le sempre più pressanti richieste dei nostri giorni in merito alla giustizia sociale e le teorie che, non certo per il semplice automovimento del pensiero, vengono sviluppate al riguardo.

L'autore è debitore verso la sua segretaria, Edith Rotscholl, che durante l'anno ha lavorato con provata pazienza e precisione sulle molte (progressivamente sempre più brevi) versioni di questo libro, per renderlo più leggibile. Thomas Osterkamp non si è stancato di pormi delle questioni alle quali si devono molti miglioramenti del testo.

H. H.

Berlino, agosto 1999

Introduzione alla filosofia del diritto e della politica

Parte prima
Il diritto e il giusto

Capitolo primo
Che cosa è il diritto?

§ 1. IL RADDOPPIAMENTO DELLA DOMANDA

I. *Kant e il positivismo dei giuristi*

Tutte le trattazioni relative al diritto che non rispondono semplicemente alle esigenze della prassi giuridica vertono su due questioni. O si vuole sapere con precisione cosa sia realmente il diritto, inteso nella sua essenza, e che cosa differenzi le proposizioni giuridiche da altre proposizioni; o si discutono i criteri in base ai quali il diritto posto da qualche autorità appaga la sua implicita pretesa di essere *giusto*, vale a dire corretto ed equo.

Per quel che riguarda l'«essenza» del diritto, viene spontaneo prendere le mosse dall'esperienza quotidiana di disposizioni autoritative dei più diversi tipi: dai provvedimenti adottati dalla polizia nella circolazione stradale, alle sentenze penali, per giungere quindi alle leggi che prevedono l'aumento delle tasse. Conformemente a ciò, si può concepire il diritto come un sistema di comandi tesi a guidare l'azione, di imperativi o enunciati normativi, di proposizioni prescrittive anziché descrittive, e fare della scienza dell'essenza del diritto una scienza che indaga esclusivamente la struttura e il nesso sistematico che lega tra loro le norme giuridiche, intese come enunciati normativi (*infra*, § 2). In questo modo si presuppone la distinzione tra imperativi giuridici e imperativi morali (*infra*, § 1, II). D'altra parte l'essenza del diritto può anche essere interpretata semplicemente come un fatto della vita sociale, se vista come si presenta sotto forma di istituzioni, contesti d'azione e procedure. Possiamo cioè considerare e descrivere la peculiarità del diritto rispetto agli altri fenomeni sociali dal punto di vista delle scienze sociali, storiche o culturali (*infra*, § 3). E come l'approccio normativista separa le norme giuridiche dalle norme morali, anche il diritto va visto, in quanto fatto tra altri fatti culturali, nella sua fattuale particolarità (*infra*, § 4). Tutte queste possibili distinzioni non riguardano però la contrapposizione, nella quale, per così dire, il diritto si riconosce in quanto tale, e cioè l'antitesi tra giusto e ingiusto (*infra*, § 5). Di questa distinzione si dice che essa viene in parte «trovata» e in parte «posta» (*infra*, § 6).

Il secondo grande complesso di questioni trova invece il suo nucleo concettuale nell'interrogativo originario della filosofia del diritto, ovvero nella domanda relativa alla giustezza, giustizia o giuridicità del diritto. Una classica formulazione del problema è offerta da Immanuel Kant (1724-1804). Nell'*Introduzione* ai suoi *Principi metafisici della dottrina del diritto* (par. B) egli afferma:

> Questa domanda potrebbe ben mettere il giureconsulto, che non vuol cadere in una tautologia o che invece di dare una soluzione generale vuol rimandare alle leggi positive di un paese qualunque e di un qualunque tempo, appunto nello stesso imbarazzo in cui la celebre domanda: *Che cos'è la verità?* mise il logico. Egli può, certo, conoscere e dichiarare che cosa appartenga al diritto (*quid sit iuris*), vale a dire ciò che le leggi in un certo luogo e in un certo tempo prescrivono o hanno prescritto; ma se ciò che queste leggi prescrivono sia anche giusto, e il criterio universale per mezzo del quale si può riconoscere in generale ciò che è giusto e ciò che è ingiusto (*iustum et iniustum*), gli rimane completamente nascosto...[1]

Kant considera quindi apertamente insensata una «dottrina del diritto puramente empirica». Questa dura critica è rivolta all'identificazione esclusiva del diritto con ciò che prescrivono di volta in volta le *leggi* promulgate (che in questo senso sono «positive») dai detentori del potere di turno. Tale concezione viene perciò chiamata *positivismo legale*. Essa, in verità, oggi non ha più alcun sostenitore, poiché ciò che, in un luogo determinato e in un tempo determinato, non solo in modo astratto e universale ma in questo o in quel caso specifico, «è conforme a diritto» non lo si può ricavare semplicemente dai codici e dalle raccolte di varie disposizioni di legge comprese nei numerosi decreti di attuazione o negli statuti comunali. Ciò è reso infatti problematico dall'esigenza ineludibile di una mediazione tra la norma generale e astratta e la fattispecie concreta, considerata nella sua singolarità storica. È necessario quindi osservare come il materiale giuridico di partenza venga rielaborato e trasformato dall'attività giurisdizionale, o più precisamente, dalle decisioni sempre nuove dei tribunali di grado superiore. Si può certo discutere circa l'estensione del potere dei giudici; ma fondamentalmente questo sviluppo e perfezionamento del diritto positivo realizzato dalla sentenza – di fatto del tutto inevitabile in ogni applicazione giudiziale del diritto – è senza dubbio, in forza di un impiego secondo Costituzione dell'amministrazione della giustizia e delle disposizioni procedurali che prevedono la possibilità di accedere a gradi più elevati di giudizio, «conforme a diritto». Non solo i sistemi anglosassoni di *Case Law*, ma anche gli ordinamenti giuridici eretti a partire dalla raccolta sistematica («codificazione») del diritto all'interno dei codici, stabiliscono quindi un repertorio di sentenze pronunciate dai tribunali superiori su casi singoli, le quali vincolano (in qualità di «precedenti») le decisioni future relative a casi simili. Degni di attenzione sono inoltre i principi giuridici generali riconosciuti in una comunità giuridica al di là delle regole scritte o delle loro speciali e particolari espressioni legali, come l'obbligo di rispettare i patti o il divieto di un comportamento contraddittorio. E a tutto ciò si aggiunge, in quanto fonte della conoscenza giuridica, la tradizione dottrinale della giurisprudenza, così come essa si riflette nei principali commentari giuridici e nei libri di testo relativi alle diverse branche del diritto.

La critica kantiana, però, non colpisce solo l'ormai superato *positivismo legale* ma anche, per estensione, l'attuale *positivismo giuridico*, che include nel suo concetto di diritto anche il diritto di produzione giudiziale, quello consuetudinario e i principi generali riconosciuti nella prassi. Molti esponenti del positivismo giuridico, infatti, non si limitano a definire il diritto in maniera neutrale rispetto al contenuto, muovendo cioè da un punto di vista formale, che rifugge ogni valutazione morale o il riferimento a criteri morali come buono, utile, giusto o vantaggioso per il bene comune, al fine di disporre di un concetto scientificamente autonomo di diritto[2]. Piuttosto essi congiungono, quasi si trattasse di un dato fattuale (anche se non c'è alcun nesso logico stringente che conduca a questa conclusione), questa tesi positivistica della «separazione» del diritto dalla morale con la tesi del «relativismo dei valori». Secondo quest'ultima posizione teorica, i criteri di giustezza del diritto sono sempre di natura soggettiva. Tut-

te le asserzioni «morali» relative a come il diritto dovrebbe essere ri-
velerebbero quindi un carattere «non cognitivo»: costituirebbero
cioè manifestazioni di sentimenti, espressioni di volontà, desideri, atteggiamenti o preferenze che sono opinabili e, di conseguenza, non
fondabili e dimostrabili razionalmente. La domanda kantiana se il diritto, e dunque quel sistema (che comprende atti applicativi) composto di norme coattive, le quali vengono poste (oppure, nel caso del diritto consuetudinario e dei principi generali del diritto, riconosciute)
secondo procedure determinate dall'ordinamento, «sia anche giusto» e secondo quale criterio universale si possa veramente distinguere il giusto dall'ingiusto, viene perciò rifiutata in quanto non
scientifica. Anche se a un primo sguardo ciò può sorprendere, Kant
aveva piena comprensione per questo punto di vista strettamente *giuridico*. Infatti nel *Conflitto delle facoltà*, laddove si affronta il tema del
rapporto tra filosofia e giurisprudenza, egli sostiene, con dispiacere
di alcuni suoi interpreti, che per scongiurare l'insicurezza e le minacce all'ordine pubblico, e per difendere quindi l'autorità dello Stato,
solo i decreti statali fanno sì in primo luogo «che qualcosa sia giusto,
e il porre la questione se anche i decreti stessi siano giusti deve essere
apertamente respinto dai giuristi come insensato»[3]. Ma appunto: dai
giuristi, non dai filosofi. Il compito di questi ultimi, al contrario, rimane quello di indicare ai governanti i loro doveri morali, di riformare la Costituzione statale in accordo con lo sviluppo storico e in base
al principio di quel che è propriamente «giusto». In questo modo,
Kant ribadisce la sua distinzione fra ciò che è diritto e ciò che è corretto, tra ciò che è previsto dal «diritto» e ciò che è «giusto»[4]. Per indicare questo raddoppiamento della domanda useremo in seguito, riprendendo il termine greco *nomos* che sta per legge e per giusto, l'e-
spressione «differenza nomologica».

II. *La separazione filosofica fra diritto positivo,*
    diritto razionale e morale

Se il criterio universale del giusto rimane nascosto al giurista, poiché
questi riserva la propria attenzione soltanto al diritto posto dallo Stato, come può invece il filosofo risalire ad esso? Kant continua il ragionamento affermando che il filosofo deve abbandonare almeno
per un certo tempo «quei principi empirici e (pur servendosi di quel-

le leggi come di eccellenti fili conduttori) [cercare] le origini di quei giudizi nella ragion pura quale unico fondamento di ogni legislazione positiva possibile» (*Metafisica dei costumi*, p. 34). Questo significa credere nella forza produttiva che caratterizza l'autoriflessione dell'uomo, inteso come un essere dotato di ragione, la cui capacità di far uso della ragione è in grado di innalzarsi all'universale muovendo da se stessa. Secondo la teoria evolutiva dello sviluppo morale dell'uomo – la quale, così come tematizzata dallo psicologo americano Lawrence Kohlberg, descrive attraverso argomentazioni empiriche il processo che dall'egocentrismo infantile conduce alla formazione dei principi morali individuali – non siamo qui di fronte a un'astratta esigenza morale[5]. Riflettendo su se stessa, la ragione è in grado, secondo Kant, di produrre prima di ogni esperienza (*a priori*) sistemi concettuali che devono rendere possibile la conoscenza e guidare l'azione. Presumendo di essere indipendenti da tutte le esperienze storiche accidentali, tali sistemi avanzano la pretesa di essere giusti secondo una necessità razionale, e quindi validi al di là della dimensione individuale e temporale. In omaggio a una tradizione risalente ad Aristotele, Kant chiama questa conoscenza puramente razionale, che non si fonda su un'esperienza sensibile, «metafisica» (in origine, letteralmente, «ciò che viene dopo la fisica»). Così la sua opera della maturità, pubblicata nel 1797 e dedicata alle regole del giusto agire, porta il titolo di *Metafisica dei costumi* (*MdC*). La prima parte di questo testo tratta dei «principi metafisici della dottrina del diritto» (da cui proviene la domanda sul diritto che abbiamo ricordato sopra), la seconda dei «principi metafisici della dottrina della virtù». Kant pensa di poter ricavare da tali principi puramente razionali le norme relative ai diritti reali e al diritto delle obbligazioni, quelle che disciplinano i rapporti tra i coniugi, il diritto di famiglia, il diritto d'autore, così come il diritto pubblico, il diritto penale e il diritto delle genti, giungendo infine al diritto cosmopolitico. Essi furono pensati come fondamento «di una legislazione positiva possibile» per il miglioramento delle relazioni umane. Gli insegnamenti kantiani sono molto più completi e, nello stesso tempo, più concreti di tutto ciò che i filosofi di professione sono oggi soliti affermare riguardo al diritto e certo non si può dire risultino dalla sola autoriflessione della ragion pura. Kant stesso ha affermato che le leggi positive «possono servire alla ragion pura da eccellenti fili conduttori». Perciò egli utilizzava in maniera evidente nella sua trattazione sia le costituzioni rivoluzionarie dell'America del Nord e della Francia degli anni a partire dal 1776, sia il *Preußisches Allgemeines Landrecht* del 1791-94.

Kant si richiama inoltre all'idea – sviluppata nel XVIII secolo per mezzo della costruzione concettuale di uno Stato di natura pre-statale – di un diritto privato naturale dell'individuo isolato, da intendere come sfondo del suo agire (*infra*, § 23). Secondo un movimento uguale e contrario, la sua dottrina metafisica del diritto poteva così di nuovo influenzare lo sviluppo del diritto positivo e promuoverne la generalizzazione e la sistematizzazione, come si può cogliere esaminando l'importante Codice civile generale austriaco del 1811, progettato dal kantiano Franz von Zeiller.

Comunque si voglia giudicare la metafisica kantiana del diritto, è evidente che questo tentativo di rispondere alla questione del giusto non rappresenta una semplice ripresa di un (qualsivoglia, soggettivamente presunto) principio morale del bene, del giusto o di ciò che giova al bene comune, come gli esponenti del positivismo giuridico rinfacciano a tutti i «non-empiristi». Kant stesso, anzi, distingue nettamente la «dottrina del diritto» da quella (per usare una sua espressione) della «virtù». Attraverso la sua dottrina del diritto, che indica come quest'ultimo deve essere in base alla ragione, egli contrappone alla legalità positiva proposizioni che non derivano propriamente dalla dottrina morale. Anch'esse riguardano in modo specifico solamente l'agire esterno, socialmente efficace, e non le motivazioni o gli scopi dell'azione, e danno vita in tal senso a un diritto certamente non reale, ma, in virtù della sua ragionevolezza, per lo meno «provvisorio» o «presuntivo», che, in un processo costante di chiarificazione, chiede di venire realizzato attraverso la sanzione statale. Anche questo puro *diritto razionale* si comprende, dunque, come una tipologia di diritto. Non si tratta certo di un diritto reale, bensì solo possibile; in compenso però, esso non appare storicamente accidentale, ma necessario in via presuntiva sul piano razionale: tale diritto è dunque costituito da proposizioni nelle quali trova espressione un obbligo necessariamente possibile[6]. E proprio con questa tematizzazione del diritto razionale Kant ha, secondo la sua autocomprensione, portato a termine la separazione filosofica tra diritto e morale.

Solo a partire dal dibattito filosofico del XVIII secolo si acuisce infatti la distinzione e la separazione fra diritto e morale, che si trasforma in una vera e propria contrapposizione. Fino a quel momento una tale opposizione tra i criteri del giusto agire non si era mai data in seno alla filosofia pratica, per quanto, sia in ambito teorico che pratico, diritto e morale risultassero ben distinti. In modo particolare, la Chiesa sapeva distinguere le colpe morali, che erano punite con penitenze ecclesiastiche, dalle violazioni del diritto, che occorreva sanzionare con strumenti terreni. Ma solo con l'Illuminismo la separazione fra diritto e morale, sotto l'aspetto dell'autonomia etica dell'individuo, acquista un'importanza centrale.

Christian Thomasius (1655-1728), nei suoi *Fundamenta iuris naturae et gentium* del 1705, fu il primo a delineare con un'ampiezza e una coerenza logica fino ad allora senza pari una distinzione sistematica fra la dottrina del diritto e la filosofia morale, appellandosi non più alla Rivelazione o alla «teologia naturale», ma al *common sense* (*sensus communis*). Egli tuttavia non arriva ancora a negare la connessione interna tra questi due ambiti del sapere pratico. Il filosofo illuminista, cacciato a Halle nel 1690 dai teologi di Lipsia, prese tuttavia le mosse dall'illibertà della volontà umana, conformemente a una dottrina degli affetti caratteristica della prima modernità perché di stampo psicologistico. Per realizzare il bene – questo punto di vista tradizionale tiene ancora unita la filosofia pratica – la volontà umana verrebbe costretta alla rettitudine (*iustum*) dalla minaccia di sanzioni avanzata dal sovrano, e condotta all'onestà (*honestum*) e al decoro (*decorum*) per mezzo dei consigli del saggio. Nonostante tutte le complicazioni e le oscurità concettuali derivanti dall'incrocio tra elementi ripresi da tradizioni diverse, la tendenza appare chiara: la distinzione fra norme giuridiche e norme morali affonda le proprie radici nel criterio della coazione. Si è soliti ancor oggi lodare Thomasius per tale risultato, ma il riferimento al solo Thomasius rischia di far smarrire il punto principale che si trova nella connessione di questa distinzione con l'opposizione tra «esteriore» e «interiore», ovvero tra il processo di esteriorizzazione del diritto e quello di interiorizzazione di una morale che in fin dei conti non può essere ottenuta con la forza (*infra*, § 24, I). La prospettiva politica della dottrina di Thomasius è chiaramente la vita civile nel contesto dell'assolutismo illuminato. Questo aspetto diventa chiaro quando egli afferma che la sovranità, se viene esercitata senza il consiglio del saggio su ciò che non sopporta costrizione, diventa tirannia, e quando pone in connessione la coazione giuridica con lo stato di pace sociale «esterno», inteso come fine ultimo, e la colloca accanto alla pace interiore (alla tranquillità dell'animo)[7].

Alla fine del secolo dell'Illuminismo, Kant porta alle estreme conseguenze il dibattito sugli spazi d'azione necessariamente liberi dalla coazione giuridica, operando una distinzione tra doveri giuridici e doveri morali. In opposizione alla dottrina del diritto, che si occupa delle regole della libertà d'azione *esterna*, la dottrina della virtù riconduce la libertà *interna* dell'autodeterminazione, la libertà cioè capace di motivare se stessa, alle leggi morali, che sono connesse esclusivamente con la «costrizione liberamente imposta a noi stessi» (*MdC*, *Dottrina della virtù*, Intr. I e II, pp. 227-34). Anche in questo ambito, ad ogni modo, siamo in presenza di doveri, i quali si dicono tali perché perseguono fini che vengono presentati come necessari per la ragione. Ma solo io, e nessun altro, posso determinare il fine in vista del quale faccio qualcosa, e nessuno tranne me stesso – nemmeno un dio può farlo – può impormi questo scopo come nel contempo necessario dal punto di vista razionale (per quanto, naturalmente, io possa essere costretto ad agire, sul piano esterno, in un modo oppure in un altro). Quei fini che, in quanto razionalmente necessari, si rivelano allo stesso tempo dei doveri, si chiamano «perfezione propria» e «felicità altrui», non – come accade per tutti i benefattori dell'umanità – felicità propria attraverso la perfezione altrui. I doveri giuridici e quelli morali, pertanto, corrispondono a due modalità sostanzialmente differenti di obbligazione. I doveri giuridici riguardano esclusivamente le relazioni esterne tra persone e, secondo Kant, si delineano in buona misura a partire dalla ragione pura conformemente al principio di eguale libertà di tutti. Per quanto riguarda invece il loro carattere attuale e il loro contenuto, essi traggono alimento più variamente dalla rispettiva legislazione positiva. I doveri di virtù, invece, regolano sia il lato interno dell'agire umano sia, in qualche aspetto, il comportamento esterno, ma vengono creati – e questo è il punto saliente – soltanto attraverso la legislazione «etica» interna, capace di comprendere la necessità di ciò che è secondo ragione, e sanzionati per mezzo della costrizione imposta da noi stessi. Essi non *possono*, dunque, essere oggetto di legislazione positiva e di coazione giuridica: «Il dovere di virtù si distingue essenzialmente dal dovere giuridico in ciò, che per quest'ultimo è possibile moralmente una costrizione esterna» – esso cioè non entra in conflitto col principio della libera autodeterminazione – «mentre l'altro poggia unicamente su una costrizione liberamente imposta a noi stessi» (*MdC*, *Dottrina della virtù*, p. 232). L'antitesi tra moralità e legalità, talvolta identificata con quest'ultima opposizione, presenta però in Kant un altro significato: essa riguarda le motivazioni di colui che agisce. L'agire in conformità a un dovere costituisce sempre un atto morale, anche qualora si adempia a un dovere giuridico, mentre un dovere di virtù che riguarda il comportamento esterno può essere attuato anche in modo legale, se viene assolto solo in base a motivi esteriori (Intr. III, pp. 234-35). È evidente il significato politico di questa dottrina, che stabilisce la stessa competenza di tutti, in linea di principio, nelle questioni morali e sottrae tale ambito alla regolamentazione statale.

§ 2. IL DIRITTO COME DOVER ESSERE

I. *L'opposizione logica tra essere e dover essere*

Muovendo da questo quadro concettuale, la contrapposizione formulata dal positivismo giuridico tra diritto oggettivo e una qualsivoglia morale soggettiva risulta, nella sua schematicità, riduttiva. Esiste tuttavia un altro ambito teorico che ci consente di familiarizzare con la dottrina metafisica kantiana dei principi giuridici necessariamente possibili. Chi, ad esempio, si appella ai diritti dell'uomo come a dei *diritti universali*, anche laddove questi non risultano positivizzati dalla legislazione statale e non vengono salvaguardati dai tribunali, rivelandosi quindi privi di concretezza sotto il profilo empirico, opera affermando principi di questo tipo, basati su un obbligo giuridico necessariamente possibile. Ciò nella misura in cui non invoca un «diritto naturale» fondato su base religiosa o socio-biologica (*infra*, § 18), né si appella semplicemente a un impegno dello Stato, a livello di diritto internazionale, per la difesa dei diritti dell'uomo. Tali proposizioni, nelle quali trova espressione un obbligo giuridico possibile necessariamente, rappresentano il nocciolo essenziale del diritto, indicano cioè come il diritto *deve* essere (o diventare), anche se esso non *è* (o non è ancora) realmente così (la qual cosa non esclude che il diritto, in proporzioni maggiori o minori, sia già così come deve essere).

Stimolato dal più importante filosofo inglese illuminista, lo storico e diplomatico scozzese David Hume (1711-1776)[8], Kant ha faticato non poco per fondare e trarre tutte le conseguenze dell'opposizione tra essere e dover essere e per elaborare quindi le antinomie che da tale opposizione derivano. Nella sua *Fondazione della metafisica dei costumi* (1785) egli afferma che il criterio del bene dal punto di vista morale non può essere ricavato («preso a prestito») dai modelli dell'agire buono, poiché ogni esempio di tal genere «deve esso stesso esser precedentemente giudicato alla luce dei principi della moralità per stabilire se è degno di servire da esempio autentico, cioè da modello»[9]. Tali principi, che ci dicono «che sarebbe bene fare o non fare qualcosa» (p. 39), appaiono come proposizioni che prescrivono un dover essere. Kant, nella sua *Critica della ragione pura* (1787[2]), li ha caratterizzati nel seguente modo:

Il dovere essere (*Sollen*) esprime una specie di necessità e di rapporto con principi, che d'altronde non si riscontra in tutta quanta la natura. L'intelletto può di essa conoscere solo ciò che è, è stato o sarà [...] il dovere, quando si ha l'occhio solo al corso della natura, non ha assolutamente significato di sorta. Noi non possiamo punto chiedere che cosa deve accadere nella natura; [...] ma che cosa in quella accade [...] Ora questo dovere esprime un atto possibile, il cui principio non è altro che un semplice concetto[10].

Il dover essere indica, dunque, l'interna necessità di intraprendere un'azione effettivamente possibile partendo esclusivamente dalla rappresentazione di un principio razionale («concetto»)[11]. Attraverso tali rappresentazioni «la ragione» crea «con piena spontaneità un suo proprio ordine secondo idee, alle quali adatta le condizioni empiriche» (*ibid.*), esattamente come ha fatto Kant, nella sua dottrina metafisica del diritto, con la pratica giuridica di tipo empirico, tentando di delineare un sistema compiuto. La dottrina giuridica empirica, che limita la propria attenzione a questa pratica, descrive invece secondo Kant solo ciò che, sulla base delle fonti del diritto positivo, risulta di volta in volta «conforme a diritto», ovverosia può essere considerato come diritto valido in ambito sociale.

A questo punto, non risulta difficile individuare la differenza fra proposizioni che indicano uno stato di cose (descrittive), le quali possono essere vere o false, e proposizioni che formulano un comando (prescrittive), dette anche imperativi, di cui si può dire tutt'al più se sono vincolanti, e dunque se sono valide o meno, ma che non possono essere né vere né false. Appare inoltre chiaro che le proposizioni prescrittive, dal punto di vista logico, non possono essere dedotte da quelle descrittive. Sotto questo profilo, l'opposizione tra essere e dover essere risulta di fatto insuperabile, come già evidenzia la più semplice forma di sillogismo: se la premessa maggiore è di tipo assertivo, nel corso della deduzione non può improvvisamente apparire alcuna proposizione prescrittiva[12]. Saremmo di fronte a un errore logico, a un esempio di «fallacia naturalistica» (*naturalistic fallacy*), come si suole dire a partire dalla critica rivolta da George Edward Moore a Kant[13]. Ma anche se queste regole logiche non permettono nessuna deduzione incondizionata di proposizioni normative da proposizioni descrittive, tuttavia esse non possono naturalmente escludere che la genesi e le cause effettive di un imperativo vengano descritte e spiegate e che il suo contenuto in questo modo venga reso plausibile praticamente fino a convincerci della sua necessità.

II. *Il dover essere dal punto di vista «naturale»-giusrazionale e dal punto di vista giuspositivo*

Qui emerge però una complicazione. Oggetto della dottrina metafisica del diritto formulata da Kant sono gli imperativi, e cioè ordini e divieti che indicano «come ci si deve comportare» per il campo d'azione esterno, sociale dell'uomo e solo in forza della capacità razionale umana, stimolata certo da elementi empirici, ma non determinata in modo causale, e in tal senso libera. Tale capacità consiste nell'essere in grado, in linea di principio, di rispondere da sé alla domanda che egli stesso si pone «che cosa devo fare?». Seguendo l'uso linguistico abituale, Kant chiama queste proposizioni normative «leggi» e, in particolare, «leggi morali» (in contrapposizione alle leggi della natura), «leggi giuridiche», per differenziarle ulteriormente dall'etica, che comprende anche le motivazioni dell'agire, e «leggi naturali», per distinguerle dal diritto positivo statuale. Per Kant, esse valgono in modo vincolante «in quanto possono venir *comprese* come fondate *a priori* e necessarie» (*MdC*, p. 16).

D'altra parte, Kant non nega un carattere vincolante alle leggi positive che si possono apprendere e descrivere, per quanto tale carattere possa essere esclusivamente esterno, dal momento che non deriva da un'autolegislazione «naturale», ma da una determinazione altrui. Pure essa, infatti, produce una legge, vale a dire un imperativo, che trasforma un'azione o un'omissione in un dovere. Di conseguenza, anche lo studioso «empirista» di questioni giuridiche ha a che fare con proposizioni prescrittive, ovvero con disposizioni vigenti, che costituiscono una sorta di proposizioni che prescrivono un dover essere. Questi precetti giuridici possono certo essere descritti, e in quanto scienziati del diritto siamo tenuti a farlo; ma ciò in verità non basta per affermare, qui e ora, che cosa «sia conforme a diritto» in questo o in quel caso. Inoltre, queste proposizioni prescrittive devono essere ulteriormente approfondite e concepite in quanto tali, cioè in quella loro tendenza a essere osservate e applicate con cui tengono insieme l'intera struttura dell'ordinamento; bisogna poi proseguire su questa via e, in conformità all'idea di un nesso sistematico, costituire principi («dogmi») generali, capaci di unificare e di differenziare. Solo in questo modo, infatti, si possono eliminare oscurità, allontanare incertezze, sciogliere antinomie e colmare lacune. E solamente questo sforzo interminabile riesce a rendere e mantenere abbastanza chiaro e coerente il contenuto del diritto; solo in questo modo è possibile promuovere l'applicazione uniforme del diritto, così come garantire la possibilità di insegnarlo in modo sistematico. Quanto più complesso e differenziato è l'ordinamento giuridico dato, tanto più difficile e autoreferenziale diventa questo compito, il quale – sin dalla nascita della scienza giuridica europea, avvenuta a Bologna 900 anni fa –, in quanto «strumento volto a costituire senso»[14], in quanto costituente una sorta di meta-diritto, si spinge sempre di più al di là della pura descrizione di contenuti normativi.

Un ordinamento giuridico positivo, quindi, corrisponderà sempre, in una certa misura, a leggi «naturali», cioè leggi del diritto razionale nel senso proposto dalla dottrina giuridica kantiana. Ma Kant concede che, in un caso limite, si possa pensare a una legislazione statale che contenga esclusivamente leggi positive accidentali; in tal caso, però, «bisognerebbe presupporre comunque una legge naturale», e quindi non-positiva, «la quale stabilisca l'autorità del legislatore (cioè la facoltà di costringere gli altri unicamente per mezzo del suo volere)» (*MdC*, p. 27). Ci occuperemo ancora di questo principio chiave. In primo luogo, esso insegna che la distinzione tra il diritto e il giusto, o più precisamente la domanda, che è questa distinzione a far nascere, se il diritto sia anche giusto (qui definita, ricordiamo, *differenza nomologica*) può essere riferita, invece che alle singole norme, alla fondazione del sistema giuridico nel suo complesso, e che almeno in questa forma la questione è inaggirabile.

III. «*La dottrina pura del diritto*»

Se è stato Kant a concepire la norma fondamentale di cui si è appena trattato come una legge naturale-morale-giuridica (e cioè extrapositiva, senza che sia né una legge fisica né una legge dettata dalla morale individuale), essa è stata tuttavia rifiutata proprio sulla base di un rinnovamento neo-kantiano della radicale opposizione tra essere e dover essere, un rinnovamento condotto in nome di una dottrina autenticamente scientifica, vale a dire positivista, del diritto positivo e dunque «empirico». In base al concetto di scienza elaborato dalla filosofia analitica neo-positivista, all'infuori delle proposizioni cogenti sotto il profilo formale della logica e della matematica, condurre un'attività scientifica significa riconoscere come vere, e quindi come possibili oggetti di conoscenza, solamente le proposizioni dimostrabili empiricamente[15]. Questa estensione al diritto e alla giurisprudenza del modello comprensivo proprio delle scienze naturali esclude ogni ricorso *scientifico* a norme extrapositive, così come, laddove non si tratti di operare delle semplici descrizioni, esclude la pretesa avanzata dalla dogmatica giuridica di occuparsi scientificamente dei contenuti storici e sempre accidentali delle norme giuridiche di volta in volta vigenti, contenuti determinati dalla politica, dalla morale, dall'economia o dalla teologia. Gli oggetti fondamentali che una scienza giuridica concepita in modo rigoroso si propone di analizzare e descrivere rimangono pertanto esclusivamente la struttura formale delle proposizioni giuridiche e il loro nesso funzionale. In questo modo, il diritto positivo viene rappresentato come una struttura linguistica dotata di significato e composta da concetti, e questa specifica trama linguistica come una parte, relativamente autosufficiente, della realtà sociale.

L'esempio paradigmatico di questo modo di intendere la scienza giuridica è costituito dalla *Dottrina pura del diritto* (1934, 1960[2]) di Hans Kelsen (1881-1973)[16]. Essa è «pura» da due punti di vista: in primo luogo, in quanto dottrina strutturale del diritto astrae da tutti i contenuti giuridici, e come scienza delle norme – e, più precisamente, della normatività e del carattere di dover essere delle regole giuridiche – lascia la trattazione degli ordinamenti giuridici dati, nella loro realtà storica concreta, alle scienze della realtà o dell'essere, e dunque alla scienza storica e soprattutto alla sociologia del diritto. Qualora rispetti le condizioni formali di esistenza delle norme, vien detto nella *Dottrina pura del diritto*, «qualsiasi contenuto può assumere il rango di diritto»[17]. In secondo luogo, tale dottrina è pura dal punto di vista metodologico in quanto essa rifiuta ogni considerazione di valore e si limita all'analisi e alla descrizione di ordinamenti giuridici positivi, cioè posti in un determinato modo e nel complesso efficaci sul piano sociale come sistemi costituiti da norme, nelle quali trovano espressione obblighi, permessi e attribuzioni di poteri. Ciò significa che essa ricostruisce l'ordinamento positivo sostenuto dalla coazione come un complesso per la produzione di norme organizzato per gradi dalla Costituzione vigente, passando per le leggi e i decreti, fino a giungere agli imperativi concreti a carattere individuale formulati dall'amministrazione e dai tribunali, i quali assumono la forma di atti amministrativi e di sentenze: all'interno di questa «struttura piramidale dell'ordinamento giuridico», le conseguenze giuridiche delle norme «più elevate» (ad esempio, un'attribuzione di competenza) vengono comprese, dal punto di vista della scienza giuridica, come condizioni affinché possa essere emessa legittimamente una sentenza relativa a comportamenti che ricadono all'interno della propria sfera di competenza. Poiché questa dottrina del diritto descrive le norme di un ordinamento giuridico così concepito per mezzo di un sistema coerente, composto da proposizioni giuridiche dal punto di vista scientifico – in base allo schema «se-allora» che descrive il rapporto tra fattispecie e conseguenza giuridica –, le prescrizioni possono servire come schema interpretativo di un agire che è sussumibile all'interno di una certa fattispecie. Detto altrimenti, se in questo ordinamento giuridico si verifica il caso T, deve, ai sensi di tutte le norme giuridiche materiali e processuali che considerano il caso T ricompreso in una certa fattispecie, adempiersi la conseguenza giuridica F. La *Dottrina pura del diritto* permette così, in modo del tutto impersonale e oggettivo, proprio perché formale, di attribuire il senso del dover essere a un determinato volere soggettivo fattuale (come alla volontà del parlamentare, agli ordini di polizia, alle decisioni del personale giudiziario o agli atti di volontà dei privati) in conformità a determinate norme giuridiche positive. In tal modo, si assegna ai processi reali della vita sociale, senza operare alcuna svalutazione, il predicato dell'obbligatorietà o della non obbligatorietà giuridica.

Tali attribuzioni («imputazioni») presuppongono però il fatto che la norma realmente vigente e più elevata di un sistema giuridico, che di regola è la Costituzione statale, fondi l'obbligatorietà del diritto, anche se le sue disposizioni non possono più venir indicate come conseguenze giuridiche di una norma ancora più elevata, perché, detto in breve, manca una norma *positiva* di grado superiore capace di conferire al comando dei costituenti (e cioè a un fatto) il senso del dover essere, consentendo così di qualificarlo come vincolante. A tal fine è quindi necessario, secondo Kelsen, un presupposto gnoseologico adeguato, un'ipotesi (logico-trascendentale) che renda possibile innanzitutto la scienza, in modo da poter raffigurare sul piano scientifico il gran numero degli imperativi giuridici dati fattualmente come un sistema coerente di enunciati normativi. Kelsen chiama questo presupposto, non senza rischio di fraintendimento, «norma fondamentale». A differenza della «legge naturale» di Kant, che fonda l'autorità del legislatore, la norma fondamentale di Kelsen non è quindi né una legge positiva né una legge naturale. All'infuori della possibilità astratta, da essa offerta, di attribuire all'effettiva volontà costituente il senso del dover essere, tale norma non ha alcun contenuto, non offre alcuna giustificazione e non fonda alcun dovere di obbedienza. In quanto semplice ipotesi gnoseologica, essa risulta necessaria per il normativista che lavora facendo attenzione alla purezza del metodo e con spirito sistematico, ma solamente per lui. Che le norme di un ordinamento siano degne di essere osservate, invece, può e deve essere deciso, previa valutazione, da chiunque ne venga direttamente toccato.

La coerenza intellettuale di Kelsen è affascinante, così com'è ammirevole la sua etica di studioso, la sua competenza e il suo atteggiamento democratico. Ma questo non modifica in nulla il fatto che la sua «dottrina pura del diritto» amputi il pensiero giuridico due volte in un sol colpo. Tale dottrina, infatti, non solo ritiene ingiustificata la domanda relativa al «giusto del diritto», come ha sostenuto il grande sociologo Max Weber (1864-1920) riformulando la differenza nomologica kantiana, una differenza che non è possibile rimuovere. Del tutto simmetricamente, essa rimuove anche la domanda circa i criteri razionali che guidano la soluzione dei problemi accennati relativi alla fase di applicazione del diritto: essi costituiscono la parte più consistente di tutti i problemi giuridici a carattere empirico. Un grande sforzo intellettuale conduce al risultato, piuttosto banale e insoddisfacente, che la questione relativa a ciò che di volta in volta «è giusto» sul piano concreto in seno a una controversia deve essere decisa dal giudice competente ai sensi di legge. Egli deve, in particolare, giudicare le questioni non disciplinate in maniera chiara dalla legge, facendo ricorso alle proprie idee e alle proprie valutazioni, laddove ci si può solo augurare che esse siano buone e giuste. L'«applicazione del diritto» in ambito giudiziale, afferma Kelsen, si risolve in ultima analisi, al pari della legislazione, nella produzione di norme per mezzo di un atto di volontà. Che la conoscenza del diritto attraverso l'interpretazione della legge possa rappresentare il compito di una scienza giuridica oggettiva, egli lo considera un'illusione non minore rispetto a quella che pretende di trovare il giusto contenuto di una legge attraverso una conoscenza pura[18].

§ 3. IL DIRITTO COME FATTO

I. *Il realismo giuridico*

Persino questa teoria delle norme di stampo anti-idealistico, tuttavia, si presta a una critica positivista ancor più radicale, condotta in nome di un metodo ancor più realistico. Il cosiddetto *realismo giuridico*, che è presente nella variante, più antica, della scuola di Uppsala (Axel Hägerström, Anders Vilhelm Lundstedt, Karl Olivecrona, Alf Ross) e nella versione americana, più recente, del *legal realism* (Oliver Wendell Holmes), e che può avere un approccio in parte più psicologico, in parte più sociologico[19], contesta ciò che ancora accomunava Kant e Kelsen: gli esponenti del realismo giuridico negano che il senso imperativo degli enunciati normativi generi, grazie alla sola forma linguistica, un proprio piano di realtà costituito dalla validità e dall'obbligatorietà giuridiche. La struttura formale di comando del diritto ingannerebbe sotto un duplice aspetto. In base alle tesi del positivismo giuridico, infatti, non esisterebbe affatto un agente del comando, poiché né le norme giuridiche sono legate in maniera continuativa nel tempo alle volontà empiriche di uomini determinati, né si può parlare seriamente di una volontà dello Stato o della legge, la quale costituisce solo un artificio giuridico. D'altro canto, dalla norma giuridica non deriva nemmeno un obbligo oggettivo ideale. L'obbligo esisterebbe infatti meramente come fatto psichico per cui ci si rappresenta l'obbligatorietà. L'unica realtà delle leggi che appare accertabile è la seguente: le norme giuridiche esercitano una pressione sugli uomini, regolandone così il comportamento attraverso determinati meccanismi psichici. Tutto il resto è metafisica. Il termine viene qui usato nel senso spregiativo della pura speculazione, così come oggi viene generalmente impiegato per indicare una conoscenza non-sensibile e non-empirica.

Ma se l'obbligatorietà del diritto è una questione che compete solamente alla psicologia e le disposizioni giuridiche non sono nient'altro che dei fatti socio-psichici, caratterizzati da un momento di pressione, allora ne deriva, per la scienza del diritto, che l'indagine sociologica delle regole realmente operanti nella vita del diritto è più importante dello studio delle disposizioni scritte e del loro presunto senso normativo. Soprattutto nei sistemi anglo-americani di *Case Law* – che, a differenza dei sistemi giuridici dell'Europa continentale, si reggono non tanto sui codici quanto sulle precedenti decisioni dei giudici – la sociologia e la psicologia del giudice, che consentono di «profetizzare» le decisioni future dei tribunali[20], acquistano facilmente nella soluzione dei conflitti giuridici un'importanza maggiore di quanta non ne abbia la dogmatica del diritto positivo, alla quale questa scienza «realista», così come accade nella dottrina giuridica di Kelsen, riserva un'attenzione minima. Considerato nella sua interezza, il diritto viene quindi rappresentato come un complesso di regolarità di comportamento, le quali risultano sottoposte alla minaccia di coazione in caso di infrazione della norma.

Sotto questo aspetto, il diritto può essere descritto anche come sistema di autoregolazione del potere politico. Già Max Weber ha caratterizzato il diritto come un ordinamento sottoposto a una garanzia esterna, nel senso che un apparato appositamente predisposto di uomini ottiene, con una probabilità convalidata dall'esperienza (*Chance*), il suo rispetto ed eventualmente la punizione della sua infrazione sotto il profilo fisico o psichico – e cioè o attraverso l'immediato potere di esecuzione delle pene oppure, indirettamente, tramite la minaccia della pena[21]. Nel «realismo sociologico del diritto»[22] di Theodor Geiger (1891-1952), che si richiama alla scuola di Uppsala, si focalizza invece maggiormente l'attenzione su un «meccanismo d'ordine» sociale di «coordinamento del comportamento», in cui «norme predisposte», oltre ad abitudini e atteggiamenti, acquistano significato solamente in quanto «elementi costitutivi» (pp. 57 sgg.). All'interno di questa struttura sociale complessiva, il diritto legittima, secondo Geiger, le relazioni sociali di potere, regola e frena l'esercizio della forza e fa in modo che il controllo del comportamento umano avvenga «secondo binari predisposti» (pp. 350 sgg.).

II. *Sociologia del diritto e scienza del diritto*

In tutto questo c'è indiscutibilmente molto di vero. Le norme giuridiche, con le loro minacce di sanzione, possono certo essere intese come fatti dotati di conseguenze calcolabili, come puri oneri di rischio collegati a determinate possibilità aperte d'azione: si tratta, per così dire, di «indicazioni del prezzo» relative a certe alternative di comportamento[23]. In tal modo, un automobilista può intendere la segnalazione di un limite di velocità come possibilità di ottenere, al prezzo di una multa, una riduzione del suo tempo di percorrenza aumentando la velocità. Senza ombra di dubbio questo punto di vista viene spesso adottato nella prassi, non solo nel traffico stradale, ma anche nel diritto ambientale o in quello tributario. Ed è certamente utile, per una teoria economica del diritto, considerare il fatto che le norme vengano rispettate come un elemento quantificabile in termini di costo. In questa maniera, però, viene smarrito quel senso sociale delle norme giuridiche che le intende come criterio del giusto. A pieno diritto il realismo giuridico, invece, mette in discussione l'idea secondo cui le norme giuridiche sarebbero dei semplici imperativi. Nei fatti, le disposizioni giuridiche non rappresentano piuttosto dei modelli direttivi e critici o degli standard d'azione e di giudizio? Altrettanto vero è che a un sistema giuridico socialmente efficace appartiene sicuramente qualcosa di più della semplice promulgazione di norme, dell'istituzione di assemblee legislative, autorità e tribunali, insieme al reclutamento di un «gruppo di esperti giuridici». Altrimenti, per quale ragione sarebbe così difficile trapiantare un sistema giuridico da un luogo a un altro? Sicuramente si realizza un progresso nella conoscenza del diritto se al posto di considerare delle disposizioni normative isolate si pone l'attenzione a complessi giuridici («istituzioni») composti da norme di condotta, procedure, organizzazioni, idee guida, modelli, modi di comportamento inculcati e aspettative stabili. Senza ombra di dubbio, inoltre, è ingenua la semplice contrapposizione tra diritto e potere. Non si può astrarre in modo sensato la trattazione del diritto dalle condizioni politiche della sua produzione, uso e imposizione, che è il diritto stesso a disciplinare. Di conseguenza, non si può neppure sottovalutare quel fattore costituito dall'esercizio regolato della coazione che, in quanto minaccia nascosta, nelle teorie moderne della politica e del diritto – diversamente da quanto accadeva nell'antichità e nel Medioevo –, per motivi ancora da discutere, gioca un ruolo così spiccato, sebbene in ampi settori del diritto l'elemento coattivo non rivesta in realtà alcuna importanza o ne rivesta solo una indiretta. A questo proposito, non si deve fare riferimento solamente al modello molto citato dell'obbligo giuridico non coercibile a vivere in comune in seno al matrimonio, né al diritto internazionale, altrettanto spesso menzionato in questo contesto. Anche le moltissime disposizioni procedurali e di competenza, come le norme di autorizzazione, le determinazioni dei principi e le finalità di ogni ordinamento giuridico, non si accompagnano, a differenza delle norme di comportamento (con cui i profani sono soliti identificare il diritto), né a un'esecuzione coattiva né a una minaccia di sanzione. Quando vengono violate norme di questo tipo, di conseguenza, la sanzione può consistere anche solo in un giudizio di invalidità o di annullabilità dell'atto in questione. Ma soprattutto l'efficacia sociale della legge *costituzionale*, per quanto sia prevista una giustizia costituzionale, non trae alimento dalle minacce di coazione, quanto piuttosto da un'obbedienza volontaria, che deriva dal riconoscimento o dall'accettazione della sua autorevolezza. In definitiva, se da un lato il realismo giuridico tende a sopravvalutare l'elemento della coazione nel diritto, dall'altro esso ignora con facilità che una prognosi sociologica dei trend riscontrabili nell'attività dell'amministrazione della giustizia non può rendere superflua e sostituire la preparazione dogmatico-giuridica delle sentenze e la motivazione delle stesse, che ai giudici viene richiesta per professione.

Visto nel suo complesso e con lo sguardo rivolto agli esiti cui esso approda, il realismo giuridico, ferma restando l'importanza di molti suoi aspetti anche per la scienza delle norme, risolve la scienza giuridica in sociologia. Scompaiono infatti le peculiarità del diritto in quanto fenomeno sociale relativamente indipendente, e cioè in quanto strumento relativamente autonomo per risolvere i conflitti, così come esso si è inizialmente formato in Europa a partire dall'XI secolo nella lotta tra papato e impero[24]. A questa conclusione si giunge, infatti, servendosi di un tipo di definizione aristotelica del diritto facente capo al *genus proximum*, e cioè per mezzo della subordinazione del diritto a quel genere superiore rappresentato dalla «struttura d'ordine della società». Come differenza specifica rispetto agli altri elementi rimane solamente un fenomeno parziale: la regolazione dell'elemento coattivo. In definitiva, l'«idea di una forza vincolante» è, come afferma Olivecrona, «una realtà psicologica (*sic*)», ma la forza vincolante in quanto tale non è un dato oggettivo dimostrabile scientificamente come, ad esempio, l'energia elettrica[25]. Questo è senz'altro vero: ma in tal modo si è esaurito il problema? Bisogna cioè accontentarsi di considerare la comparsa di quel fatto psichico come una fortuita eventualità individuale oppure come un'illusione collettiva? Non si tratta piuttosto di indagare l'enorme significato pratico, terreno di questa idea? L'approccio quasi naturalistico dei realisti non conduce a escludere dalla realtà la forza delle idee che guida soggettivamente l'azione?

§ 4. DIRITTO, USO, COSTUME, CONVENZIONE

Se, secondo una prospettiva sociologica, si considera il diritto come una parte della struttura sociale, allora da tale impostazione deriva inevitabilmente la questione relativa al modo in cui questo tipo di regolarità di comportamenti, con le disposizioni che li stabilizzano, si distingua da altre analoghe regolarità e norme che si chiamano uso, costume, convenzione e morale. Rimase più che altro un episodio il tentativo di Eugen Ehrlich (1862-1922), interessante da una prospettiva psicologica, di distinguere le regole sociali sulla base delle reazioni istintive provocate dalla loro violazione: disapprovazione per le indiscrezioni, irritazione per le volgarità, indignazione per la violazione di un imperativo morale, ma sdegno per l'infrazione del diritto[26]. Anche i tentativi di distinguere morale e diritto usando come criterio l'orientamento al bene o al giusto, facendo riferimento alla motivazione interna o all'azione esterna oppure utilizzando la contrapposizione fra autodeterminazione e determinazione altrui, non risultano convincenti per mancanza di capacità di distinzione.

La separazione di morale e diritto si è perciò ampiamente affermata dopo Max Weber (*supra*, § 3, I), grazie a una presunta proprietà particolare del diritto: il suo carattere coattivo[27]. Quest'ultimo richiede però una determinazione più precisa. Ad esempio, la costrizione sociale esercitata dai costumi in alcuni ambiti vitali – si pensi alla condizione della donna prima del matrimonio, durante il matrimonio e da vedova in altre culture – risulta infatti chiaramente molto più dura di quella esercitata dal diritto statale. E il timore del boicottaggio sociale, in caso di infrazione di convenzioni, può produrre un effetto non meno forte di quello provocato dalle sanzioni legali. La specificità del carattere coattivo riconosciuto al diritto è costituita quindi dall'organizzazione della reazione al comportamento difforme, attraverso un particolare «apparato di esperti giuridici», ovvero un'organizzazione esecutiva composta da funzionari e giudici. Così Geiger ha definito il diritto come un «ordine sociale della vita proprio di una grande struttura sociale integrata, organizzata in modo centralizzato, laddove questo ordine si regge su un apparato sanzionatorio, amministrato in modo monopolistico da organi specifici»[28]. A questo proposito, però, occorrerebbe precisare che l'applicazione delle sanzioni avviene secondo procedure formalizzate.

Muovendo dall'angolo visuale ristretto della funzione sanzionatoria, tuttavia, la complessità dei sistemi giuridici moderni viene afferrata in modo appena sufficiente. Una nuova impostazione fa quindi leva sull'impronta che il diritto dà alle relazioni e alle interazioni sociali, non appena esso subentra al costume, alla morale e alle convenzioni. Ci si riferisce all'effetto distruttivo del diritto, che disgrega, per mezzo della divisione e della delimitazione di interessi individuali, le collettività definite attraverso comunanze, relazioni personali di responsabilità e di solidarietà[29]. Il tramonto dell'antica *universitas* che si verifica attraverso la (per molte ragioni inevitabile) formalizzazione giuridica della sua struttura interna, costituisce l'esempio chiave di molti fenomeni correlati. Nel fornire una definizione del diritto, i giuristi sono più inclini a mettere in evidenza gli elementi caratteristici dei sistemi giuridici, quali l'organizzazione e l'amministrazione oggettivata, formalizzata della giustizia, senza dimenticare le moltissime norme giuridiche non sanzionate attraverso la «possibilità della violenza fisica». In questa prospettiva allargata, le norme giuridiche sono contrassegnate da una *cura della validità*, la quale viene sottratta a quanti risultano lesi nei loro diritti, per essere invece organizzata collettivamente secondo procedure formalizzate, che includono naturalmente misure coattive, ma non si esauriscono in queste ultime[30].

Tutte le indagini e i tentativi di definizione così connotati sono necessari dal punto di vista sociologico e interessanti dal punto di vista della storia della cultura, ma risultano meno fruttuosi sul piano della scienza giuridica e della filosofia del diritto. All'interno del loro patrimonio di norme non sanzionabili in modo coattivo, gli ordinamenti giuridici sviluppati dispongono sempre, infatti, anche di regole per identificare le disposizioni appartenenti al sistema. Semmai crea qui difficoltà il diritto consuetudinario, per lo più sopravvalutato nel suo significato attuale. Affinché la consuetudine venga riconosciuta come diritto, infatti, è necessario, secondo una vecchia formulazione risalente al diritto comune, che a un esercizio di lunga durata (*longa consuetudo*) si aggiunga l'*opinio necessitatis*, l'impressione cioè che questa regolarità di comportamento debba essere tale[31]. In caso di conflitto, però, solamente la sentenza del giudice consente di attribuire efficacia alla norma consuetudinaria, cosicché il diritto consuetudinario incrocia il diritto di produzione giudiziale. Oggi accade addirittura che le sentenze dei tribunali superiori producano diritto consuetudinario – i diritti universali della personalità e il diritto al risarcimento pubblico ne offrono un esempio. Riprendiamo dunque, con un nuovo approccio, la domanda iniziale che abbiamo posto assieme a Kant: che cosa è il diritto?

§ 5. GIUSTO E INGIUSTO

I. *La prospettiva di chi decide e di chi osserva*

Come si può ricordare, Kant si è chiesto in senso critico se ciò che le leggi prescrivono sia anche «giusto» sotto la prospettiva di un «criterio universale», «per mezzo del quale si può riconoscere in generale ciò che è giusto e ciò che è ingiusto» (*supra*, § 1). La distinzione tra giusto e ingiusto viene data in ogni ordinamento giuridico, lo costituisce, senza che essa stessa – l'idea *che* occorre distinguere in generale giusto e ingiusto – possa essere spiegata o giustificata dall'ordinamento stesso. Secondo la teoria dei sistemi di Luhmann, tale distinzione è spesso definita «codice binario» del sistema giuridico, accanto a «codici» di altri sistemi sociali come profitto e perdita in economia, redenzione e dannazione nella religione, bene e male nella morale, conquista e perdita del potere nella politica oppure – questo è il paragone tratteggiato dallo stesso Kant – errore e verità nella scienza[32].

Ma ciò non è tutto. Questo modo di vedere, infatti, conduce alla convinzione ulteriore secondo cui in tali opposizioni «tra contrari» si articolano movimenti, intenzioni o tendenze contrapposti: la luce prosegue sempre nella luminosità, il buio nell'oscurità, il bene tende a un bene più elevato, il male precipita nell'abisso, la dannazione è diretta alla più profonda disperazione, la redenzione alla più elevata beatitudine, l'errore, in cui si cade, degrada, la verità, a cui si ascende, purifica e innalza. Tutti i termini contrari di questo tipo definiscono dunque un orizzonte determinato e indicano in esso delle coordinate[33]. Nel caso di diritto e torto, esse si definiscono nell'opposizione tra ciò che è giusto e ciò che è ingiusto. «Torto» significa qualcosa di più di un'azione non consentita: esso appare piuttosto come la quintessenza dell'allontanamento dalla retta via nella prospettiva dell'atto sacrilego. «Diritto» si richiama, rispetto alle sue coordinate, al giusto come suo punto prospettico. Ciò che è giusto non è dunque di nuovo un diritto, ma solamente la prospettiva del diritto, mai completamente afferrabile come un che di oggettivato. In questa differenza nomologica il diritto si comporta in maniera simile a quanto avviene nella differenza ontologica, secondo la quale l'essere dell'ente non è a sua volta di nuovo un ente[34], ma l'universale in ciò che di volta in volta è in modo particolare.

Tutto questo riguarda però in modo immediato solo chi si trova a riflettere nell'orizzonte dell'opposizione tra giusto e ingiusto, dunque nella prospettiva di chi – in qualunque ruolo – deve decidere qui e ora tra diritto e torto. Se si esce da tale prospettiva e si guarda al diritto in qualità di osservatore esterno e disinteressato, considerandolo come un complesso fenomeno sociale o culturale tra altri fenomeni, si pone una questione completamente diversa. Come si poteva osservare nelle teorie giuridiche strettamente positiviste e sociologico-realiste, questa domanda rinvia al criterio che consente di distinguere il diritto dalla politica, dalla morale, dalla religione e dall'economia. Tale teoria supera il punto di vista degli attori del sistema giuridico e considera le loro azioni a partire dal punto di vista dell'ambiente che caratterizza questo contesto d'azione. L'opposizione determinante non è quindi un'opposizione tra contrari (giusto-ingiusto), ma tra elementi che si contraddicono: *diritto* e *non-diritto*. Sotto questo aspetto Kelsen, che era stato perseguitato dal regime nazionalsocialista addirittura fino alla distruzione della sua esistenza civile in Europa, poté sostenere con fermezza l'idea che anche i provvedimenti più terribili adottati da quel regime costituivano diritto nel rispetto delle procedure di produzione normativa abituali in quell'epoca[35] – certo, si trattava di un diritto riprovevole sotto il profilo morale e non degno di essere rispettato, ma quei provvedimenti erano in ogni caso diritto e non qualcos'altro. Quanto ci appare come un'ingiustizia organizzata statualmente appartiene, in conformità a tale impostazione, al sistema giuridico dello Stato in questione e ne determina proprio l'inferiorità morale (ma solamente questa). La messa fra parentesi che Kelsen ha compiuto della sua propria biografia dimostra il postulato metodologico della teoria analitica, la quale si accosta, per così dire, dall'esterno al sistema giuridico che osserva: non bisogna solo astenersi da ogni valutazione sulla giustizia materiale di tutte le proposizioni considerate ma, addirittura, eliminare il soggetto della teoria giuridica come parte integrante della realtà sociale che si intende conoscere[36]. Per il diritto comparato, per l'etnologia giuridica e specialmente per la storia del diritto, questa massima è necessaria per ridurre in modo riflessivo quella precomprensione che risulta costitutiva dal punto di vista ermeneutico[37]. Lo storico del diritto deve guardarsi bene dal decidere se nelle controversie del momento la storia si sia sviluppata in modo giusto sul piano normativo; egli non deve giudicare la storia, ma analizzarla e descriverla. Quanto più vicini a noi si trovano i fatti storici e quanto ancora più fortemente essi toccano la nostra vita, tanto più difficile diventa, ovviamente, mantenere la distanza che contraddistingue la pura osservazione. E molto più controversa appare anche la questione se la semplice distinzione tra diritto e non-diritto sia davvero sostenibile senza riportarla al senso di direzione del diritto.

II. *La separazione giuridica tra diritto e morale e la critica a questa «tesi della separazione»*

Nella prospettiva della decisione, la domanda relativa a cosa sia conforme a diritto in riferimento al caso concreto molto spesso – se ne è già parlato all'inizio (*supra*, § 1, I) – non riesce a trovare una risposta puramente descrittiva. Questo non dipende solamente dalla

complessità, vaghezza e lacunosità del diritto, ma soprattutto dalla
necessità infinita di concretizzare le proposizioni giuridiche astratte
in relazione alla grande varietà di ciò che accade. Ma questa concre-
tizzazione è qualcosa di più e qualcosa d'altro della semplice deduzione[38]. In questo modo la domanda, aperta dal caso particolare, su
cosa sia conforme a diritto si mette nella prospettiva del giusto che
sta sullo sfondo del diritto. Ciò non implica il ricorso a un concetto
straordinariamente elevato di diritto, il quale, in quanto del tutto
universale, potrebbe essere solamente vuoto: ci si riferisce piuttosto
ai principi racchiusi nel diritto. Di fatto, se non si evidenziano i prin-
cipi-guida e se non si lavora di continuo su di essi, non è minima-
mente possibile trattare in modo corretto il diritto di una società dif-
ferenziata, che si presenta come estremamente frazionata[39]. Non è
naturalmente detto che debba trattarsi in ogni caso dei principi più
elevati della giustizia. Per lo più è già d'aiuto il ricorso alle norme o
ai punti di vista di un livello per così dire intermedio, con un raggio
d'azione intermedio, che funzionano in un determinato ambito del
diritto, come il diritto civile, o in parti di esso, come il diritto del lavoro, il diritto sociale, il diritto amministrativo e così via. La tutela
della fiducia e la difesa dei minori, la garanzia del rapporto giuridico, l'accordo degli interessi, la distribuzione dei vantaggi e dei rischi,
la protezione del patrimonio, il principio di pubblicità, la decadenza di un diritto ne costituiscono alcuni esempi. Ma problemi giuridici fondamentali, come si presentano nel campo della protezione
della vita e in quello del diritto che disciplina le nuove tecnologie,
costringono a ritornare continuamente a principi elementari adeguati. In situazioni di questo tipo, per identificare il diritto è necessario andare al di là dell'insufficienza delle leggi e arrivare fino al giusto. D'altra parte, come sappiamo, tutti i positivisti giuridici insisto-
no, a causa dell'oggettività della scienza, a definire il diritto come
neutrale rispetto al contenuto, cioè libero da tutti i valori «morali»,
e lo concepiscono in modo meramente formale basandosi solo sulla
sua creazione e sulla sua effettualità («tesi della separazione»).

Sembra però che il problema indicato con questa tesi abbia raggiunto il suo punto più alto negli Stati costituzionali liberaldemo-
cratici. Ad esempio la nostra Costituzione tedesca – con gli artt. 1, 2
e 3 sulla dignità umana, la libertà e l'uguaglianza, e inoltre con i principi sanciti dall'art. 20, che richiama i concetti di sovranità popolare, divisione dei poteri e Stato sociale – ha incorporato nel diritto po-

sitivo non solamente le parti filosofiche più rilevanti del diritto razionale dell'Illuminismo, ma anche il postulato della giustizia sociale. Per rispondere alla questione riguardante quali regole corrispondano a questi presupposti e quali no, sono inoltre a disposizione particolari procedure costituzionali. Le conseguenze della cosiddetta «tesi della separazione» si riducono perciò alla domanda se quelle norme fondamentali, in quanto principi di un ordinamento il cui compito è realizzare il giusto, possano e debbano venir concepite e applicate produttivamente o se si tratti invece solo del ricorso, concesso per licenza giuridica, a postulati extragiuridici («morali») che, dal punto di vista della scienza del diritto, possono essere compresi solo attraverso la descrizione delle concezioni morali dominanti. Questa posizione di stampo positivista presuppone tuttavia che questi principi abbiano un carattere statico e ben determinato, un carattere che essi in realtà né hanno né, anzi, possono avere. Descrivere tali principi (o, più precisamente, determinate loro rappresentazioni) vorrebbe dire fissarli storicamente, sottrarre loro ogni dinamicità, intenzione e tendenza, una tendenza che in riferimento alla situazione concreta appare come un *comando di ottimizzazione*. Il fatto che, obbedendo a questo comando, non si produca e non si possa produrre alcun risultato cogente si comprende da sé. Ma per quanto il dispiegamento dei principi giuridici e la discussione di idee regolative non possano condurre a formulare delle proposizioni verificabili dal punto di vista empirico e quindi a conclusioni cogenti, nondimeno tale sviluppo costringe ogni volta alla discussione e all'argomentazione. In tal modo, esso esclude fino a un certo grado e con una certa attendibilità l'arbitrio individuale della decisione, nella misura in cui essa è parte del discorso *giuridico*. Infatti, i giudici e gli scienziati del diritto che offrono loro dei consigli non possono essere obbligati a prender parte a discorsi puramente morali o etici sulla giustezza dell'agire individuale e a farsi guidare da essi. Che tuttavia lo facciano sarebbe solo una speranza, così come è solo una speranza il fatto che questo terreno di discussione non venga occupato da fondamentalisti o settari di sorta.

Ma molti sostenitori della tesi della separazione perseverano, come abbiamo visto, nell'idea secondo cui tutte le affermazioni «morali» riguardanti come debba essere il diritto non sono fondabili e dimostrabili razionalmente. Si deve perciò, per amore della certezza del diritto e della libertà e per l'onestà scientifica, attenersi in modo scrupoloso al diritto posto. Questa obiezione non è facile da superare. In effetti, la separazione tra diritto e morale, dal punto di vista storico e politico-costituzionale, è legata alla contrapposizione tra mondo esterno e mondo interno, tra costrizione e libera decisione, tra eteronomia e autonomia (*supra*, § 1, II), e alla crescente certezza dell'enorme differenza che esiste tra le convinzioni individuali. Tuttavia non si capisce come potrebbe svilupparsi la certezza del diritto, se una parte significativa di esso viene dichiarata questione discrezionale. Soprattutto, la tesi della separazione suggerisce un'alternativa che non esiste nei termini proposti: i criteri della giustezza che travalicano il diritto positivo (o più precisamente, le affermazioni di giustezza che si proiettano oltre lo stato raggiunto e consolidato della prassi giuridica) non si esauriscono necessariamente nell'opinione individuale. Il riferimento, che va al di là delle particolarità del diritto positivo, ai principi portanti e strutturali dell'ordinamento giuridico e al loro contesto culturale – dimostrato caso per caso come necessario attraverso le argomentazioni della scienza giuridica – non hanno assolutamente lo stesso significato di un «vuoto raziocinare» che astrae soggettivamente da ciò che è «presente e reale» (Hegel)[40]. Ogni società e ogni diritto corrispondente esistono infatti sulla base di orientamenti comuni certi, di criteri, atteggiamenti e comportamenti generali. Questo vale anche per la democrazia liberale[41]. Sebbene tale *ethos* sopravviva solamente attraverso azioni e comportamenti adeguati compiuti dagli individui e si trasformi con essi, la sua esistenza non è tuttavia una questione abbandonata alla discrezionalità personale. Nessuno può tirarsi fuori a piacere da questo contesto senza rischiare di non essere più accettato. I ricorsi al diritto e i discorsi relativi ad esso riescono quindi a stabilizzare il diritto e la sua applicazione contro l'arbitrarietà soggettiva.

III. *Il lavoro erculeo del giudice*

Un modello del ricorso etico-giuridico cui si è accennato viene delineato da Ronald Dworkin nella sua teoria della giurisdizione, segnata dalla figura del giudice «Ercole»[42]. Dworkin ha sviluppato questa teoria attraverso il confronto con Hart, suo docente a Oxford. In polemica con la definizione, fornita da quest'ultimo, del diritto come un sistema di regole[43], egli sottolinea il significato complementare dei principi. Il suo punto di partenza è la situazione del nostro ordinamento giudiziario, nel quale il giudice non può astenersi dall'emettere una sentenza. Il giudice, infatti, deve risolvere ogni controversia – purché presentata secondo una procedura corretta –, anche se il diritto positivo pertinente è oscuro, inadeguato, insensato fino alla contraddittorietà o lacunoso. Anche in questa condizione, viene richiesto un atto di *giurisdizione*: non ci si rimette cioè a una qualsiasi decisione discrezionale, né si concede il ricorso a un giudizio di opportunità, nel senso dell'interesse pubblico. Tuttavia, nella misura in cui non si può semplicemente ricavare la conclusione giuridica necessaria dal diritto scritto, il diritto resta sempre insufficiente rispetto alla sua propria pretesa di costituire un ordinamento della vita sociale. La soluzione di Dworkin è la seguente: il giudice deve presupporre che si possa trovare una risposta giuridica (o, più precisamente, l'unica e sola soluzione giuridica giusta) per ogni circostanza e, in un tempo limitato, deve cercare di soddisfare questo postulato in modo discorsivo, con uno sforzo quasi sovrumano. Per rinvenire la giusta soluzione della controversia, il modello di giudice impersonato da «Ercole», come Dworkin non a caso lo chiama, deve fare riferimento, tenendo conto di tutte le determinanti giuridiche, a criteri che stanno al di là delle norme positive, ovvero ai principi giuridici di tipo valutativo, intesi come criteri fondamentali di distribuzione dei diritti e dei doveri; su questi principi egli deve operare, facendo riferimento ai criteri fondamentali di valutazione della comunità, nel contesto di tutte le regole, procedure, principi giuridici e dottrine riconosciute. Per farla breve, nelle questioni giuridiche difficili la «morale politica presupposta dalle leggi e dalle istituzioni della comunità» esercita il ruolo decisivo[44]. Si tratta, in altre parole, della trasposizione, controllata attraverso il criterio di coerenza rispetto al contesto unitario, dell'*ethos* sociale, dell'eticità sociale oggettiva, entro i contenuti della Costituzione e del diritto. Dal punto di vista della teoria del diritto, ciò significa che ogni ordinamento giuridico dato non è costituito solo da regole alternativamente applicabili o non applicabili; esso contiene anche norme e principi che devono venir continuamente verificati in rapporto al caso concreto, che possono diventare più o meno efficaci e che devono dunque essere ottimizzati. Tali principi non possono nemmeno, come accade per le regole giuridiche, essere dichiarati validi sulla base di determinate regole giuridiche di riconoscimento, nel senso indicato da Hart (*infra*,

§ 11, II)[45], ma devono, secondo Dworkin, essere fondati filosoficamente in ragione della loro origine e natura «morale»[46].

Naturalmente, tutto ciò ha molto a che fare con il *Case Law* anglosassone e con la posizione eccezionale che in esso riveste il giudice; inoltre, le tesi di Dworkin sono legate alla cultura anglo-americana della controversia e dell'argomentazione, segnata da una minore raffinatezza dogmatica e giurisprudenziale nel campo dei diritti fondamentali. In Germania, in presenza della pluridecennale giurisprudenza sui diritti fondamentali, non solamente della Corte costituzionale federale, ma anche dei tribunali inferiori, il titolo programmatico scelto da Dworkin per la sua opera, *I diritti presi sul serio*, difficilmente avrebbe potuto sollevare lo scalpore suscitato altrove. Robert Alexy ha però indicato[47] in che misura la distinzione tra regole e principi possa essere resa fruttuosa anche per il diritto costituzionale tedesco. In realtà, la teoria di Dworkin trova in Germania un precedente nel campo del diritto privato: si tratta dell'arricchimento sul piano della teoria del diritto e della mobilitazione e dinamizzazione metodologica sul piano del pensiero sistematico che si è innescato a partire da *Entwicklung eines beweglichen Systems im bürgerlichen Recht* (1951) di Walter Wilburg e *Grundsatz und Norm in der richterlichen Rechtsfortbildung des Privatrechts* (1956, 1990⁴) di Josef Esser. L'idea essenziale del «sistema in movimento» consiste nel fatto che in caso di controversia una decisione dotata di conseguenze giuridiche è tanto meglio fondata e fa presa in misura tanto maggiore, quanti più sono gli argomenti a suo favore e quanti meno sono, dall'altra parte, gli argomenti contrari. A differenza di Theodor Viehweg, il quale rinnovò l'antica tradizione della topica giurisprudenziale in polemica con una nozione di sistema giuridico intesa in modo molto ristretto[48], questa teoria utilizza fin dall'inizio un concetto di sistema vasto e differenziato, che include norme e punti di vista non scritti. Essa ricomprende inoltre in tale ambito strutturale, di caso in caso, tutti i precedenti pertinenti, le considerazioni di equità, le regole di ambiti disciplinari specifici, le valutazioni delle conseguenze, le considerazioni in ordine alla certezza del diritto e alla praticabilità della decisione, ed eventualmente, come nel diritto che disciplina il campo della tecnica, anche insiemi di regole non giuridiche prodotte da esperti. Franz Bydlinski ha sviluppato queste riflessioni in modo analogo alla tematizzazione di Dworkin attraverso l'idea che, nel caso di un'incertezza giuridica non altrimenti rimediabile, si possa e si debba ricorrere alle «massime etico-giuridiche fondamentali» della società[49]. I casi di ricorso immediato ai principi etico-giuridici saranno piuttosto rari. Più frequentemente il riferimento etico-giuridico sarà efficace in modo mediato, in quanto indica come fondamentali regole giuridiche determinate, producendo quindi la loro generalizzazione. Ma, laddove un ricorso immediato risulti necessario, essa può condurre alla situazione in cui si è costretti a scegliere tra principi che confliggono fra loro. In questo caso, non ci sono più a disposizione idee guida di grado superiore. Di conseguenza, occorre operare un bilanciamento tra principi. Quanto più si deve disattendere e recare pregiudizio a uno dei due principi in conflitto, tanto più deve essere rilevante adempiere all'altro[50].

Del resto, anche la tesi del *one answer* avanzata da Dworkin non è del tutto nuova in Europa. Già Rudolf Stammler aveva sviluppato la sua *Lehre von dem richtigen Rechte* (1926[2]) come procedimento atto a verificare la giustezza del diritto e a migliorare tutti i dettagli di un ordinamento giuridico dato, in conformità «all'idea di una armonia assoluta tra i casi singoli»[51].

§ 6. TROVARE E CREARE IL DIRITTO

L'individuazione, più o meno difficile, del diritto valido per le parti in causa in rapporto al caso singolo e in conformità alle regole esistenti è una cosa, la fissazione di nuove regole giuridiche generali per il futuro è un'altra. Quando si parla di stabilire il diritto, di solito si intende la connessione, denominata comunemente legislazione, tra una pluralità indeterminata di casi futuri descritti esclusivamente per mezzo di fattispecie generali e nei quali il comportamento giuridicamente rilevante può essere tenuto da una pluralità indeterminata di persone con conseguenze giuridiche più o meno generali[52]. Il termine «legge» non indica tuttavia solo una regola generale e astratta nel senso appena descritto, non indica l'ordine pianificabile di un certo ambito di vita. La legge rappresenta anche – in modo del tutto indipendente dal tipo di contenuto – la forma più elevata attraverso cui si costituisce la volontà di un'unità politica che si determina da sé. In tal senso, è il diritto di promulgare leggi a differenziare il sovrano dello Stato moderno dal re-giudice antico. E nella rivoluzione borghese del

1789 rivestiva grandissima importanza, oltre alla libertà, ai diritti dell'uomo e alla sovranità della nazione, proprio il fatto che la legge fosse espressione della volontà generale. Questo doppio volto della legge provoca difficoltà concettuali e sembra richiedere una duplice nozione di legge: da un lato un concetto di tipo più che altro politico e dall'altro uno specificamente giuridico. Qui ci limitiamo all'aspetto per cui si stabiliscono regole generali, in contrapposizione all'individuazione del diritto per il caso singolo. Come già detto (*supra*, § 2, III), Kelsen non voleva riconoscere alcuna distinzione essenziale tra queste due forme di produzione giuridica. Ora, il fatto che un momento produttivo di diritto sia presente in ogni sentenza giudiziaria relativa a un caso singolo costituisce un assunto ormai da lungo tempo comunemente accettato. Ma solo una teoria formale, disinteressata alle questioni di contenuto, ai contesti, alle funzioni sociali e soprattutto ai problemi della fondazione del diritto può condurre in maniera tanto riduttiva il confronto fra i due elementi indicati.

In primo luogo, occorre osservare che le leggi vengono prodotte solo in minima parte al modo di un *software* per l'apparato dell'amministrazione della giustizia. Considerate dal punto di vista di una concreta controversia giuridica, esse sono quindi sempre piene di mancanze. Non solamente il giudice «Ercole», ma anche ogni studente di giurisprudenza lo sa bene. Piuttosto, le leggi si preoccupano di definire e sottoporre a sanzione prima di tutto la normalità sociale. Anche se per lo più partono dall'esperienza del conflitto, esse vogliono regolare e organizzare rapporti di vita, dirigere processi sociali, prevenire contrasti[53]. In primo piano stanno quindi lo scopo regolativo materiale e gli strumenti per la sua realizzazione. Le questioni giuridiche nel campo della legislazione, a differenza che nell'ambito della sentenza giudiziaria, rappresentano in genere solo delle questioni pregiudiziali – relative ai criteri di costituzionalità e di conformità al sistema –, ma non il vero e proprio oggetto di regolamentazione. Di fronte all'orizzonte aperto del futuro, esse non si concentrano soltanto su quanto è già accaduto: il legislatore deve cercare al contempo di prendere in considerazione le conseguenze reali dei suoi provvedimenti legislativi e valutarle. Se anche il giudice, quando formula la sentenza, debba comportarsi in questo modo o, tenuto conto del suo vincolo nei confronti della legge e del diritto, possa veramente farlo, è molto dubbio e discutibile. Ma, come si può ben vedere, egli di fatto *non può* mai neppure lontanamente essere come un Parlamento, che ha a disposizione possibilità e procedimenti conoscitivi maggiori di quanto offra e possa offrire un processo giudiziario. Dalla necessità e legittimità del calcolo legislativo delle conseguenze risulta inoltre, in caso di incertezza, la possibilità di una legislazione sperimentale e della legislazione a termine[54]. Tali leggi temporanee sono presenti soprattutto nel diritto dell'economia. Tra i provvedimenti sperimentali sono divenuti noti, anche al di là della cerchia dei giuristi, quelli relativi al diritto universitario. Non si è però mai sentito dire che una sentenza giudiziaria sia stata emessa temporaneamente o in via sperimentale, in vista di una successiva verifica della sua giustezza. In caso di condanna penale con la condizionale è il condannato, non la sentenza, che deve dar buona prova di sé. Fatti salvi alcuni casi eccezionali nell'ambito del diritto costituzionale, i parlamentari – a differenza dei giudici, che non possono rifiutarsi di emettere una sentenza – non sono nemmeno obbligati a pronunciarsi. Qui regna quasi illimitata l'opportunità politica. È fondamentalmente solo un affare del Parlamento stabilire quando e in quale proporzione fare propri certi problemi. Persino progetti realmente urgenti possono venir sacrificati a un calcolo politico. Inoltre, i compromessi politici sono addirittura «indice» di una legislazione democratica. Qualora invece la decisione di un tribunale lasci trasparire qualcosa del genere, essa perde la sua credibilità. La sentenza emessa dalla Corte costituzionale federale in merito al patto fondamentale tra la Repubblica federale e la Repubblica democratica tedesca del 1973[55], che diede ragione nel dispositivo al governo e nelle motivazioni all'opposizione, è un esempio – per fortuna raro – di tale mancanza di credibilità. Nella decisione di un tribunale sta in primo piano il problema della giustezza giuridica. Non costituisce invece oggetto di discussione il fatto che il giudizio sia vincolante per le parti in causa, né perché ciò accada. Al contrario, il problema della giustezza giuridica della legge del Parlamento rappresenta un caso limite. In generale, esso rimane aperto già solo per la possibilità sempre aperta che la legge venga modificata attraverso un emendamento. Se si tenesse fede poi al dogma rousseauiano della legge come volontà sovrana della nazione, tale problema non avrebbe addirittura ragione d'esistere. Il perché una legge, che non viene mai redatta da tutti né tanto meno approvata da tutti, debba essere vincolante per tutti, rappresenta invece un oggetto di attenzione della filosofia del diritto, in quanto filosofia dello Stato[56], fin dall'inizio dell'epoca moderna.

Capitolo secondo
Concetti materiali fondamentali della filosofia del diritto: principi etico-giuridici obiettivi

§ 7. GIUSTEZZA DEL DIRITTO: PRINCIPI DELL'ETICA GIURIDICA

I. *Giustizia, uguaglianza, libertà e dignità personale*

Se il «criterio universale» kantiano della distinzione tra giusto e ingiusto costituisce qualcosa come la verità del diritto, allora esso non può, come si è già accennato, essere un concetto universale astratto, e quindi vuoto, di diritto. In concreto, questa «verità» si trova piuttosto nei principi che determinano – per lo meno in riferimento alla rispettiva sfera culturale – quale contenuto debba fondamentalmente avere il diritto. In questo modo, la questione su che cosa sia «veramente» il diritto in sé non trova certamente una risposta. Ciò tuttavia non deve scatenare un senso di inquietudine filosofica. Nemmeno l'algebra e la geometria, la biologia e la medicina, la chimica e la fisica, insegnano che cosa siano «veramente» il numero e lo spazio, la vita e la salute, gli elementi, la materia e l'energia. Se non si potesse iniziare nulla con un concetto prima di averlo definito completamente, «le cose andrebbero piuttosto male per l'intera filosofia». Dal momento tuttavia che già gli elementi che concorrono a costituire un concetto rivestono in quanto tali un certo significato, si possono anche «adoperare molto utilmente proposizioni che, propriamente, non sono ancora definizioni, ma sono del resto vere e proprie approssimazioni ad esse»[57]. Se si considerano ora queste idee guida del diritto non solo con la consapevolezza della possibilità e della realtà di una loro positivizzazione costituzionale ma anche, indipendentemente da ciò, come modelli normativi di questo processo, laddove esse sussisterebbero anche nel caso in cui – *horri-*

bile dictu – non esistesse lo Stato costituzionale liberaldemocratico, allora abbiamo a che fare con quelle che Kant ha chiamato (*supra*, § 2, II) leggi naturali-morali-giuridiche o, per usare un'espressione attuale, principi morali o etici. Se continuiamo a seguire quella terminologia, nella quale la riflessione razionale e metodologica della morale viene chiamata «etica», entriamo nell'ambito dell'etica giuridica. Quest'ultima viene definita come

la parte centrale di una filosofia del diritto materiale, cioè dotata di un riferimento concreto, volta alla conoscenza di ciò che ha senso e valore e in grado di riconoscere i criteri etici per il diritto e le sue norme. In quanto teoria necessariamente normativa, essa si contrappone al formalismo e al positivismo, così come ad una trattazione puramente funzionale o sociologica[58].

Ma quali sono i principi del diritto giusto, «le determinazioni più precise del contenuto dell'idea del diritto in relazione alle regolamentazioni possibili»?[59] Il testo introduttivo kantiano potrebbe dare l'impressione, quando pone la domanda di ciò che sia giusto, di indicare l'idea guida della giustizia come quintessenza del giusto. Di fatto questa concezione ha condizionato in modo determinante, nel corso dei secoli, la filosofia del diritto. L'istanza che decide in modo vincolante su diritto e torto si chiama non a caso «giustizia» (*Justiz*). Il diritto (*ius*) deriva il suo nome, come insegnò il giurista romano tardo-classico Ulpiano, dalla giustizia (*iustitia*). E le glosse medievali aggiungono che la giustizia, in quanto madre del diritto, è più antica di questo. L'idea della giustizia (*dikaiosyne*), cioè l'archetipo trascendente ed eterno di tutte le sue rappresentazioni terrene e delle sue imitazioni confuse, sta al centro della dottrina del vero e giusto Stato in Platone (*infra*, § 17). Nella sua filosofia pratica, Aristotele (*infra*, § 19) ha delineato la fenomenologia classica della giustizia come virtù sociale e come principio delle relazioni giuridiche nella comunità e ha determinato la giustizia, in modo gravido di conseguenze, come pari trattamento. Nel XIII secolo Tommaso d'Aquino (*infra*, § 18, II), in maniera straordinariamente ampia e profonda, nella sua vasta opera teologica (*Summa*) affronta in modo dettagliato le tesi del diritto come oggetto della giustizia e del nesso tra giustizia legale e bene comune. E in tempi più recenti è stata pubblicata un'opera dedicata alla giustizia, che ha ravvivato come nessun'altra la discussione nel campo della filosofia del diritto a livello internazionale: *A Theory of Justice* di John Rawls (*infra*, § 32).

Contrariamente a quella prima supposizione, Kant parla però di giustizia solo di passaggio. La giustizia, per lui, indica fondamentalmente l'autorità giudiziaria statale, «l'idea del potere giudiziario», e ciò in particolare laddove si tratta del potere punitivo tanto umano che divino. Questo contesto ha un carattere peculiare: esso designa un rapporto di potere. La giustizia funge qui da concetto secondario: essa fornisce semplicemente un criterio per l'esercizio del potere sovrano. In realtà, il concetto centrale per Kant è un altro: tale concetto è la *libertà*. Andando al di là delle dichiarazioni dei diritti americana e francese, il filosofo di Königsberg proclama: «Il diritto innato è uno solo. La libertà» (*MdC*, p. 44). Essa spetta a tutti, quindi, nella stessa misura. In quanto «principio universale del diritto» (p. 35), l'organizzazione della libertà appare dunque sotto la legge dell'uguaglianza di tutti. La libertà, intesa specialmente come dignità personale dell'uomo, rimane il termine fondamentale dell'idealismo tedesco nella dottrina attivistica del diritto e dello Stato di Johann Gottlieb Fichte (1762-1814), nella filosofia organicista dello Stato di Friedrich Wilhelm Schelling (1775-1854) e nella filosofia del diritto di Hegel, che si configura come una filosofia della storia fondata sulla libertà (*infra*, § 28). Ancora il *Manifesto comunista* del giovane Marx promette, nel 1848, non giustizia sociale, ma libertà. Il concetto di libertà aveva già influenzato sistematicamente, anche se in modo diverso, la filosofia politica e del diritto dei filosofi precedenti: quella di John Locke, che con la giustificazione della *Glorious Revolution* del 1688 aveva posto i fondamenti teorici dello Stato costituzionale (*infra*, § 26, II), e quella di Jean-Jacques Rousseau, che col suo *Contratto sociale* (1762) ha inaugurato il concetto democratico di libertà (*infra*, § 26, III).

II. *Pace, sicurezza, fiducia nei rapporti*

Thomasius (*supra*, § 1, II) ha indicato un'ulteriore direzione del giusto: sicurezza e pace. Anche qui si tocca un tema antico: *pax et iustitia*[60]. La Costituzione di Bonn accoglie tale elemento nel suo primo articolo, nel momento in cui riconosce i diritti dell'uomo come «fondamento [...] della pace e della giustizia nel mondo». Nel contesto della lotta tra l'imperatore, i Comuni dell'Italia settentrionale e il pa-

pa, il medico Marsilio da Padova (all'incirca 1275/80-1342), riprendendo la *Politica* aristotelica, aveva già completamente posto al servizio dell'idea di pace la sua dottrina delle città, dei regni e della legislazione orientata al giusto emanata dalle cittadinanze sovrane. Così egli invoca il potere dell'imperatore non in quanto custode della
giustizia, ma come difensore della pace, e ha quindi intitolato la sua
opera *Defensor pacis* (1324). I conflitti di quell'epoca lacerarono anche i cittadini dei Comuni al loro interno, con la lotta tra la fazione
ghibellina e quella guelfa. Non a caso la celebre allegoria del *Buon
governo* di Ambrogio Lorenzetti, collocata nel municipio della città
repubblicana di Siena (1337-40), pone la pace al centro della raffigurazione. Con un portamento tipico di un'opera antica, la *pax* tro-
neggia sui cittadini uniti dall'aspirazione alla giustizia e promette il
benessere, ritratto in modo dettagliato, in città e nelle campagne.
Anche il frontespizio della grande opera di filosofia politica scritta
da Thomas Hobbes (*infra*, § 24), *Leviathan, or the Matter, Form, and
Power of a Commonwealth* (1651), promette pace, tranquillità e sicurezza, sullo sfondo delle guerre civili confessionali. Ma subito bal-
zano agli occhi anche le differenze: i segni, sacri e profani, della sovranità hanno preso il posto delle virtù antiche e di quelle cristiane,
e dell'allegoria della giustizia è rimasta solamente la spada. In vista
della sicurezza, da raggiungere per mezzo del diritto, Kant ha del resto negato, in modo non meno deciso di Hobbes, ogni diritto di resistenza contro il sovrano (*MdC*, pp. 149 sgg.): egli afferma persino
il «principio razionale pratico» secondo cui si deve ubbidire al potere legislativo in carica, «qualunque possa esserne l'origine».
   Si associa alle idee di pace e libertà – che troverebbero realizzazione a partire da una situazione caotica di violenza per mezzo del monopolio sovrano della forza – anche l'idea di fiducia, ovvero di certezza nelle aspettative, che caratterizza le relazioni sociali regolate dal
diritto[61]. Non a caso, nessun altro principio di quella monumentale
opera che contraddistingue l'inizio della dottrina giuridica moderna
ha avuto un tale seguito come quello della fedeltà ai patti: nella forma
pacta sunt servanda, lo *stare pactis* di Ugo Grozio (1583-1645), richiamato nel classico *De iure belli ac pacis* (1625), è riconosciuto in tutto
il mondo come principio del diritto valido in tutti gli ambiti giuridici.
Esso mette in luce allo stesso tempo l'importanza centrale che riveste
per la società civile il patto, stipulato liberamente tra eguali e produttivo di diritto, della dottrina giuridica di Grozio. Secondo Grozio, il

fine della società consiste nel «mantenere intatti i beni di ciascuno». Tali beni sono la vita (*vita*), il corpo (*membra*), la libertà (*libertas*) e – nel caso venga fondata e distribuita attraverso il patto – la proprietà (*dominium*) (I 2, 1 par. 5). Questa idea ha acquistato tuttavia un'importanza di portata mondiale solamente nella forma che John Locke, già ricordato sopra, le attribuì al termine del XVII secolo (*supra*, § 7, e *infra*, § 27, II). *Life*, *liberty*, *property* era la celeberrima formula della sua filosofia politica. In questa espressione, *property* non indica solamente e nemmeno in prima istanza la proprietà di cose. Con essa si intende piuttosto il diritto originario di ciascuno a non dipendere da nessun altro, a essere padrone di se stesso, delle proprie forze, delle risorse naturali acquisibili e dei prodotti del proprio lavoro. Ne deriva il diritto di tutti a costituire un nuovo governo, nel caso il precedente non realizzi gli scopi del patto sociale. Gli esponenti della Rivoluzione americana hanno imparato questa lezione. La *Dichiarazione d'indipendenza* americana del 1776 comincia infatti con le verità insegnate da Locke, per quanto Jefferson abbia sostituito la *property* con il *pursuit of happiness*, il perseguimento della felicità:

Noi riteniamo che queste verità siano di per sé evidenti, che tutti gli uomini sono creati uguali e che sono dotati dal loro Creatore di certi inalienabili diritti fra i quali quelli alla vita, alla libertà e al perseguimento della felicità; che per salvaguardarli vengono istituiti fra gli uomini i governi, i quali derivano i propri giusti poteri dal consenso dei governati; che ogni qual volta una forma di governo tende a distruggere questi fini è diritto del popolo modificarla o abolirla e istituire un nuovo governo, fondandolo sui principi e organizzandone i poteri nel modo che gli paia più conveniente a realizzare la propria sicurezza e felicità[62].

Le parole chiave centrali della nuova epoca sono tutte riunite, in modo molto conciso, nel primo paragrafo del *Bill of rights* della Virginia, redatto nell'anno d'inizio della Rivoluzione americana: eguale libertà e diritti innati – alla vita, alla libertà, alla proprietà, al perseguimento della felicità e alla sicurezza – riconosciuti a tutti.

III. *Le dichiarazioni dei diritti dell'uomo*

Sotto il profilo formale, le dichiarazioni dei diritti fondamentali non rappresentavano alcuna novità nella storia costituzionale inglese. Sul piano dei contenuti, invece, esse costituiscono il prototipo di un sovvertimento epocale, e ciò da ben quattro punti di vista. Innanzitutto, ai diritti di nascita dei sudditi inglesi subentra un catalogo dei diritti dell'uomo dotato di validità universale. Invece di porre un freno nel modo tradizionale ai tipici abusi del potere regio, come gli arresti arbitrari e le tassazioni illegali, questi diritti dell'uomo reclamano – in secondo luogo – la tutela *generalizzata* dell'autodeterminazione individuale. Il principale obiettivo polemico è dunque non tanto la concreta ingiustizia, quanto piuttosto la negazione di ogni tipo di originaria dipendenza e sottomissione. Questo documento giuridico – in terzo luogo –, nel rivendicare l'autonomia individuale contro ogni autocrazia, gerarchia ed eteronomia, non pone solamente limiti a tutti i poteri dello Stato, come ha fatto ad esempio il *Bill of rights* inglese in occasione della «gloriosa rivoluzione» del 1688, ma trasforma il potere politico in qualcosa di cui si può disporre. Esso è, in linea di principio, messo a disposizione – questo è il quarto punto – di una società civile di stampo egualitario. Poco tempo più tardi i francesi, molto meno tradizionalisti nella forma e nei gesti, certo non più uniti da un comune senso religioso e privi di ogni ispirazione dettata da una vita comunitaria riformata, dichiararono la loro adesione rivoluzionaria ai principi di libertà, uguaglianza e fraternità in opposizione alla società antico-europea fondata sui privilegi, accentuando maggiormente l'idea di uguaglianza. Tale adesione prese forma nella celebre *Dichiarazione dei diritti dell'uomo e del cittadino* del 1789. A proposito di questa *Déclaration* – il cui carattere è più marcatamente filosofico e che appare rivoluzionaria non solo sul piano giuridico ma anche su quello sociale e ideale – Hegel trent'anni più tardi, nella sua *Filosofia della storia*, ha affermato «che l'uomo» con essa «si basa sulla sua testa, cioè sul pensiero, e costruisce la realtà conformemente ad esso»[63].

In quanto principi di questa nuova costruzione politica, in quanto «basis and foundation of government», secondo la formulazione proposta in Virginia, le dichiarazioni dei diritti dell'uomo appena ricordate, fin dalla loro origine rivoluzionaria, non si limitano semplicemente a difendere la sfera privata di libertà. Paragonare la giustezza del diritto a questi principi significa perciò porre una questione «bidimensionale». Questa prospettiva non fa più riferimento esclusivamente al piano orizzontale delle relazioni giuridiche fra gli individui, ma anche, in certo qual modo, a quello verticale della giusta organizzazione della produzione statale del diritto. Se il diritto naturale di Thomasius delineava ancora una filosofia dei doveri e dei diritti naturali del singolo (*supra*, § 1, II), Kant, nella seconda parte dei suoi *Principi metafisici della dottrina del diritto* (*supra*, § 1, I), sviluppando coerentemente la sua filosofia della libertà, forniva in modo del tutto naturale anche un progetto metafisico della dottrina dello Stato (*infra*, § 26, IV). E Hegel intendeva i suoi *Lineamenti di filosofia del diritto* (1821), già nel frontespizio, come «diritto naturale e scienza dello Stato in compendio». La filosofia del diritto del XIX secolo, col neo-kantismo, smarrì nuovamente, tuttavia, l'irrinunciabile dimensione politica legata all'organizzazione dello Stato, concepita come una dottrina dei principi. Nell'opera del neo-kantiano Rudolf Stammler (1856-1938), *Die Lehre von dem richtigen Rechte* (1902[1]; cfr. *supra*, § 5, III), che ha mantenuto la sua importanza per la storia della scienza, non si parla più dello Stato e della Costituzione. In ordine a questi temi da quel momento in poi ha trovato enorme sviluppo, soprattutto nei quarant'anni seguiti alla promulgazione della legge costituzionale tedesca, la dogmatica del diritto pubblico, e in particolare del diritto costituzionale, che ha fatto propria la tradizione della dottrina generale dello Stato. Appare evidente il fatto che la Corte costituzionale federale, con le sue ampie competenze, abbia agito a questo proposito da catalizzatore. L'opera filosofico-giuridica più recente di Jürgen Habermas, *Fatti e norme* (1992[1]), mostra quanto sia difficile per la filosofia riappropriarsi di tale oggetto in tutta la sua complessità.

§ 8. LA POSITIVIZZAZIONE COSTITUZIONALE
DEI PRINCIPI ETICO-GIURIDICI

Le dichiarazioni rivoluzionarie dei diritti dell'uomo risalenti alla fine del XVIII secolo hanno avuto un seguito straordinario. Unite alla disciplina dell'organizzazione statale, basata sul principio della divisione dei poteri (*infra*, § 27, II), esse hanno rappresentato il prototipo della costituzione liberale e quindi il modello di sviluppo dell'assetto costituzionale dello Stato. Al di là del piano dell'ordinamento nazionale, la maggior parte degli Stati della terra, in quanto membri delle Nazioni Unite, hanno dichiarato perlomeno un'ade-

sione verbale ai principi dei diritti umani attraverso la Carta del-
l'ONU. I due patti stipulati a livello mondiale nel 1966, l'uno sui diritti civili e politici, l'altro su quelli economici, sociali e culturali, sono stati nel frattempo – anche se non recepiti e realizzati dappertut-
to – quanto meno ratificati da quasi due terzi degli Stati del mondo.
Essi vengono riconosciuti cioè come diritto internazionale dotato di
carattere vincolante.

Laddove gli Stati recepiscono i diritti umani a livello del diritto interno, tuttavia, questo processo di positivizzazione produce una serie
di paradossi spesso non rilevati come tali. Per meglio dire, si tratta di
contraddizioni non eludibili né risolvibili, e in tale senso addirittura
costitutive, le quali complicano il rapporto tra diritto e morale trattato in precedenza (*supra*, § 4). Lo Stato di diritto fondato sui diritti
umani garantisce l'autonomia individuale in quanto elemento presta-
tale e naturale. Le condizioni di possibilità dell'autonomia possono
però venir realizzate solo collettivamente e solo mediante il diritto positivo. Ciò pone al centro dell'attenzione la legge generale, in quanto
strumento essenziale di mediazione tra le libertà individuali nei loro
rapporti di coesistenza e produce il carattere rappresentativo della
moderna statualità. Tale nesso viene già formulato in modo sintetico
e chiaro nella filosofia del diritto kantiana. «L'unica costituzione
conforme a diritto» dello Stato e quindi, per via del carattere irresistibile del diritto razionale di libertà, la sola «costituzione permanente» della «vera repubblica» è quella che presenta «esclusivamente la
libertà come principio, come condizione di ogni coazione», in quanto è la legge, e non una qualsiasi persona, a dominare. «Ogni vera repubblica, ora, non è e non può essere altro che un *sistema rappresentativo* del popolo, avente lo scopo di proteggere in nome del popolo,
ossia in nome di tutti i cittadini riuniti e per mezzo dei loro delegati
[...], i diritti dei cittadini stessi» (*MdC*, p. 176). Kant era convinto che
il diritto giusto, percorrendo questa via, conducesse in modo inarrestabile alla positività, la quale appare così, quasi hegelianamente, come il compimento della giustezza del diritto non-positivo. Nella sua
Filosofia del diritto (1914), Gustav Radbruch ha formulato quest'idea
nel modo seguente: «tanto appartiene al concetto del diritto giusto
tradursi in diritto positivo, quanto è compito del diritto positivo essere giusto dal punto di vista del contenuto»[64].

Un ulteriore paradosso si trova nell'idea che esista una sola Costituzione conforme a diritto, derivante dalla natura razionale del-

l'uomo, per popoli assai differenti tra loro per natura: Kant si è occupato anche di questo problema e, nel suo trattato *Per la pace perpetua*, ha cercato di risolverlo[65]. Formulando la questione in maniera più generale, al di là quindi del punto di vista kantiano, ci si riferisce qui al fatto che i diritti fondamentali dell'uomo, pensati già nella cosmopoli spirituale degli Stoici due millenni fa (*infra*, § 18, I) e proclamati con pretesa di validità universale nelle dichiarazioni illuministiche, possono essere positivizzati e realizzati, nell'ambito del pluralismo che caratterizza il mondo degli Stati, solo in modo particolare, per mezzo degli Stati nazionali. In questo modo, essi stessi diventano un fattore di legittimazione e un elemento integrante della particolarità e della singolare identità politica concreta sotto il profilo storico. Le costituzionalizzazioni nazionali dei diritti umani determinano così non solo l'inizio di un'apertura al mondo ma, al tempo stesso, delimitazioni ed esclusioni. I diritti umani diventano infatti una parte degli atti di fondazione degli Stati, che implicano una distinzione inderogabile tra coloro che appartengono alla comunità statale e coloro che non ne fanno parte. Dal lato opposto, questo fenomeno, considerato dal punto di vista interno, rende necessaria un'ampia rivendicazione dell'uguaglianza. Ciò non significa solamente negazione delle differenze cetuali e sociali: tale affermazione si dirige anche contro le tendenze particolaristiche di tipo etnico e culturale. Da ciò derivano spinte all'adattamento e casi di esclusione. Le minoranze sono sempre costrette a fare esperienza di questo. Detto altrimenti, senza una preventiva omogeneizzazione dell'umanità in direzione di una società cosmopolitica uniforme ed egualitaria, i principi etico-giuridici affermati dalle dichiarazioni universali dei diritti dell'uomo, e cioè la libertà individuale e l'uguaglianza di tutti, non sarebbero realizzabili senza fratture e senza problemi residuali all'interno di uno Stato mondiale onnicomprensivo.

Rimangono delle questioni aperte anche sotto un altro punto di vista. Sulla base del presupposto che la «giustezza» di regole e principi pratici non si identifica con la loro validità – conseguenza ovvia, questa, della separazione tra diritto e morale –, anche i principi etico-giuridici «giusti» hanno bisogno, per essere validi, ovvero per avere un'attendibile efficacia sociale, di una conversione tecnico-giuridica e di una sanzione statale. Difficilmente semplici dichiarazioni bastano a questo scopo. Nel diritto costituzionale francese, ad esempio, ciò rese permanentemente incerto lo *status* giuridico della celebre *Dichiarazione dei diritti dell'uomo e del cittadino* del 1789. Anche le semplici dichiarazioni statali di adesione a un diritto extrapositivo sono, in quanto tali, qualcosa di meno del diritto positivo e, insieme, qualcosa di più. Esse eccedono il diritto positivo e non sorgono proprio laddove non vi è alcun dubbio circa l'efficacia immediata dei diritti dell'uomo positivizzati in forma costituzionale, come accade nell'ambito di validità della Costituzione tedesca. Se così non fosse, se ne dovrebbe dedurre che il processo di positivizzazione statale abbia posto i diritti dell'uomo a disposizione del legislatore costituzionale, e in particolare di chi è chiamato a modificare la Costituzione. Ma ciò sarebbe in contraddizione col carattere di quei principi – indipendentemente dal fatto che la Costituzione abbia fornito o meno, a quei principi, una «garanzia di eternità» contro modificazioni legali (come previsto dall'art. 79, terzo comma, della Costituzione tedesca). Attraverso il riconoscimento statale realizzato nell'una o nell'altra forma giuridica appena ricordata, i principi «giusti» non perdono il loro *status* logico e conservano quindi la loro portata etico-giuridica. Ne segue che il processo di positivizzazione – tanto attraverso leggi ordinarie che sul piano costituzionale – non trasforma questi principi neppure in valori giuridici tra gli altri, che, in rapporto al caso singolo, attraverso il bilanciamento, potrebbero sempre essere mal ponderati nel confronto complessivo. L'etica giuridica non costituisce una forma di antico legislatore divino, che scompare dopo aver dettato la Costituzione e non lascia nulla dietro di sé eccetto il mero diritto positivo, da fissare semplicemente in quanto tale.

Qui la separazione precedentemente discussa tra diritto e morale trova, quindi, il suo contrappunto non trascurabile o eludibile. La limitazione del diritto provocata da tale separazione, ovvero la riduzione di quest'ultimo a garanzia formale di una sfera di libertà individuale e di autodeterminazione morale, costituisce infatti essa stessa il prodotto di una determinata etica giuridica. Non l'amoralità del diritto, quindi, ma il contenuto etico-giuridico di quei principi dei diritti umani sorregge la richiesta condivisibile di «amministrare il diritto in modo tale che possa pretendere eguale considerazione per i membri appartenenti a comunità con differenti visioni del mondo»[66]. È dunque poco sensato ignorare semplicemente l'espansione del sistema giuridico positivo che si realizza attraverso l'estensione etico-giuridica della Costituzione, invece di trasformarla, con sforzo ininterrotto, in un oggetto di riflessione giuridica e di filosofia del diritto. Ciò è necessario anche e soprattutto perché i principi universali affermati dai diritti dell'uomo, nella loro trascrizione costituzionale, giungono sempre a fondare delle comunità giuridiche particolari, collegandosi così inevitabilmente a ciascuna particolare tradizione etica e giuridica.

§ 9. FONDAZIONE OGGETTIVA DEL DIRITTO
E DEI SUOI PRINCIPI ETICO-GIURIDICI

Con l'espressione «fondazione del diritto» ci si può riferire, in prima istanza, a una spiegazione scientifico-causale-genetica e storico-sociologica. Se invece con questa espressione si intende la giustificazione giuridica della validità oggettiva del diritto e della sua obbligatorietà soggettiva, intesa come una costrizione interna alla sua osservanza in grado di superare ogni pressione esterna, allora la questione relativa alla fondazione di questa pretesa normativa trova una risposta mediante il riferimento ai principi etico-giuridici del giusto e al loro contenuto razionale convincente per tutti. Ma questa concezione non è universalmente condivisa. Talvolta l'individualismo dei diritti dell'uomo viene raffigurato dai rappresentanti del Terzo Mondo, non solo per intenzioni politiche negative, come un prodotto tipico della civiltà occidentale; la sua universale pretesa di validità viene rifiutata in quanto forma di euro o etnocentrismo, se non addirittura di imperialismo culturale. L'affermazione secondo cui i nostri principi etico-giuridici universali hanno un carattere relativo sotto il profilo culturale intacca la sicurezza di sé europea e nordatlantica e rimette in questione la fondatezza dei suoi principi. Le affermazioni illuministe, storicamente fondate, circa la natura razionale dell'uomo, che comprende la sua socialità, in quanto reali o presunte affermazioni empiriche, non implicano naturalmente alcuna conclusione normativa. Il fatto di evitare tali «deduzioni naturalistiche errate» (*supra*, § 2, I), e cioè la ricerca di una fondazione strettamente normativa per i nostri criteri extrapositivi di giustezza del diritto, conduce a un triplice dilemma apparentemente senza via di uscita. Ricercando la norma che sta dietro la norma, si cade o in un regresso all'infinito, oppure – secondo – in un circolo logico (in quanto si utilizzano per fondare le nostre affermazioni argomenti che sarebbero bisognosi a loro volta di una fondazione), laddove – terzo – non si preferisca infine interrompere da qualche parte il corso dell'argomentazione in modo arbitrario[67].

L'imbarazzo suscitato dal non poter più operare una deduzione incondizionata muovendo da principi considerati preventivamente come indubitabili non rappresenta, tuttavia, un'esperienza completamente nuova. Nel contesto europeo della guerra dei Trent'anni, dilaniato da scissioni in ambito religioso e sconvolto profondamente dalle loro terribili conseguenze politiche, Grozio cercò, nell'accordo sul piano dei principi giuridici, un nuovo fondamento per il diritto che fosse comune all'Europa intera. A questo scopo egli, nella sua opera monumentale, della quale si è già parlato (*supra*, § 7, II), utilizzò soprattutto il diritto romano e l'Antico Testamento, assieme al Nuovo Testamento e al diritto canonico, ma prese in considerazione anche una grande quantità di «attestazioni di filosofi, storici, poeti, e infine di oratori [...], perché quando molti, in tempi e luoghi diversi, affermano come certa una stessa cosa, questa indica una causa universale». Ed essa è: «una retta deduzione da principi naturali, oppure una forma di comune consenso. La prima ci rivela il diritto naturale, la seconda il diritto delle genti»[68]. Il termine «diritto delle genti» indica qui, a differenza del suo uso attuale, non solo il diritto interstatale, ma in senso tradizionale il diritto che vale egualmente presso tutti i popoli e che perciò è determinante anche per l'ambito interstatale. Esso si fonda, secondo Grozio, sulla volontà di tutti o, per lo meno, di molti popoli (I, 1, par. 10, 1), mentre il diritto naturale viene ancora concepito come ordine della ragione conforme a una natura presupposta come razionale (*ibid.*), secondo il medesimo significato attribuitogli dallo stoicismo antico (*infra*, § 18, I). Nonostante tale coloritura tradizionale, questa prima teoria giuridica dell'epoca moderna indica la direzione decisiva per il futuro: «ciò che non può essere dedotto da principi evidenti mediante un ragionamento sicuro e che tuttavia appare eseguito dovunque, ha avuto origine dalla libera volontà». E tale volontà opera in modo particolare, sul piano della produzione di diritto, nel e attraverso il contratto, che si presenta come la forma più comune di auto-obbligazione e quindi come la «fonte naturale» soprattutto del diritto civile (Prol. 15).

In base alla critica kantiana della conoscenza, le deduzioni normative che derivano da un accordo tanto ampio da sembrare un fatto oggettivo vengono però considerate poco più delle corrispondenti deduzioni ricavate dalla presunta razionalità immanente delle condizioni fattuali o della natura fisica dell'uomo. È un'altra questione il fatto che Kant stesso abbia troncato la sua riflessione sulle condizioni di possibilità della fondazione di un principio fondamentale dell'etica (la sua riflessione «trascendentale»), affermando la certezza della legge morale in quanto «fatto della ragione», e cioè come impulso della coscienza oggettivamente irresistibile. Grozio, però, non solo non aveva in alcun modo ridotto il consenso fattuale a dimostrazione di una verità razionale preesistente, ma oltre a ciò, soprattutto in caso di dubbio, egli lo aveva chiamato in causa in quanto espressione della forza creatrice riconosciuta alla libera volontà umana (anche se tali manifestazioni della volontà vengono dedotte solo indirettamente da immagini riflesse più o meno rappresentative). Quanto più aumentarono i dubbi circa la possibilità di fondare in maniera oggettiva le regole dell'agire, tanto maggiore divenne l'importanza riconosciuta all'argomento dell'auto-obbligazione volontaria, soggettiva e libera, derivante da un atto di autodeterminazione. Il consenso, in quanto espressione di una volontà comune, si trasformò quindi in un criterio formale di giustezza del tutto nuovo. Il fulcro della riflessione, a livello di filosofia del diritto, si spostò pertanto dall'ambito della normatività materiale e oggettiva al piano della fondazione formale dell'obbligo giuridico, basata su un accordo soggettivo e la cui validità deriva dal riconoscimento generale.

Capitolo terzo

Concetti formali fondamentali della filosofia del diritto: teorie della fondazione soggettiva della norma

§ 10. L'ESSERE DEL DIRITTO:
VALIDITÀ, EFFETTIVITÀ E RICONOSCIMENTO

Nella misura in cui ciò che di volta in volta «è conforme a diritto», secondo la formulazione kantiana, viene in ultima istanza fondato oggettivamente a partire da ciò che «è giusto», il carattere vincolante del diritto per il singolo, concepito come una tipologia di «costrizione interna» (Kant) e come vincolo per la coscienza, promana in ultima istanza dalla giustezza morale o etica di questi criteri extrapositivi. Il diritto è valido, ovvero vincolante, se si accorda con tali principi o viene giustificato attraverso di essi e se queste stesse norme e principi etico-giuridici risultano a loro volta validi. Tale prospettiva è riconducibile al concetto di *validità etica*, *morale* o *ideale* del diritto. Da ciò deriva, come conseguenza pratica, che il diritto positivo non è valido se entra in contraddizione con tali principi. La situazione è tuttavia profondamente cambiata dopo la netta separazione tra diritto e morale affermata dal positivismo giuridico: nella prospettiva positivista viene meno infatti il riferimento a una forza obbligatoria interna riconosciuta al diritto in virtù della sua giustezza. Il problema si sposta a una questione piuttosto esteriore: cosa significa che qualcosa *è* diritto? Tale domanda può trovare una risposta plausibile solo prendendo in considerazione la peculiare dimensione di esistenza del cosiddetto diritto positivo. Occorrerà in particolare chiedersi a che tipo di esistenza si alluda con la positività delle proposizioni giuridiche, dal momento che, come è evidente, queste si differenziano dalle semplici asserzioni. La sola risposta possibile risulta la seguente: il diritto positivo è ciò che di volta in volta *vale* effettivamente come diritto, ovvero ciò che viene dichiarato con successo diritto e nell'insieme appare rispettato in quanto tale. In tal senso, Kelsen[69] ha definito giustamente la validità come l'«esistenza specifica» di una norma positiva. E in che modo una norma giuridica comincia a esistere? Decisivo è il processo di produzione normativa. Solo quest'ultimo garantisce l'appartenenza della norma al sistema giuridico e fonda la sua pretesa di validità. I criteri di produzione normativa conformi all'ordinamento giuridico sono i seguenti: 1) la norma giuridica deve essere emanata secondo la procedura prevista per mezzo dell'organo a ciò deputato; 2) nella struttura gerarchica del diritto, la norma di grado inferiore deve essere compatibile con la norma di grado superiore. Si possono riunire queste caratteristiche sotto il *concetto di validità legale* o *giuridica*. Ciò che lo caratterizza è la sua circolarità. Questa definizione di validità giuridica presuppone infatti la validità giuridica stessa per poter funzionare. Senza di essa non si può determinare che cosa sia un organo, quali siano le sue competenze e che aspetto assuma una procedura ordinaria di produzione normativa. Trasferendo il problema della validità dal piano giuridico-etico-normativo a quello della logica delle norme, si ripropone dunque il triplice dilemma a cui già si era fatto riferimento (*supra*, § 9). Della soluzione a carattere meramente ipotetico e puramente gnoseologico del problema, avanzata da Kelsen nella sua *Dottrina pura del diritto*, si è già parlato (*supra*, § 2, III). Essa formalizza il concetto giuridico di validità, trasformandolo in uno strumento scientifico a carattere esclusivamente descrittivo, teso a identificare le norme muovendo dall'ipotesi scientifica della norma fondamentale. Con ciò viene meno ogni riferimento all'idea di un diritto giusto sul piano dei contenuti e vincolante sotto il profilo morale e oggettivo.

Quand'anche le condizioni di validità appena menzionate vengano soddisfatte, tuttavia, una norma non vale come diritto se nessuno la osserva e non viene applicata. Secondo l'uso linguistico corrente, infatti, il diritto è valido se è anche in una certa misura realmente efficace nella società. Tale efficacia trova nell'«osservanza» («validità di condotta») e nell'«applicazione» («validità della sanzione») i suoi due aspetti costitutivi. Si presuppone, dunque, da una parte che gli individui soggetti alle norme giuridiche si comportino secondo le indicazioni di condotta di cui essi sono i destinatari, e dall'altra che gli organi giudiziari portino a compimento le conseguenze previste dal diritto e soprattutto, in caso di violazione, applichino realmente le sanzioni facendo anche ricorso, laddove necessario, alla coazione fisica. Nessuno tuttavia si aspetta che un'efficacia sociale di questo tipo sia onnipresente. Al contrario, l'intero apparato sanzionatorio di un ordinamento giuridico positivo, e i meccanismi di vigilanza e di controllo da esso previsti, sarebbero senza oggetto se non si verificassero un gran numero di violazioni delle norme e di carenze nella loro esecuzione. L'efficacia fattuale si identifica perciò con l'osservanza, l'applicazione e l'esecuzione del diritto in via generale, nella gran parte dei casi. L'effettività sociale delle norme è, in altre parole, sempre un problema di grado, di «tasso sufficiente di effettività». Nello specifico, essa rimane un oggetto di studio della sociologia del diritto, così come la domanda da quali circostanze sociali e disposizioni psichiche dipenda l'efficacia fattuale delle norme del diritto. L'effettività sociale si definisce perciò anche validità in senso *sociologico* (*fattuale*, *reale*, *sociale*). Quanto più una teoria giuridica intende essere «realista», tanto più questo tipo di validità acquista importanza. Ma ciò non esaurisce la questione. Anche dal punto di vista del positivismo giuridico, infatti, una norma esiste, ovvero è valida, a partire dal momento in cui è stata formalmente posta, e non solamente se si mostra socialmente efficace. Ciò introduce a tre considerazioni ulteriori. In primo luogo, l'effettività sociale della norma singola, considerata nel contesto di un sistema giuridico complessivamente efficace, non costituisce una condizione *a priori* di validità, che dovrebbe essere presente fin dal principio. Essa rappresenta solo una condizione *a posteriori*, che deve sopraggiungere in un secondo momento: se ciò non accade affatto, la norma risulta invalidata (si tratta della cosiddetta deroga per mancata osservanza e mancata applicazione, oppure per prassi difforme). In secondo luogo, l'effettività sociale del sistema giuridico nel suo complesso (se non risulta inferiore a una certa misura) crea una *chance* di efficacia per tutte le sue parti; ciò vale quindi anche per le norme singole. Tale *chance* dipende tuttavia, e questo è il terzo punto, dalla dimostrazione che le singole norme appartengono a questo sistema, dimostrazione che si può condurre soltanto secondo i criteri della validità giuridica.

Il diritto, in questo contesto, può acquistare una sorta di qualità etica, un carattere vincolante per l'interiorità degli uomini, solo attraverso atti individuali di approvazione morale. «Ciò che il potere ha decretato e ciò che, di per sé, nessuno obbliga a fare» – disse il neo-kantiano Rudolf Laun, nel discorso rettorale pronunciato ad Amburgo nel 1925, dal titolo *Recht und Sittlichkeit*[70] – «diventa per me, nel singolo caso di applicazione, diritto vincolante grazie all'approvazione che ne dà la mia coscienza e il mio senso di giustizia». Con questa drastica radicalizzazione della questione, l'allora membro della delegazione di pace austriaca intendeva forse elevare al rango di regola generale l'umiliante esperienza del *Diktat* imposto dai vincitori agli sconfitti in occasione delle conferenze di pace di Versailles del 1919-20. Certo lo stesso Hans Kelsen non ha detto niente di più in merito al vincolo morale esercitato dal diritto nel foro interiore, sebbene o proprio perché la sua dottrina formale della validità appaia del tutto indifferente alle questioni politiche. La tesi kelseniana non riesce però a convincere del tutto. Questo per due ragioni. In base alla lettura positivista, infatti, l'effettività sociale delle norme, necessaria per rendere il diritto valido, difficilmente può risultare duratura se i «decreti del potere» non vengono accettati dalla generalità dei cittadini sotto un qualche profilo. Il «riconoscimento» del diritto, comunque esso venga concepito, non costituisce quindi una mera questione di obbligatorietà morale. Maggior peso riveste, però, un'altra riflessione, che riguarda l'alternativa proposta da Laun. Quando gli uomini parlano di obbligazioni giuridiche, di certo non le collegano in maniera necessaria all'idea di una costrizione morale interiore. Ma essi non pensano neppure esclusivamente alla coazione dell'autorità e alla minaccia rappresentata dall'uso della forza. Oltre alla consapevolezza di una pressione sociale verso la conformità, gioca piuttosto un ruolo essenziale la convinzione della necessità sociale di regole certe. Tale «riconoscimento» delle norme come diritto si lega dunque, secondo un punto di vista strettamente pragmatico – che fa riferimento al comune sentire della generalità degli uomini – a qualcosa di fondamentale, non a questa o a quella parte singola. Si tratta quindi di qualcosa di molto lontano dal *pathos* di Laun e dall'eroica solitudine del «per me» da lui evocata. Ritorneremo più avanti su questo punto.

§ 11. VALIDITÀ OGGETTIVA DEL DIRITTO
IN VIRTÙ DI UN RICONOSCIMENTO SOGGETTIVO

I. *«Teorie del riconoscimento»*

Il modello classico di quella che in seguito è stata chiamata «teoria
del riconoscimento», in contrapposizione a tutte le dottrine giuridiche che si fermano invece al momento della coazione, è stato definito da Karl Theodor Welcker (1790-1869), uno degli esponenti di
maggior spicco del liberalismo tedesco di tradizione sud-occidenta-
le. Nella sua prima opera, dal titolo *Die letzten Gründe von Recht,
Staat und Strafe* (1813, riedita nel 1964), Welcker ha sostenuto l'idea
che – richiamando la formulazione fornita successivamente da
Georg Jellinek (1851-1911) – è il riconoscimento a «rendere il diritto giusto» e a costituire «l'ultimo fondamento formale» dell'ordinamento giuridico[71]. Welcker, la cui opera giovanile tra l'altro ha contribuito notevolmente a delineare il concetto specificamente tedesco
di Stato di diritto, considera erroneo l'assunto secondo cui il diritto
può nascere solo e soltanto all'interno dello Stato. Il concetto di diritto non presuppone quello di Stato: il diritto, al contrario, deve
«necessariamente precedere lo *Stato di diritto*, dal momento che
quest'ultimo può fondare solo su di esso la propria esistenza giuridica» (pp. 80 sg.). Questo diritto «vero», che preesiste allo Stato di
un popolo civile e che è privo di ogni elemento coattivo, lo si deve
«considerare [...] come fondato su un riconoscimento esplicito o ta-
cito» (p. 81). Solo se operano una «interpretazione» di tale riconoscimento le leggi statali sono «vero diritto» (pp. 81, 85). Secondo
Welcker, il suo fondamento è costituito da un libero accordo – ri-
sultante dal rispetto reciproco «della dignità etica e dell'autonomia
dell'uomo» – sul fatto che ogni «individuo etico» debba possedere
e conservare in modo inviolabile una «sfera determinata del mondo
esterno», entro cui dispiegare la propria autonomia (p. 73). Con la
salvaguardia «di questa sfera giuridica esterna», derivante dal «dovere interno» e realizzata attraverso «un assenso e una dichiarazione
esterna conoscibile da tutti» (pp. 74 sgg.), nasce il «diritto oggettivo». E come «la voce del dovere ha ordinato all'uomo di creare un
diritto oggettivo, allo stesso modo essa ordina di dare vita allo Stato,
al fine di istituire un potere duraturo e realizzare quindi il diritto oggettivo. Il diritto sorto per mezzo del consenso di tutti i cittadini vie-

ne qui condotto ad una unità esplicita, diventando diritto *sacro* e *giurato da tutti*» (p. 84). Possiamo qui trascurare la questione se Welcker avesse in mente i giuramenti civici, contemplati dalle vecchie costituzioni a partire dal 1791. In ogni caso, ci troviamo di fronte a una questione costituzionale: il potere coercitivo dello Stato va esercitato nei limiti delle leggi fondate sul «libero riconoscimento» e delle loro «conseguenze necessarie». Welcker definisce esplicitamente questo principio come uno dei «quattro elementi essenziali della Costituzione», una delle «leggi fondamentali inviolabili dello Stato di diritto» (p. 95). Gli altri tre elementi sono a suo avviso il diritto di emigrazione, il diritto di petizione e il principio di «pubblicità delle azioni di governo», considerato unitamente alla «piena libertà di esprimere pubblicamente le proprie opinioni» (pp. 91 sgg.). Il rilievo attribuito a questi ultimi tre principi si spiega per il fatto che la validità del diritto può essere fondata tramite il riconoscimento, solo se esso «[si fa] documentare [...] con certezza» anche in mancanza di dichiarazioni esplicite. Ma ciò presuppone sempre la possibilità di affermare esplicitamente «la propria disapprovazione» (p. 81) nei confronti dei provvedimenti pubblici, in casi estremi tramite l'esilio. Il punto debole di questa posizione è rappresentato, evidentemente, dal tentativo di dedurre il diritto «oggettivo» – e con esso una qualche forma di validità e di forza obbligatoria – da una mera somma di atti individuali di riconoscimento. È ovvio obbiettare a questa pretesa il carattere contingente di tali atti. Welcker, invece, si appella «alla voce» interiore «del dovere», nella quale egli scorge l'operare della ragione comune a tutti gli uomini (p. 72). In tal senso, lo Stato di diritto diventa per lui «lo Stato della ragione» (p. 25). Il riconoscimento individuale di Welcker è in termini kantiani, quindi in vista dell'autonomia dell'uomo, «consenso» necessario secondo ragione, non abbandonato alla casualità. Nessuno, osserva Kant al riguardo, è «obbligato se non in virtù del proprio consenso. Quest'ultimo può essere necessario oppure casuale»[72].

Per evitare le difficoltà che affliggono l'idealismo trascendentale, la filosofia del diritto ha rivolto nuovamente l'attenzione alla volontà empirica individuale, intesa come un mero fatto. L'argomento è il seguente: tale volontà vuole se stessa e il proprio sviluppo, e con ciò vuole anche essere immune dai danni che gli altri uomini possono arbitrariamente provocare. Essa vuole quindi che vengano istituiti dei vincoli giuridici, tali per cui – secondo la formulazione kantiana – «l'arbitrio dell'uno possa accordarsi con l'arbitrio di un altro secondo una legge universale della libertà» (*MdC*, p. 35). In tal modo si tenta di preservare il formalismo della fondazione kantiana del diritto di fronte all'odierno pluralismo dei valori inteso come una necessità storica e di assicurare lo Stato di diritto come «Stato razionale della libertà»[73]. Questo corollario a uno Stato minimo, concepito oggi negli Stati Uniti a partire dalla dimensione strettamente economica (*infra*, § 13, I), non offre però alcuna giustificazione teorica, come succedeva nel vecchio modello liberale di Welcker, a troppe delle articolazioni normative che caratterizzano l'ordinamento giuridico del moderno Stato sociale. Inoltre, anche in questo caso andrebbe presupposta una certa comunità di comunicazione. Le sue condizioni di possibilità andrebbero inoltre indagate dal punto di vista di una «pragmatica trascendentale»[74], pena anche per questo tentativo il ricadere nell'eroica solitudine incarnata dalla personalità etica di Laun (cfr. *supra*, la conclusione del § 10). Senza dimenticare poi che questa presunta volontà «empirica» sembra assumere dei tratti estremamente «razionali».

Un altro modello di teoria del riconoscimento – elaborato nella seconda metà del XIX secolo, maggiormente incline a un approccio realista – associa invece al riconoscimento più l'«osservanza» generale di un ordinamento dato che l'atteggiamento etico individuale. Anche Ernst Rudolf Bierling (1843-1919), al cui nome viene connessa in modo particolare questa variante, prese le mosse – in una trattazione dedicata al diritto di una libera associazione ecclesiastica – dalla considerazione che il diritto è pensabile anche senza Stato e senza sanzione statale, e che quindi rappresenta tutto ciò «che all'interno di un qualsiasi gruppo di uomini viene riconosciuto (valido) come norma, ovvero come regola della loro convivenza esterna, indifferentemente da *come* e *attraverso che cosa* una determinata vita comune è riconosciuta come valida»[75]. L'autore non pensava qui solamente al diritto canonico e – come Welcker – al diritto internazionale, ma anche a ciò che lui chiamava il «nocciolo del diritto statale» e che noi identificheremmo coi principi del diritto costituzionale. In base all'idea di auto-obbligazione, ogni consociato deve essere richiamato ai precetti giuridici che riguardano tutti i consociati. Dal momento che non ci si può aspettare nulla del genere e che sono possibili inoltre delle opinioni dissenzienti, per Bierling è sufficiente una «osservanza abituale e ininterrotta, un sentirsi vincolati o sottomessi», e questo anche nel caso in cui tale atteggiamento venga ottenuto con la forza. Può bastare secondo l'autore addirittura un «riconoscimento istintivo, involontario». Per quanto riguarda poi gli individui incapaci di volere, il loro riconoscimento è sostituito da quello del rispettivo capofamiglia. In definitiva, secondo questa teoria, l'oggetto del riconoscimento, in quanto auto-obbligazione, deve essere ogni singola disposizione giuridica prevista dall'ordinamento. Bierling tenta di superare l'irrealtà di questo postulato architettando una forma indiretta di «riconoscimento», che fa ricorso all'interdipendenza sistematica dell'ordinamento giuridico:

Se viene riconosciuta anche solo la norma in base alla quale i comandi formulati da determinate persone nello Stato devono vincolare i connazionali, allora ogni comando di questo tipo risulta riconosciuto fino a quando quell'unica norma appare accettata. Viceversa chi avanza una pretesa giuridica appellandosi ad uno di questi comandi, deve regolarmente riconoscere anche il fondamento giuridico in virtù del quale tale pretesa può essere avanzata.

In maniera evidente, l'idea che le regole esterne di comportamento di un ordinamento vengano individualmente riconosciute come diritto scade così inevitabilmente in un processo riduzionistico, e questo da tre punti di vista. Il riconoscimento diventa un fatto puramente abituale, desunto dalla condotta degli individui, che riguarda – secondo – solo una parte più o meno grande dei destinatari delle norme, e – terzo – a essere riconosciuto è inoltre solo l'ordinamento giuridico nel suo complesso o nella sua parte più rilevante. Il riconoscimento individuale diviene così all'improvviso una sorta di riconoscimento generale; e la teoria del riconoscimento, contro il suo senso originario, legato all'esigenza di un'attestazione «morale» della giustezza del diritto, si trasforma alla fine nel semplice argomento che deve ubbidire all'ordinamento giuridico nel suo complesso chi rivendica per sé anche solo una parte dei diritti in esso operanti.

II. *La Costituzione accettata come norma fondamentale*

Certo, non tutto il diritto è anche giusto, ma questo non significa che siano o possano essere in senso pieno diritto (come sosteneva Welcker) solamente le norme «vere», rette cioè dall'adesione razionalmente necessaria dei consociati, o le regole che sono state vagliate in maniera più o meno casuale da esami di sensibilità o coscienza estremamente individuali. Dopo un processo di sviluppo plurisecolare, il diritto si presenta ai nostri occhi come un *medium* sociale per la soluzione dei conflitti, relativamente autonomo sia rispetto al potere politico che alle posizioni morali di stampo religioso – per quanto non manchino i casi limite della strumentalizzazione politica e della moralizzazione confessionale. A causa del carattere oggettivo delle sue istituzioni e procedure, della sua particolare scienza, delle rappresentazioni («oggettivazioni») di un proprio *ethos* sciolte da ogni elemento soggettivo e di una particolare eticità propria di questo ambito del nostro mondo, a causa di tutto ciò risulta difficile comprendere appieno il diritto nella particolarità data dalla sua pretesa di dettare criteri e d'essere obbligatorio, dalla prospettiva morale del giudizio di valore individuale. Certamente (anche) il sistema giuridico rappresenta un tessuto che si rinnova continuamente, la cui trama è costituita da comportamenti comunicativi e dal loro ripercuotersi in opere, istituzioni e aspettative stabili. Esso appare tuttavia al singolo come un qualcosa che esiste da sempre, come la pretesa di determinare la misura dell'ordine sociale. Certo, è anche giusto che il diritto si inasprisca su esigenze concrete, per le quali può scatenarsi una protesta individuale. Se ciò tuttavia conduce a ridurre la questione della validità giuridica al problema del comando e dell'ubbidienza, della decisione sovrana e della sua interiorizzazione individuale, la complessità del nostro oggetto di indagine viene semplificata in maniera inaccettabile.

Si tratta dunque di pensare la possibilità della validità del diritto, inteso come un dover essere oggettivo derivante da riconoscimenti soggettivi, senza per questo interpretare tali riconoscimenti come delle interiorizzazioni morali a carattere individuale o delle auto-obbligazioni, né limitarsi, d'altro canto, a fornire un contributo socio-psicologico per spiegare l'efficacia degli ordinamenti giuridici. Il già citato filosofo di Oxford Herbert Lionel Adolphus Hart (1907-1992), nella sua opera *Il concetto di diritto*, ha fatto un nuovo tentativo in questa direzione. Il primo nucleo fondamentale della sua teoria di stampo analitico è il seguente: la dichiarazione di un obbligo (*having an obligation*) acquista significato a partire da una regola sociale posta sullo sfondo, che conduce a considerare una certa condotta come uno standard di comportamento[76]. Ciò risulta però del tutto indipendente dal fatto che chi è soggetto a un obbligo senta la necessità interna di dover fare qualcosa (*being obliged*), sia pure in seguito a minacce esterne o a imperativi provenienti dalla morale individuale. Di fatto, soprattutto per la stabilità di ciò che chiamiamo obbligo giuridico, è abbastanza indifferente che gli individui approvino o meno i comandi loro rivolti, o addirittura li conoscano veramente. Le regole sociali idonee alla fondazione di un obbligo giuridico presentano, secondo Hart, quattro caratteristiche. Tre di esse vengono indicate esplicitamente come tali: una seria pressione sociale a conformarsi al loro rispetto, la convinzione dell'importanza (vitale) della regola in seno alla società e la possibilità riconosciuta, anzi del tutto verosimile, che la regola entri in contraddizione coi desideri e gli interessi individuali, ovvero l'idea di rinuncia e sacrificio (pp. 102 sgg.). Il quarto criterio appare dapprima indicato, in modo un po' oscuro, come «aspetto interno» delle regole, in contrapposizione all'«aspetto esterno». Con questo non si intende solo che osservando un gruppo dall'esterno possono essere formulate da un lato certe conformità costanti di comportamento in maniera del tutto esteriore come regole, e d'altro lato può essere fissato come aspetto interno quali rappresentazioni uniscano i membri del gruppo con le loro modalità di comportamento. Il significato peculiare di tale «aspetto interno» consiste invece nell'indicare la presa di posizione riflettente criticamente che alcuni membri del gruppo devono in ogni caso assumere nei confronti di una certa consuetudine sociale affinché si possa parlare di una regola in senso normativo. Tale atteggiamento non rappresenta o non rappresenta solamente una questione legata alla sfera del sentimento: esso consiste nel consapevole riconoscimento e rafforzamento di una condotta in quanto standard d'azione, che occorre salvaguardare con piglio critico e le cui violazioni vanno quindi combattute. Questa disposizione trova perciò la propria formulazione oggettiva all'interno di un linguaggio normativo (pp. 68 sgg., 106 sgg.).

Il secondo nucleo fondamentale della teoria hartiana è rappresentato dalla distinzione tra due classi di regole: le norme primarie, o regole di comportamento, e le norme secondarie, che corrispondono invece a delle regole procedurali. Questa differenziazione affonda le proprie radici storiche nella formazione del sistema giuridico a partire dalla dimensione etica oggettiva di una società. Le regole etiche di comportamento, infatti, soffrono di una certa indeter-

minatezza; sono inoltre tendenzialmente statiche e la pressione sociale diffusa non ha un carattere certo (pp. 108 sgg.). Il rimedio è
rappresentato dall'introduzione di «regole di riconoscimento» per
determinare con certezza lo standard di comportamento di volta in
volta cogente; di «regole di giudizio», che centralizzano e formaliz-
zano le sanzioni sociali; e di «regole di mutamento», le quali consentono invece di adattare gli standard vincolanti alle trasformazio-
ni delle condizioni (pp. 112 sgg.). Hart ha aperto la via a questa comprensione del diritto attraverso un'ampia critica rivolta al cosiddetto imperativismo giuridico (pp. 23-94). A partire dal quadro storico
del diritto dello Stato moderno, sviluppatosi dalla prerogativa sovrana, riconosciuta al principe, di formulare ordini imperativi, le leggi sono state interpretate da molti teorici semplicemente come un insieme omogeneo di comandi. Basti l'esempio di autori come Jean
Bodin (*De la République*, 1576), Thomas Hobbes (*Leviathan*, 1651),
John Austin (*Lectures on Jurisprudence or the Philosophy of Positive
Law*, 1873), per arrivare quindi a Hans Kelsen (*supra*, § 2, III).
  Il punto focale della teoria hartiana consiste ad ogni modo nel fatto che l'autore, sulla base delle due classi di norme sopra ricordate,
opera una distinzione anche tra le condizioni minime di esistenza di
un sistema giuridico da lui formulate (p. 137). La prima condizione
è la seguente: le regole di comportamento, identificate come vincolanti in base ai criteri più elevati del sistema, devono essere osservate «in modo generale», e cioè, detto all'ingrosso, da tutti. È inin-
fluente il motivo che spinge i consociati a osservare le norme, sia che
decidano individualmente o si comportino secondo modalità collettive. Di certo i consociati accetteranno spesso queste norme primarie come degli standard generali di comportamento, riconoscendo
anche l'obbligo di prestare loro obbedienza. Essi ricondurranno
persino quest'obbligo particolare a quello più generale rappresentato dal rispetto della Costituzione. Secondo Hart, tuttavia, non è
questa l'unica condizione di esistenza di un ordinamento giuridico.
Interviene qui un secondo presupposto: le norme secondarie – e
cioè le regole di riconoscimento che individuano i criteri di validità
giuridica, le regole di giudizio e quelle di mutamento – devono essere «accolte», questa è la seconda condizione, dai funzionari come
degli standard pubblici generali, che disciplinano le condotte di chi
svolge una funzione ufficiale in seno al sistema. Inoltre, i funzionari
dovranno riconoscere tutte le regole del sistema, valutando criti-

camente le inosservanze come degli errori: essi dovranno cioè considerarle, per dirla secondo un linguaggio normativo, come delle devianze.

Se si applica la teoria di Hart a sistemi definiti a partire dalla preminenza della validità della Costituzione formale, allora si potrebbe affermare che tali costituzioni rappresentano l'espressione compiuta delle regole di conoscenza e di mutazione del sistema, e in definitiva, tramite l'istituzione della giurisdizione così come tramite il loro contenuto di principi (che Dworkin ha messo in risalto, in polemica con Hart: *supra*, § 5, III), sono espressione compiuta delle relative regole di giudizio. Su questa base, tuttavia, l'ordinamento può essere descritto altrettanto bene come un insieme giuridicamente ordinato di proposizioni prescrittive, come fa con un dispendio di energie certo maggiore Hans Kelsen nella sua *Dottrina pura del diritto* (*supra*, § 2, III). Anche qui la validità di un atto giuridico, dal punto di vista interno al sistema, diventa una questione di fatto (p. 291). Con l'abbandono dell'imperativismo viene a cadere la necessità teorica di costruire la figura di un'autorità suprema e di legittimarla giuridicamente, prima di tutto, per mezzo di una norma fondamentale fittizia. Muovendo dall'efficacia reale del sistema è sufficiente, come fondamento normativo, accertare che – invece della totalità dei cittadini – il gruppo degli esperti giuridici, che a dire il vero nei regimi democratici sembra allargarsi fino alla «società aperta degli interpreti costituzionali» (Häberle), riconosca nella sua attività professionale la Costituzione come vincolante e la applichi in tal senso in modo normativo. Un comportamento deviante, una renitenza, un'incomprensione o delle idee divergenti in capo ai singoli non giocano a tal riguardo alcun ruolo, fin tanto che questi fenomeni non provocano alcun serio scossone della Costituzione, la quale coordina il sistema giuridico e viene applicata come uno strumento normativo. Questa teoria della normatività, ricavata dal riconoscimento rappresentativo dei fondamenti di un sistema giuridico, evita inoltre i problemi, venuti alla luce nel caso di Bierling, che affliggono una teoria del riconoscimento inteso come fenomeno cooperativo e generale.

Resta tuttavia un interrogativo aperto: è possibile risalire dal discorso normativo alla normatività? Oppure, muovendo dal punto di vista interno al sistema: che cosa rende la Costituzione riconosciuta, degna di tale riconoscimento?

§ 12. FONDAZIONE DELLA PRETESA DI VALIDITÀ ATTRAVERSO
LA RAGIONE COMUNICATIVA: LA «TEORIA DEL DISCORSO»

Questi interrogativi chiamano di nuovo in causa inevitabilmente la
ragion pratica, ovvero la pretesa capacità dell'uomo di rispondere alla domanda kantiana «che cosa devo fare?», fornendo delle ragioni
che siano convincenti anche a livello intersoggettivo. Di fronte a una
sconcertante molteplicità di rappresentazioni diverse del giusto,
spesso in contraddizione fra loro, la filosofia della ragion pratica non
riesce più invece a indicare in principi determinati delle norme vincolanti sul piano del contenuto. Essa è ormai in grado di attribuire
carattere normativo – per tutti i casi dubbi e di conflitto in ambito
pratico-morale – solamente a delle procedure di verifica e di risolu-
zione. Affinché tali procedure siano moralmente legittime, il rispetto reciproco di tutte le persone, intese come libere, eguali e capaci
di agire moralmente deve essere reso il loro presupposto. Kant ha
sviluppato a tal fine l'imperativo categorico, che guida la scelta delle massime d'azione in base ai criteri di universalizzabilità e di rispetto della capacità riconosciuta a tutti gli uomini di porsi da se
stessi un fine (*MdC*, pp. 24, 239). In tal modo, l'espressione kantiana «agisci in modo tale che ecc.», confidando nella razionalità pratica dell'individuo autonomo, pone ogni soggetto in una condizione
di indipendenza. Rispetto a quanto fin qui affermato, Jürgen Habermas – la cui opera *Fatti e norme* (1992[1]) rappresenta in questa sede la cosiddetta teoria del discorso – ritiene che la prova di validità
morale fornita dal criterio di universalizzabilità debba essere concepita come una discussione fra tutti coloro che sono potenzialmente
coinvolti in scelte morali. Dalla ragion pratica del singolo, che pone
le norme e determina così il corso dell'agire soggettivo, si passa quindi alla ragione comunicativa: quest'ultima non formula certo alcuna
direttiva d'azione determinata sul piano del contenuto, ma consente di vagliare la razionalità delle diverse pretese di validità, orientan-
do in tal modo l'agire[77]. Per rendere possibile il consenso su cui si
fonda la normatività è necessario tuttavia idealizzare la situazione di
dialogo non *prima* di tutte le esperienze, ma *contro* tutte le esperienze. Tale assunto dimostra come la pretesa di fondare la razionalità e
la normatività in maniera puramente procedurale si riveli, in fin dei
conti, una mera illusione. «Una corona di idealizzazioni inevitabili»
– tra le quali è divenuta celebre quella del discorso libero da condi-

zionamenti esterni – «forma il fondamento controfattuale di una prassi d'intesa effettiva, che sia capace di volgersi criticamente contro i propri risultati e di *trascendere* se stessa»[78]. Come in tutti i modelli del genere, la garanzia di giustezza del consenso è fornita dai presupposti dell'intesa. È necessario, ad esempio, che tutti quelli che potenzialmente sono coinvolti in scelte morali abbiano la medesima possibilità di prendere posizione nel dialogo al di là di ogni costrizione, dialogo nel quale ammettono reciprocamente autonomia e veridicità, che alle locuzioni adoperate vengano attribuiti significati identici, che i partecipanti al dialogo si facciano coinvolgere nel discorso senza riserve, che siano disposti ad accollarsi gli oneri derivanti dal consenso e così via. La teoria del discorso evita così la «falsa deduzione» a sfondo intellettualistico di norme morali assolute a partire dal rispetto delle regole che guidano l'uso della ragione: ciò grazie al postulato dell'infinito rinnovarsi del discorso[79]. In tal modo, si ripresenta nell'immagine secolarizzata di un processo universale di purificazione, capace di trascendersi continuamente e volto alla chiarificazione intellettuale delle pretese di validità, ciò che Nicolò Cusano – nella sua *Concordantia catholica* del 1434, all'apice del movimento elitario detto conciliarista, che si opponeva all'assolutismo papale – aveva concepito come le condizioni atte a tradurre la trascendenza sul piano dell'immanenza. Egli individuava infatti nella piena libertà e nella pubblicità delle discussioni i presupposti affinché nell'accordo di tutti si rivelasse la verità ispirata da Dio[80]. La variante di Habermas si distingue dalle teorie del consenso, che si basano invece sulla figura del contratto, soprattutto per la conseguenza estrema rappresentata dall'idea di un procedimento che si rinnova sempre criticamente contro i propri stessi risultati, nel senso che essa non muove da una situazione iniziale caratterizzata dall'uguaglianza naturale delle condizioni di vita e disconosce quindi il cosiddetto «Stato di natura» (*infra*, § 22). Dal punto di vista concreto, ne deriva che una norma morale risulta valida se il discorso dimostra che «le conseguenze e gli effetti secondari, derivanti (probabilmente) ogni volta dal suo rispetto *generale* per il soddisfacimento degli interessi di *ciascuno*, possano venir accettati da *tutti* i destinatari (e anteposti alle conseguenze delle possibilità alternative di regolamentazione conosciute)»[81].

Non si può però tradurre quest'etica del discorso in una teoria discorsiva del diritto in modo incondizionato. Certo, qualora si faccia riferimento alla prassi d'intesa in campo giuridico è relativamente facile riconoscere le idealizzazioni necessarie per fondare il discorso etico nel presupposto normativo dello Stato costituzionale, e cioè nella garanzia dei diritti fondamentali dell'individuo. Già in una prima approssimazione, tuttavia, risulta evidentemente poco sensato prendere separatamente la pretesa di validità delle norme giuridiche che si affermano con l'aiuto immediato della coazione (*Faktizität*) e la possibilità aperta, dal punto di vista materiale, temporale e procedurale, della fondazione discorsiva del loro contenuto (*Geltung*). Ma se non si procede così, se, in altri termini, il carattere coattivo e imperativo del diritto viene incluso nella giustificazione, allora occorre considerare la prestazione sociale che ci si aspetta dal diritto, che comporta questo carattere. Tale prestazione, d'altra parte, non costituisce l'effetto di una singola norma, ma del sistema giuridico nel suo complesso. Punto focale della questione diventano quindi, necessariamente, i processi di produzione e di applicazione delle norme giuridiche. Ma questi si risolvono, almeno in parte considerevole, in procedure di contrattazione, di compromesso e di decisione a carattere formale e istituzionale, connotate inoltre in senso formalizzato e istituzionalizzato e perfino rappresentativo. Appare difficile inglobare ognuna di esse all'interno di una teoria ideale del discorso razionale, tanto più che il processo effettivo d'intesa, come se non bastasse, appare nelle mani del potere esercitato dai diversi gruppi di interesse. La teoria habermasiana, in ultima istanza, può quindi soltanto trattare della «ricostruzione di quell'intreccio di discorsi – formativi dell'opinione e preliminari alle decisioni», «in cui si situa il potere democratico quando è esercitato in maniera legale»[82]. In questo modo, dal punto di vista della teoria della comunicazione, viene attribuito un ruolo centrale alla categoria del diritto decisionale. Nel concreto si tratta di intrecciare la teoria sociologica del diritto con la teoria filosofica della giustezza, di ricostruire sotto il profilo teorico-dicorsivo il contenuto normativo dei diritti fondamentali e dell'idea di Stato di diritto, e quindi di delineare un modello di politica deliberativa per l'ambito pluralistico in cui operano le formazioni sociali dotate di potere. In breve, Habermas cerca di indicare, «riallacciandosi alle problematiche giusrazionalistiche», «come sia concepibile in forma nuova – nelle condizioni poste dalle società complesse – la vecchia promessa di un'auto-organizzazione giuridica di cittadini liberi e uguali» (p. 15). Diversamente dall'etica del discorso, pertanto, la filosofia del diritto che scaturisce dalla teoria del discorso si propone fin dall'inizio un fine ultimo: l'auto-organizzazione giuridica di cittadini egualmente liberi, e quindi lo Stato di diritto, che rappresenta allo stesso tempo l'istituzionalizzazione delle condizioni iniziali del discorso filosofico. Si tratta, dunque, di far ritorno ai principi filosofico-giuridici di cui già abbiamo parlato? Non del tutto. La teoria del discorso, in quanto filosofia del diritto, presenta piuttosto un carattere politico-costituzionale. Il suo messaggio è che la vecchia eredità idealistica e pre-democratica dello Stato di diritto deve essere alla fine integrata attraverso un processo democratico permanente: «lo Stato di diritto – nel segno di una politica si è interamente secolarizzata – non è più né ottenibile né conservabile a prescindere dalla democrazia radicale» (p. 7). Ma la democrazia radicale non mira a correggere con elementi di Stato sociale e a compensare il modello liberale, piuttosto che a rafforzarlo? Torneremo più avanti su questo problema.

§ 13. L'ACCORDO MODELLATO SUI PRINCIPI DEL GIUSTO: IL NEO-CONTRATTUALISMO

I. *Contrattualismo vecchio e nuovo*

C'è un progetto di filosofia del diritto che ha stimolato come nessun altro la discussione filosofico-giuridica degli ultimi venticinque anni e che, nel senso della parola d'ordine della Rivoluzione francese, oltre alla libertà e all'uguaglianza, mira alla fraternità: mi sto riferendo a *A Theory of Justice* (1971, trad. it. 1982[1]) di John Rawls. A questo livello della nostra indagine è opportuno soffermarsi innanzitutto sul modello argomentativo proposto da Rawls e, concretamente, considerare la pretesa avanzata da quest'ultimo di «generalizzare e portare a un più alto livello di astrazione la teoria tradizionale del contratto sociale di Locke, Rousseau e Kant»[83]. I classici della dottrina del contratto sociale non miravano a realizzare un accordo sui principi giuridici materiali, come ad esempio il principio di giustizia sociale. Le dottrine tradizionali del contratto, da Grozio e Hobbes passando per Samuel von Pufendorf e John Locke, fino a Christian Wolff, Rousseau, Kant e Anselm von Feuerbach, fanno riferimento a una fondazione dello Stato realizzata attraverso l'unione degli individui; esse pertanto forniscono una vera e propria legittimazione al potere dello Stato. Queste dottrine, in particolare, fondano il carattere vincolante generale degli atti legislativi, indipendentemente dall'assenso prestato da ciascuno alle leggi nel caso singolo[84]. Ad essere legittimato è infatti il legislatore, non questa o quella legge particolare. L'idea chiave è semplice: mettendo ciascuno in comune la propria volontà con quella degli altri mediante il contratto – al fine di dar vita all'autorità statale –, ognuno obbedisce solamente a se stesso, nel momento in cui osserva gli ordini dell'autorità. E chi è sottoposto a un obbligo in base solo alla propria volontà non subisce alcuna ingiustizia – *volenti non fit iniuria*. Questo principio giustifica però le norme, chiaramente, solo in presenza di un volere unanime. Se inoltre siamo in presenza di un sistema normativo che si trasforma continuamente, occorre pensare quell'accordo come un fondamento duraturo. Di conseguenza, la stipulazione unanime del contratto – concepita quale condizione di un ordine giuridico eretto certo a partire dall'individuo, ma dotato tuttavia di un carattere vincolante oggettivo – deve essere collocata in una situazione immune da ogni mutamento politico, e quindi in una dimensione «pre-statale», quasi preistorica o pre-originaria. Come sempre, tale situazione può essere poi interpretata dal punto di vista teorico: essa acquista così i tratti della finzione, della felice età antica, dell'idea o ancora della possibilità minacciosa e continua di un annientamento della civiltà. I motivi che spingono a uscire da questo «Stato di natura» vanno dalla semplice paura per la propria sopravvivenza a considerazioni di utilità, per arrivare quindi alla necessità dell'«accordo» in forza della ragione etica. Da calcoli privati di tipo pattizio, dalla razionalità delle motivazioni e dell'agire ben disposto all'intesa, in breve dai motivi razionali a favore della stipulazione del contratto, non si può tuttavia dedurre in modo immediato la normatività, ovvero una forza obbligante di natura morale del contenuto del contratto. A partire da questo angolo visuale, tutte le dottrine appena ricordate, in modo analogo a quanto accadeva per le teorie del riconoscimento, incontrano delle difficoltà, laddove venga messo in questione il carattere vincolante di una decisione dell'autorità statale che risulti dannosa, o addirittura in grado di mettere a repentaglio l'esistenza dei singoli. L'obiezione di una «deduzione intellettualistica errata» (Ilting), che dalle ragioni della stipulazione del contratto ricaverebbe il suo carattere vincolante, trascura invece il fatto che – almeno fino allo svuotamento kantiano dell'elemento volontaristico del contratto sociale, che trasforma quest'ultimo in una «idea» necessaria per il pensiero (*MdC*, p. 145) – si possono e si devono distinguere le diverse *motivazioni* che rendono necessari il contratto e l'*atto volontario* di stipulazione. Da tale aspetto, infatti, e non dai motivi che l'hanno determinato, risulta il suo carattere vincolante. E quanto può riportarsi a questo *atto volontario* comune non consente a nessuno, anche a chi ne subisce nel caso singolo le conseguenze, di chiamarla ingiustizia:

> Coloro infatti che si erano consociati in qualche gruppo, oppure si erano sottomessi a uno o più uomini, si erano esplicitamente impegnati, oppure, data la natura dell'accordo, avevano evidentemente assunto impegno tacito di uniformarsi a ciò che o la maggioranza del gruppo, o coloro a cui il potere era stato deferito avrebbero stabilito[85].

Prima o poi diventa ad ogni modo problematico stabilire quanto a lungo e in che modo duri l'effetto di questo atto originario.

La questione si presenta diversamente in autori che di solito vengono definiti neo-contrattualisti, sulla scorta del proposito rawlsiano – ricordato precedentemente – di proseguire l'antica dottrina europea del contratto. Tale denominazione in genere viene riferita, oltre che allo stesso Rawls, al concetto di Stato minimo elaborato da Robert Nozick (*Anarchy, State, and Utopia*, 1974) e alla perorazione pronunciata da James M. Buchanan in favore di un nuovo patto costituzionale che tenga conto dei cambiamenti sociali, economici ed ecologici, inteso come un contratto per la redistribuzione dei beni (*The Limits of Liberty*, 1975). Al di là dei problemi tradizionali di legittimazione e di obbligazione, la questione centrale diventa qui stabilire quali principi d'ordine possano essere considerati congiuntamente «giusti», in una situazione di partenza ben determinata, da parte degli uomini che intendono vivere insieme. L'atto di stipulazione del contratto in sé non gioca più alcun ruolo. La figura del patto si trasforma in un semplice modello strumentale di rappresentazione teorica, funge cioè solamente da cifra del consenso, da espediente per fondare una validità realizzata attraverso l'adesione autonoma di tutti i destinatari dell'accordo. E ciò che è accettabile, lo si misura (presuntivamente) solo in base all'egoismo razionale degli attori.

La teoria di Nozick cerca in un certo senso di fondare uno Stato minimo il cui fine è solo quello di garantire i diritti dell'uomo alla vita, alla libertà e alla proprietà (per poter così qualificare come illegittima ogni politica sociale redistributiva che travalichi tale obiettivo) e non si richiama affatto a un legame complessivo realizzato attraverso un atto contrattuale. Dal momento che Nozick suddivide la situazione iniziale in una serie di scelte commisurate al mutare delle condizioni esterne, l'ordine giuridico statale che ne deriva non appare più l'obiettivo primario a cui mirare, ma diventa, per così dire, il risultato occasionale di un processo economico. Esso, infatti, scaturisce dall'intreccio di un gran numero di singole azioni di scambio effettuate allo scopo di ottenere la tutela giuridica individuale e orientate quindi a trasferire e a difendere giuridicamente dei diritti particolari. Tali atti, pertanto, non intendono dar vita a un ordine integralmente universale. A questo Stato, concepito come un prodotto del mercato privato della protezione giuridica, manca la dimensione del diritto pubblico – posta quasi perpendicolarmente rispetto ai rapporti giuridici individuali –, laddove questa travalichi la semplice organizzazione della protezione giuridica. In tal modo, la filosofia ultraliberale di Nozick risolve il diritto nei rapporti giuridici individuali e la politica nell'economia.

II. *Il modello rawlsiano per individuare i principi consensuali del giusto*

Riprendendo i classici del pensiero contrattualistico, Rawls cerca una posizione in grado di trascendere ogni assetto storico e sociale specifico, un «punto archimedeo», a partire dal quale sia possibile progettare un ordine della convivenza umana dotato di validità generale. Ma, a differenza dei classici, la sua posizione originaria (*original position*) non si identifica con una situazione segnata dalla brutalità e dall'incertezza, che in quanto tale deve essere superata, la quale diventa visibile se immaginiamo di prescindere dall'ordine giuridico statale. La sua posizione originaria è piuttosto paragonabile alla situazione ideale di comunicazione della teoria del discorso (*supra*, § 12): la posizione originaria condensa infatti al suo interno le condizioni positive e negative che occorre soddisfare, affinché risulti possibile sviluppare dei principi universalmente accettabili ed escludere fin dall'ini-

zio le soluzioni inique. Si tratta cioè di definire una «posizione originaria equa» per lo sviluppo di una «teoria della giustizia come equità
(*fairness*)»[86]. Ma quei presupposti normativi pregiudiziali non possono essere ricavati in alcun modo ricorrendo alla teoria del contratto.
Occorre dimostrare in maniera diversa che essi non vengono scelti arbitrariamente e che sono quindi in grado di riscuotere un consenso
generale attraverso una riflessione critica. Rawls si basa perciò sul-
l'accordo tra queste norme fondamentali e le nostre concezioni morali attuali. Ma come si possono formulare dei principi filosofici prendendo le mosse dalla morale quotidiana? La risposta è: ciò avviene attraverso un processo di chiarificazione che risale a ritroso per tappe
successive. In primo luogo dobbiamo depurare i giudizi morali quotidiani, ricorrendo ai criteri universali di razionalità, da ogni presupposto, da ogni deformazione irrazionale ed emotiva. A partire da questo materiale – e in particolare dalle concezioni formali fondamentali che guidano la nostra comprensione ordinaria della giustizia, le quali sono contenute in esso o traspaiono in maniera sotterranea – dobbiamo quindi dedurre i principi normativi. Con il loro aiuto si tratta,
infine, di concatenare tra loro i giudizi morali quotidiani ben ponderati evitando di generare contraddizioni («teoria della coerenza»), ricorrendo a una procedura incrociata di controllo e correzione reciproca qual è quella conosciuta dal giurista nel campo della programmazione pubblica. Secondo Rawls, lo scopo di una fondazione filosofica dei principi morali, che definisce la posizione originaria, viene
raggiunto in una situazione di parificazione, nella quale la morale
quotidiana accetta la teoria normativa come spiegazione delle proprie
concezioni fondamentali e la teoria normativa organizza e disciplina
a sua volta il *common sense*. Rawls chiama questa situazione «riflessiva» o di «equilibrio riflessivo» (*reflective equilibrium*) (par. 9). Siamo
quindi di fronte – prima che si possano sviluppare i principi costituzionali di un «giusto» giuridico promessi inizialmente – a una fondazione attuata attraverso un'elaborazione filosofica delle concezioni
contemporanee della giustizia. Rawls stesso ha messo in rilievo l'importanza del fatto che le condizioni capaci di determinare il punto di
partenza della sua teoria «vengano accettate nei fatti», e quindi, detto altrimenti, che la sua nozione di situazione iniziale combini in una
sola concezione «la totalità delle condizioni che si è pronti, dopo la
dovuta riflessione, a riconoscere come ragionevoli per la nostra condotta l'uno nei riguardi dell'altro» (par. 87).

Dobbiamo perciò immaginare

che coloro i quali si impegnano nella cooperazione sociale scelgano insieme con un solo atto collettivo i principi che devono assegnare i diritti
e i doveri fondamentali e determinare la divisione dei benefici sociali. Gli
individui devono decidere in anticipo in che modo dirimere le loro pretese conflittuali e devono altresì decidere quale sarà lo statuto che fonda
la loro società (par. 3).

I primi presupposti accettabili da tutti fanno capolino quando
Rawls in seguito afferma: «La scelta che individui razionali (sic) fa-
rebbero in questa ipotetica situazione di libertà e uguaglianza (sic)
[...] determina i principi di giustizia» (*ibid.*).

La razionalità qui postulata non si riferisce a una cognizione in-
nata di principi, ma si identifica con la razionalità economica di individui egoisti che perseguono in modo accorto i loro singoli interessi. Insieme con la condizione dell'eguale libertà di tutti, viene in
tal modo presupposta l'immagine di una pluralità di individui autonomi, che malgrado le loro divergenze vogliono tutti cooperare nella società, dal momento che ciò risulta vantaggioso per ciascuno, e
decidono quindi sull'ordine fondamentale in base a questo criterio
di razionalità. Per escludere deformazioni nella scelta dei principi
causate dall'invidia, e per evitare di concentrarsi solo su principi
egualitari in senso stretto – in quanto tali fin da subito non suscetti-
bili di consenso –, Rawls suppone inoltre che gli individui abbiano
di mira solamente i propri vantaggi, ma siano disinteressati l'uno nei
confronti dell'altro. Questi presupposti non bastano ancora a neutralizzare la diversità degli interessi individuali, in modo tale da rendere possibile un accordo unanime e risultino escluse, fin dal principio, soluzioni inique (*unfair*). Di conseguenza, Rawls postula, servendosi di una teoria dei beni, che la scelta si diriga, dapprima, verso i cosiddetti beni primari o principali (*primary goods*),

che si suppone un individuo razionale voglia qualsiasi altra cosa egli voglia. Indipendentemente dai particolari dei piani di vita razionali di un individuo, si assume che vi sono diverse cose che un individuo preferireb-
be avere in più invece che in meno. Con più di questi beni, generalmente gli uomini possono garantirsi un maggior successo nel realizzare le proprie intenzioni e nel raggiungere i propri fini, quali che essi siano. I beni

sociali principali, raggruppati per ampie categorie, sono diritti e libertà, opportunità e poteri, reddito e ricchezza (par. 15).

Si tratta perciò di beni «sociali», dal momento che essi dipendono dalle regole fondamentali dell'organizzazione di una società. Con questa distinzione fra beni primari e beni secondari viene a cadere il problema di dover confrontare le preferenze individuali, un problema che presentano tutte le teorie che ricorrono al criterio dell'accrescimento dell'utilità sociale e vengono quindi denominate «utilitariste». Sulla base di questo presupposto, appare così possibile raggiungere un accordo unanime. Per garantire, nella scelta dei principi d'ordine, soluzioni accettabili a livello generale e in questo senso eque, si deve infine supporre che i «principi di giustizia» vengano scelti «dietro un velo di ignoranza» (*veil of ignorance*), che nasconde tutte le caratteristiche personali dei votanti. In concreto, se qualcuno deve scegliere questi principi fondamentali ma non sa nulla su se stesso, e quindi non riesce a comprendere quali norme possano essergli vantaggiose, egli deve, per forza di cose, prendere una decisione sulla base di punti di vista generali. Di conseguenza, persino il più freddo razionalista e il più grande egoista prenderà inevitabilmente una decisione orientata al bene comune, e in questo senso morale. Se si toglie il velo di ignoranza, si può restare molto delusi. Dal punto di vista della teoria consensuale, bisogna dunque chiedersi cosa garantisca la stabilità dell'accordo raggiunto – vecchio problema di tutte le teorie contrattualistiche, che non può essere a sua volta risolto per mezzo di un contratto. Rawls ricorre alla scappatoia della supposizione di un certo «senso di giustizia» da parte degli attori coinvolti (parr. 69 sgg.).

Quali sono i «principi di giustizia» su cui gli uomini, secondo Rawls, si potrebbero mettere d'accordo a partire da tutte queste condizioni preliminari? Finora, infatti, abbiamo parlato solo delle premesse della scelta. Ritorneremo alla soluzione di tale problema alla fine del nostro itinerario suddiviso in quattro parti. Per il momento, basti osservare che le teorie tese a costruire qualcosa come la validità oggettiva del giusto giuridico a partire dalla ragione autonoma o comunicativa degli uomini, fondandola muovendo dai soggetti, non riescono a raggiungere il loro obiettivo senza presupporre certi principi di tipo etico-giuridico come la libertà e l'uguaglianza dell'individuo o l'equità, sebbene tali principi siano condizionati in modo evidente dal contesto vitale, culturale e quindi storico. Höffe ha individuato il nucleo decisivo del problema in riferimento a Rawls: la scelta dei principi fondamentali non costituisce affatto il risultato di un calcolo relativo all'utilità, bensì solamente «la esplicazione di quelle restrizioni fondamentali [...] che vengono imposte fin dal principio, attraverso la definizione della situazione di scelta, a coloro che sono chiamati a scegliere»[87]. E questa definizione ha, in fin dei conti, una base molto concreta: la nostra morale quotidiana, qui e ora.

Parte seconda

Il diritto ingiusto dello Stato e il giusto secondo natura

§ 14. MUTAMENTO DI PROSPETTIVA

Se non è possibile fondare in maniera universalmente valida il giusto giuridico, non sarebbe allora davvero meglio limitarsi, con Hart (*supra*, § 11, II), a un'analisi del linguaggio normativo e ritornare a una filosofia della ragione strumentale, la quale rifletta i nostri bisogni condivisi e formuli imperativi necessari (e dunque non categorici, ma solamente ipotetici, ovvero condizionati) per il loro soddisfacimento e per la nostra sopravvivenza? A partire da questo rassicurante fondamento «positivo» – laddove si ammetta anche una netta separazione tra diritto e morale associata al rifiuto della tradizione classica del diritto naturale – è possibile determinare, così come ha mostrato Hart, qualcosa che assomigli a un contenuto minimo di «diritto naturale» in ogni ordinamento giuridico?[1] In effetti, nella prospettiva delle disposizioni dettate dal bisogno della sopravvivenza, da semplici dati di fatto come la «vulnerabilità umana», l'«uguaglianza solo approssimativa», il «limitato altruismo» e i «limitati mezzi» di sostentamento che segnano la vita degli uomini, a cui si aggiungono infine le loro debolezze morali («limitata capacità di comprensione e forza di volontà»), sembrano scaturire certe regole «naturali». Esse riguardano la difesa della persona, una forma minima di proprietà istituzionalizzata (anche se non necessariamente individuale), i contratti e le altre forme di cooperazione basate sulla divisione del lavoro così come le sanzioni coattive.

Considerando il problema da un diverso angolo visuale, rimane tuttavia aperta la possibilità di interpretare e rielaborare filosoficamente la ragion pratica di una società storicamente determinata o l'unità culturale di un ambiente giuridico. In tal caso, l'accento può essere posto sull'analisi di convinzioni intuitive, di opinioni fondamentali condivise e di comuni concezioni dei valori, in breve sull'indagine del contenuto di base della nostra coscienza morale storicamente contingente, oppure l'attenzione può essere rivolta all'interpretazione dei testi classici che riflettono questa particolare cultura giuridica («ermeneutica»). L'obiezione secondo cui tali sforzi non andrebbero oltre il consenso sociale fattuale oppure trasformerebbero in norme delle semplici tradizioni determinate o delle opinioni dominanti appare un po' frettolosa per due motivi. In primo luogo, un tentativo di questo tipo non si limita a riprodurre l'esistente. Il compito dei cittadini attivi e, in ogni caso, di quanti hanno incarichi pubblici è piuttosto quello di rinnovare criticamente tutti i presupposti e le interpretazioni del giusto chiarificandone discorsivamente la pretesa di validità e di integrarli nel miglior modo possibile, tentando di dare vita a una teoria coerente del giusto, con cui chiarire le questioni dubbie e formulare o preparare decisioni in caso di conflitto. «Il fatto che un altro gruppo o un'altra società, con una diversa esperienza e cultura, produrrebbe un'altra teoria»[2] non rappresenta, come rileva Dworkin, un'obiezione seria:

Questo fatto potrebbe mettere in dubbio che un gruppo qualsiasi sia autorizzato a trattare le proprie intuizioni morali in un qualche senso oggettivo o trascendentale, ma ciò non mette in dubbio che una determinata società, che elabora in questo modo singole convinzioni, non debba perciò osservarle come regole dedotte da principi.

Da ciò segue che la relatività storica e culturale – il fatto cioè che determinate convenzioni e tradizioni non siano universali e avrebbero potuto essere diverse – non significa assenza di fondamento e qualcosa di simile all'arbitrio individuale. Questo condizionamento storico esclude certamente ogni pretesa di validità assoluta, ma non priva di oggettività l'ordinamento giuridico dato. Ciò è stato spiegato da Stammler nella sua *Lehre von dem richtigen Rechte* (1926[2]). Non è possibile di conseguenza sottrarsi arbitrariamente a questo contesto. Si tratta piuttosto di chiarire e di esaminare criticamente i presupposti di fondo della nostra coscienza e del nostro modo di pensare in ambito giuridico, fattori questi che appartengono ai mondi della vita. Per questo andiamo alla ricerca degli eventi originari e delle esperienze fondamentali del diritto sulla scorta e all'interno dei testi classici della filosofia giuridica; per questo ricerchiamo gli elementi che strutturano il mondo del pensiero per ricavarne aspetti che costituiscono il mondo della vita. Così facendo interroghiamo le fonti «affettive», i passi a partire dai quali sorge in maniera inarrestabile un «entusiasmo» diretto alla dimensione ideal-morale, come lo ha definito Kant nel *Conflitto delle facoltà*[3]. Ci chiediamo inoltre se e fino a che punto quelle esperienze siano anche le nostre – sia perché le incontriamo costantemente nella vita sociale, sia perché le concepiamo come condizioni epocali della nostra comprensione del mondo e del diritto, stando esse in rapporto con degli eventi storici che non si lasciano dimenticare, come ebbe a dire Kant in riferimento alla grande Rivoluzione francese.

In questa prospettiva, si può e si deve mostrare se e che cosa si possa apprendere dal tesoro di esperienze della filosofia del diritto. Può tuttavia accadere che considerazioni giuridiche elementari da un lato e la loro fondazione dall'altro vengano a scindersi in modo peculiare: dal momento che possiamo condividere o fare nostre le esperienze originarie che colpiscono la nostra sensibilità, comprendiamo anche alcune affermazioni di principio consegnateci dalla tradizione. La loro elaborazione e la loro fondazione possono però essere vincolate a un'immagine del mondo che non è più la nostra. In questo caso, la piena condivisione rimane quindi limitata a coloro che per sé – potremmo dire, privatamente – si fanno sostenitori di un'antica visione del mondo e di ciò che essa insegna, ma che proprio per questo, fatta eccezione per la cerchia di persone che la pensano allo stesso modo, non possono più contare su alcun riconoscimento pubblico nell'ambito del discorso scientifico. Il consenso sui principi etico-giuridici può così trasformarsi in un evento del tutto casuale, qualora si fondi su convinzioni teoriche eterogenee – espresse da individui o da gruppi particolari – e scaturisca, per così dire, dal sovrapporsi di immagini del mondo differenti tra loro. Il riconoscimento e la fondazione della dignità umana, intesa come un principio giuridico fondamentale che trae alimento da motivi di derivazione stoica, umanistica, idealistica e cristiana, costituiscono un esempio eccellente di questo fenomeno[4]. Qui emerge la questione centrale della filosofia politica e del diritto propria di una società «pluralistica». Quanto più estendiamo l'arco delle nostre considerazioni, tanto meno corriamo dunque il pericolo di assumere posizioni unilaterali e di cadere vittime di una qualsiasi forma istantanea di regressione.

Capitolo primo

La sacra ira di Antigone

§ 15. IL SENSO DELL'INGIUSTIZIA

Il fatto che qui e ora sia commessa un'ingiustizia costituisce una sensazione spontanea e sconvolgente. Il senso di giustizia si manifesta innanzitutto come «senso per l'ingiustizia», relativamente più preciso rispetto al primo. Senza riflettere preliminarmente su un buon ordinamento e senza sussumere l'offesa subita (in prima persona o in virtù di una semplice partecipazione emotiva) entro una norma determinata, quel senso dà in ogni caso l'impressione, forte e vaga insieme, di essere dalla parte del giusto. Dal punto di vista psicologico, diritto e torto, giustizia e ingiustizia, non vengono percepiti secondo una semplice opposizione simmetrica. Anche le rappresentazioni artistiche, in maniera analoga, non li raffigurano come opposti complementari: le raffigurazioni del bene e del giusto appaiono sempre più noiose di quelle del vizio e dell'ingiustizia. Ciò non perché l'idea di giustizia sia legata semplicemente a un giudizio di valore positivo e quella di ingiustizia a uno negativo. Si potrebbe anzi dire, paradossalmente, che a questo significativo livello di esperienza l'ingiustizia viene pensata positivamente e la giustizia, in quanto mera «non-ingiustizia», negativamente[5]. Alla medesima conclusione arrivò Arthur Schopenhauer (1788-1860), filosofo *outsider* della prima metà e una delle figure spirituali più rilevanti della seconda metà dell'Ottocento. Il concetto di «ingiustizia», afferma Schopenhauer, è «il concetto originario e positivo; il suo contrario, il diritto [...] non è che un concetto derivato e negativo». Dal momento che il diritto rappresenta la semplice negazione del torto, «non si sarebbe mai potuto parlare di diritto, se non esistesse il torto»[6]. Quest'ultimo consiste nella lesione provocata a un altro, cioè nell'«aver violato la sfera di affermazione dell'altrui volontà», elemento questo che Schopenhauer definisce come volontà estranea al vivere, «a[ll']esistere e a[llo] star bene»[7]. Il concetto di diritto si dà invece solo «laddove un tentativo di ingiustizia», e dunque un tentato sopruso, una violazione incombente, «viene respinto con la forza, senza che questa resistenza possa essere considerata a sua volta un'ingiustizia»[8]. Viene però a questo punto spontaneo obiettare che l'invasione della sfera ove trova esplicazione la volontà individuale può essere intesa come un'ingiustizia solo se questo ambito viene caratterizzato giuridicamente. Dal momento che siamo portati a concepire il diritto, almeno da Kant in avanti, muovendo dalla qualificazione giuridica soggettiva dell'individuo, e siamo inoltre soliti distinguere in modo netto, sempre a partire da Kant, la genesi del diritto dalla sua validità, l'essere dal dover essere, l'esperienza dalle sue condizioni di possibilità, sembra giustificato dubitare che il concetto di diritto possa scaturire dal *factum brutum* della violazione, intesa come esperienza soggettiva. La questione non è tuttavia così semplice. L'idea di diritto individuale assoluto, assieme al paradosso, ad essa congenito, della validità oggettiva dei diritti soggettivi, è un'apparizione tarda, giusrazionalistica (*infra*, § 25). In origine il diritto e la morale erano pensati a partire dal loro relazionarsi, intrattenevano cioè un rapporto di reciprocità. La «regola aurea» del «non fare agli altri ciò che non vorresti venisse fatto a te» proibisce in secondo luogo ciò che in primo luogo non si vuole subire. Il diritto che qui viene fondato o si manifesta non costituisce tuttavia l'espressione di una sfera individuale astratta, riflesso dell'autodeterminazione individuale, quanto piuttosto la tacita attesa del rispetto reciproco, così come la facoltà concreta di difendersi e contrattaccare. Radbruch ha formulato questo concetto nel modo seguente:

> L'ingiustizia è più antica del diritto così come l'offesa lo è rispetto alla difesa; e come le modalità della condotta difensiva sono dettate inesorabilmente dall'offesa, così i modi in cui si esplica il diritto sono determinati dall'ingiustizia[9].

Vincolato all'idea di reciprocità, Schopenhauer ha descritto il principio che viene mentalmente presupposto nella reazione «giuridica» a una violazione empirica, come una «legge morale di ripercussione»[10]. Questo «contraccolpo» morale vuole esprimere l'idea secondo cui a provocare la reazione violenta di difesa è chi commette una violazione. Questi finisce dunque col fare violenza a se stesso, e non subisce di conseguenza alcuna ingiustizia: si potrebbe anzi dire che con la reazione alla violazione subita si realizza il diritto in quanto non-ingiusto. A tal riguardo, Schopenhauer fa cursoriamente notare che già Ugo Grozio aveva preso le mosse da un concetto negativo di diritto, nel senso appena illustrato[11]. Effettivamente Grozio, rifugiato politico in esilio in Francia, sotto l'impatto emotivo esercitato dalle guerre civili confessionali e dai terribili atti di violenza che le accompagnarono, inizia la sua opera epocale, di cui già abbiamo parlato (*supra*, § 7, II), con una definizione di ciò che è ingiusto: «L'ingiusto [...] è ciò che si oppone al concetto di una comunità di esseri razionali». Il diritto è, quindi, ciò che si contrappone a tale concetto: «Il diritto [...] più in un senso negativo che positivo, è ciò che non è ingiusto (*quod iniustum non est*)»[12]. La trattazione delle differenti questioni giuridiche che segue a questa definizione appare a un primo esame piuttosto oscura. A quanti si aspettano – sulla base di quel discutibile luogo comune che fa di Grozio il «padre del diritto internazionale» – una sistematizzazione di questo ambito giuridico conforme ai dettami del moderno diritto interstatuale, il testo può apparire persino «privo di metodo». La questione in realtà si chiarisce qualora si intenda il *De iure belli ac pacis* come una dottrina generale del diritto, che riflette sul diritto sistematicamente a partire dalle sue possibili violazioni[13]. Meramente negativa è anche «la pietra di paragone della legittimità di ogni legge pubblica», formulata da Kant «contro Hobbes». Essa infatti consente di dichiarare illegittime soltanto le leggi per le quali «*sarebbe impossibile* il consenso di tutto un popolo»[14]. Non diversamente funziona il criterio fornito da Kant nella seconda appendice al progetto *Per la pace perpetua*: «Tutte le azioni relative al diritto di altri uomini, la cui massima non è compatibile con la pubblicità, sono ingiuste»[15]. Sulla scorta di ciò, molti casi di ingiustizia dittatoriale possono già essere facilmente riconosciuti in quanto tali. Nella sua teoria del manifestarsi dei valori morali («fenomenologia»)[16], Max Scheler (1874-1928), il teorico del «risentimento», sostiene in forma di tesi che ogni statuizione positiva all'interno di un ordinamento giuridico disciplina in fin dei conti soltanto delle «condotte ingiuste»: essa ci dice pertanto «ciò che non deve essere (o ciò che non è ingiusto)», non «*cosa* sia diritto». Poiché l'idea di diritto si collega all'«essere-ingiusto», e non all'«esser-giusto», tutto ciò «che non comprende un essere-ingiusto» vale come «conforme a diritto» o «conforme all'ordinamento giuridico».

L'ingiustizia ha un gusto particolarmente forte e amaro nei soprusi e nelle violazioni perpetrate da coloro dai quali ci aspettiamo in realtà protezione. Schopenhauer parla a tal riguardo di una «doppia ingiustizia», perché già il venir meno al dovere di protezione costituisce un'ingiustizia, cui si aggiunge poi l'ingiustizia dell'azione lesiva. Schopenhauer richiama l'esempio della guardia che uccide, del custode che ruba, del giudice che si fa corrompere[17]. In effetti, la straordinaria gravità del danno arrecato, ad esempio, al famigerato Michael Kohlhaas[18], tale da spingere la sua reazione fino alle istituzioni politiche, è dovuta proprio al fatto che la corte sassone rigettò la sua richiesta di riesaminare il caso. Forse la nostra idea della giustizia si sviluppa proprio dall'esperienza infantile della doppia delusione provocata dalla rottura della promessa fatta da un'autorità riconosciuta: è questa l'ipotesi avanzata da Walter Kaufmann nel suo *Jenseits von Schuld und Gerechtigkeit*[19]. Il rifiuto di quanto ci spetta in base a una pretesa morale legittima e il venir meno alla parola data apparvero anche a John Stuart Mill (1806-1873) come due delle cinque principali manifestazioni di ingiustizia. Le altre, richiamate da Mill nel cap. 5 (*Sul nesso tra giustizia e utilità*) del suo *Utilitarianism* (1864, trad. it. 1981), sono l'inosservanza dei diritti personali garantiti dalla legge, la concessione di vantaggi o l'attribuzione di svantaggi al di là dei criteri di merito, le sentenze non imparziali. L'aspetto peculiare della filosofia della giustizia di Mill consiste però nel tentativo (affine nell'impostazione a quello di Schopenhauer) di collegare la psicologia delle esperienze elementari di ingiustizia con la comprensione della loro dannosità sociale, in modo da rendere perspicuo sia l'elemento propriamente morale che interviene nella formazione e nell'applicazione del concetto di giustizia, sia ciò che differenzia in maniera specifica il giusto dalle altre idee morali[20]. La «reazione naturale» all'ingiustizia subita è rappresentata da sentimenti come l'indignazione, l'ira, il desiderio di ritorsione e di vendetta. Sono questi ultimi a infondere al senso di giustizia la sua caratteristica forza di autoaffermazione. Ma, prosegue Mill, negli uomini «giusti» a questo sentimento se ne aggiunge un altro, e cioè l'indignazione per il danno complessivamente arrecato alla società dalla violazione di una pretesa legittima del singolo. Questa riflessione parallela riservata all'interesse generale, ovvero all'interesse di ognuno per la sicurezza, per la certezza generale delle aspettative di condotta e per l'uguaglianza di tutti (dato che la felicità di ciascuno ha il medesimo valore), determina il contenuto specificamente morale del senso di giustizia. Nel mondo anglosassone l'opera di Mill – un classico dell'etica utilitaristica, oltretutto di facile lettura – ha giocato e gioca anche oggi un ruolo di rilievo, analogo a quello esercitato da noi [nel pensiero continentale, *N.d.T.*] dalla *Metafisica dei costumi* di Kant, che si pone ai suoi antipodi, e la cui filosofia morale dell'interiorità, di impostazione anti-utilitaristica, ha escluso categoricamente, in una maniera che si è rivelata molto duratura, ogni riferimento all'utilità sociale come criterio morale.

§ 16. L'ESPOSIZIONE TRAGICA DELLA DIFFERENZA NOMOLOGICA

I. *La morte di Antigone*

Sviluppando coerentemente la sua idea del diritto come misura di difesa contro il fatto di subire una lesione, Schopenhauer giunge a delineare una dottrina dei fini statali che ricalca il modello dello Stato liberale di diritto, una dottrina che egli oppone via via, con la durezza che gli è propria, all'eccessiva esaltazione hegeliana dello Stato (*infra*, § 28). Il compito dell'entità statale consiste, secondo Schopenhauer, nel garantire la difesa attraverso il diritto. Ciò secondo tre aspetti diversi: difesa verso l'esterno, difesa statale interna e difesa nei confronti di coloro cui spetta proteggere i cittadini[21]. La difesa verso l'esterno rinvia alla protezione dalle minacce provenienti da altri popoli. Dal momento che i popoli «stabiliscono a parole, anche se non con i fatti» il principio «di volersi rapportare agli altri popoli sempre e solamente in modo difensivo e mai offensivo», essi riconoscono il diritto internazionale. La difesa verso l'interno si riferisce invece alla difesa di ogni individuo dagli attacchi provenienti dagli altri cittadini: questa è assicurata da un diritto privato certo e dall'introduzione del diritto penale. La protezione da chi protegge i cittadini, «a cui la società ha delegato l'esercizio della difesa», richiede infine «la garanzia del diritto pubblico», che si realizza in virtù della differenziazione e della separazione dei poteri (*supra*, § 27, II). Chi è abbastanza forte per difendere tutti, infatti, lo è anche per ledere ciascuno. Ma, come abbiamo già osservato, una violazione di questo tipo costituirebbe una «doppia ingiustizia». Ogniqualvolta i funzionari attaccano coloro che devono essere da loro protetti siamo di fronte, secondo Schopenhauer[22], a un delitto empio, a un'atrocità al cospetto della quale gli dei inorridiscono. Se chi è stato incaricato di rafforzare e tutelare le garanzie giuridiche abusa del suo potere regolato e garantito dal diritto per violare il diritto, non siamo tuttavia ancora di fronte al peggiore dei mali. Schopenhauer non poteva sapere quale abisso si apre laddove i detentori criminali del potere intervengono con disposizioni giuridiche, in nome della ragion di Stato, nell'ambito dei beni e delle sfere che sarebbe loro compito difendere e trasformano il diritto in uno strumento di terrore fondato ideologicamente. Anche se non riusciamo a definire precisamente in cosa consista la giustizia, sappiamo in ogni caso che la condanna a morte comminata in seguito a un critica rivolta in privato al regime politico costituisce un'ingiustizia. Ci dovremo ancora occupare delle conseguenze che, nella celebre «formula di Radbruch», derivano da tale circostanza (*infra*, § 21, III). In riferimento a questo ambito problematico, resta infine da considerare un'ulteriore esperienza: nelle conseguenze estreme derivanti dalla sua applicazione, persino il diritto buono può convertirsi in disumana ingiustizia. Come sapevano già gli antichi, *summum ius, summa iniuria*.

La trasformazione terribile e improvvisa del diritto in rigida prepotenza, l'ingiusta statuizione giuridica di un potere statale tirannico – tutte queste sono esperienze antichissime, ma al tempo stesso sempre presenti. Per questo motivo Antigone e Creonte, attraverso il conflitto che li oppose di fronte al corpo insepolto di Polinice, ci parlano ancora oggi direttamente, al di là della profonda distanza temporale che ci separa da loro. Proviamo a ricordarne la vicenda. Secondo il mito, nei termini in cui Sofocle (496-406) ce lo tramanda, Creonte era legittimamente diventato re di Tebe nella sua qualità di parente di sangue più prossimo, dopo che gli eredi originari, nati dall'empio matrimonio di Edipo con sua madre, si erano reciprocamente uccisi nella lotta per il trono: da un lato Eteocle, come difensore della patria, dall'altro Polinice, invasore straniero alla testa di un esercito. Il primo dovere regale del nuovo re consisteva nel prestare le dovute cure a quanti erano caduti in battaglia. «Secondo giustizia [...], e giovandosi della legge», Creonte fa seppellire «nel grembo della terra» Eteocle, «bene accolto là sotto dalle ombre; ma il cadavere di Polinice, di lui morto con tanto affanno, c'è l'ordine per tutti di non coprirlo di terra e di non piangerlo neppure», ed esso deve servire «ai corvi [...] per gioia di divorarlo» (vv. 23-30)[23]. Ma Antigone, la sorella dei due fratelli morti, si indigna. Agitata, con il cuore ardente (v. 88), mossa dall'amore (v. 523) ma anche dall'odio (vv. 87, 93, 94), sfida la legge di Creonte, seppellisce Polinice e per questo viene condannata a morte, cosa che alla fine manda in rovina anche il resto della famiglia. Tuttavia, il dominio di Creonte non si presenta fin dal principio come arbitrario e tirannico. Dopo tutti gli sconvolgimenti precedenti, occorre rafforzare l'autorità del dominio regale, bisogna distinguere nettamente tra amico e nemico, onorare quindi i difensori della patria e maledire invece oltre la morte i suoi traditori e nemici. Creonte rappresenta la legge di Tebe e difende la ragion di Stato. Ad essa si contrappone invece Antigone, in modo apertamente provocatorio, rispondendo alla domanda rabbiosa e furibonda di Creonte – «E tu hai osato sovvertire queste leggi?»:

Sì, perché non fu Zeus a impormele. Né la Giustizia, che siede laggiù tra gli dei sotterranei, ha stabilito queste leggi per gli uomini. Io non credevo, poi, che i tuoi divieti fossero tanto forti da permettere a un mortale di sovvertire le leggi non scritte, inalterabili, fisse degli dei: quelle che non da oggi, non da ieri vivono, ma eterne: quelle che nessuno sa quando comparvero. Potevo io, per paura di un uomo, dell'arroganza di un uomo, venir meno a queste leggi davanti agli dei? (vv. 450 sgg.)

Per Antigone entrambi i fratelli, dopo la morte, sono tornati senza differenza alcuna dal mondo dello Stato, del foro, della politica, della legge, della discussione pubblica, in breve dal mondo dell'azione e degli uomini, alla sfera familiare, che custodisce la pura essenza del legame parentale e nella quale le donne hanno cura dei buoni costumi e custodiscono il focolare domestico. Ad esse, prima di tutti gli altri, spetta esercitare il culto dei morti e restituire i corpi al grembo della terra. Nel caso in questione, tale compito spetta alle sorelle, in quanto uniche parenti di sesso femminile. Secondo la filosofia dei generi di Hegel, il dovere della sorella di fronte al fratello è ritenuto persino «il più elevato», dal momento che la perdita del fratello, a causa dell'«equilibrio del sangue e del rapporto estraneo al desiderio», è per la sorella «irreparabile»[24].

Così Antigone e Creonte sentono, pensano e agiscono ciascuno in un contesto del tutto proprio. I segni distintivi di Creonte sono la virilità, l'azione, lo Stato, il dominio, la gerarchia, la legge, la chiarezza, la determinazione, l'apertura e il giorno; quelli di Antigone sono invece la femminilità, l'essere e la sensibilità, la famiglia, la fraternità, il costume, il senso del servizio, il culto, la salvezza, la terra, il regno dei morti, l'oscurità e la chiusura. Su questo sfondo, Creonte appare un sovrano che, muovendo da una posizione in sé ben fondata, giunge a farsi strumento di una cieca tirannide. Il contesto in cui si situa la ribellione di Antigone priva il suo agire di ogni tratto puramente individuale o arbitrariamente privato, senza però coprire del tutto la sua ostentata arroganza, la sua caparbietà, il «santo sacrilegio» da lei perpetrato (v. 74). In ciò risiede la grandezza e la tragicità dell'opera, diversamente da quanto accade, ad esempio, nel *Guglielmo Tell* di Schiller. Certo anche qui coloro che sono stati insopportabilmente oppressi dall'autorità si appellano «al cielo». Ma a prescindere dal fatto che nel XVIII secolo non «valgono» i *nomima*, ovvero gli usi e le norme etiche, bensì i diritti soggettivi, gli svizzeri presentano tuttavia una nobiltà d'animo del tutto serena, mentre l'imperatore è dimentico del suo dovere e il suo procuratore Gessler è semplicemente una canaglia. Il rapporto tra i due lati dell'opposizione anche in Sofocle non appare semplicemente simmetrico, come invece lo rappresenta Hegel in modo più che altro funzionale alla spiegazione della sua filosofia:

> Nell'esempio che ha valore assoluto della tragedia, nell'*Antigone*, l'amore della famiglia, la santità, l'interiorità, che appartiene al sentimento e perciò si chiama anche la legge degli dei inferi, vengono in collisione con il diritto dello Stato. Creonte non è un tiranno, ma rappresenta qualche cosa che è anche una potenza etica. Creonte non ha torto, egli ritiene che la legge dello Stato, l'autorità del governo, debbano essere rispettate, e che il castigo sia la conseguenza della loro violazione. Ciascuno di questi due lati non ne realizza che uno, ha per contenuto solo uno. E cioè la unilateralità e il significato dell'eterna giustizia è che ambedue hanno torto, perché sono unilaterali, ma perciò anche ambedue hanno ragione[25].

Ma le richieste di validità non sono del tutto eguali. Gli atti giuridici (*nomoi*) di Creonte – il divieto di sepoltura e la condanna a morte – sottopongono Antigone, in quanto essere umano, a un di-

ritto vigente. Tale diritto è tuttavia ingiusto, poiché viola i principi
«celesti» (*nomima*) difesi da Antigone e dunque infrange una norma
più elevata, un criterio di cui non si può disporre a piacimento[26]. L'e-
stremo sacrificio di Antigone suggella il carattere incancellabile della domanda sul giusto al di là del diritto o sui limiti della giustezza
del diritto. Ma secondo Hegel non si dà una relativa domanda simmetrica, una domanda cioè relativa al criterio della controparte, ovvero delle potenze etiche. Su quelle norme, infatti, non si può dire
nulla più del fatto che esse esistono: «Le leggi *sono*»[27]. Nel par. 273
della sua *Filosofia del diritto*, a proposito della costituzione, Hegel si
è espresso nello stesso senso, affermando che essa è «l'essente senz'altro in sé e per sé, [...] il divino e perdurante». Il semplice «diritto»
smette di essere un concetto di per sé perfetto. Tale concetto è sot-
toponibile a comparazione. Diritto buono o giusto, principi eterni,
giustizia e costituzione lo relativizzano (cfr. *supra*, § 5, I).

II. *Aspetti del giusto secondo natura*

L'orizzonte di una gerarchia normativa che qui si delinea distingue l'e-
sposizione tragica della differenza nomologica da quell'antitesi che
dominò la discussione dei sofisti, i maestri «illuministi» della retorica
del V secolo a.C., e che in seguito fu fatta propria da Aristotele, il quale, da parte sua, la collegò all'esempio di Antigone. Si tratta della contrapposizione tra *physis* (natura) e *nomos* (legge)[28] e, più precisamente, tra il giusto per natura e quello che lo è solo in virtù di un canone
umano artificiale. Tale opposizione scaturì dal crollo dell'antico concetto di *nomos*, che non indicava alcun criterio astratto, bensì la realtà
concreta dell'ordine divino vissuto nella natura e nel mondo degli uomini. A ciò hanno concorso due diversi elementi. In primo luogo, i
viaggi e i resoconti dei viaggiatori fecero comprendere il carattere relativo dei rispettivi *nomoi*. Inoltre, la pratica politica della «produzione legislativa» democratica, in seguito a un profondo scossone del-
l'ordinamento tradizionale causato della decadenza politica di Atene,
fece apparire la legge come una creazione arbitraria. In terzo luogo,
la filosofia ionica della natura e la fioritura della medicina diedero forza all'idea secondo cui esisterebbe una legislazione naturale. Il sofista
ateniese Antifonte, un contemporaneo di Socrate, elaborò a partire
da tali presupposti qualcosa di simile a una «dottrina dei due mondi»:

La giustizia consiste nel non trasgredire alle leggi della *polis*, nella quale si vive in qualità di cittadini. Di conseguenza un uomo metterà in pratica la giustizia col massimo vantaggio per se stesso, se rispetterà le leggi in presenza di testimoni, le disposizioni di natura invece qualora sia solo e senza testimoni. Le disposizioni di legge sono infatti arbitrarie, quelle di natura necessarie; le prime sono frutto di un accordo, non si sviluppano spontaneamente, le seconde invece si sviluppano spontaneamente e non sono frutto di un accordo[29].

Secondo quanto riferisce Platone – in maniera tutt'altro che imparziale –, altri sofisti avrebbero intravisto nelle disposizioni di natura, a partire dalla distinzione appena illustrata, l'affermazione della naturale e salutare superiorità dei più forti. Le leggi, a loro avviso, sarebbero invece solo convenzioni per costringere al silenzio gli uomini maggiormente dotati per natura, e dunque sarebbero solo un'espressione di invidia e gelosia da parte degli uomini di minor valore e più deboli. Esse rappresenterebbero cioè, per usare le parole di Nietzsche (*Genealogia della morale*), la manifestazione del risentimento degli sconfitti, il prodotto di una «morale da schiavi»:

Essi, evidentemente, istituiscono le leggi a proprio favore e per propria utilità, e lodi e biasimi dispensano entro questi termini. Spaventando i più forti, quelli che avrebbero la capacità di prevalere, per impedire, appunto, che prevalgano, dicono che cosa brutta e ingiusta è voler essere superiori agli altri e che commettere ingiustizia consiste proprio in questo, nel tentativo di prevalere sugli altri. Essi, i più deboli, credo bene che si accontentino dell'uguaglianza! (Callicle, citato in Platone, *Gorgia*, 483 b-d)

Riallacciandosi all'antitesi tra il giusto secondo natura e quello in forza di un ordinamento, Aristotele (384/83-322/21) ha coniato il concetto di diritto naturale: esso è valido ovunque ed è indipendente dall'approvazione degli uomini, mentre essi possono disporre come vogliono del diritto della legge (*Etica Nicomachea*, 1134 b). Questa definizione sembra indicare una gerarchia tra norme scritte e norme non scritte (nel senso proposto da Sofocle) e poteva anche essere impiegata in questa forma astratta, ma qui viene intesa in modo diverso. Ciò emerge da tre precise determinazioni. Aristotele ritiene infatti che il diritto della *polis* consti *insieme* in parte del diritto naturale, in parte di quello legale. Del resto egli, in contrapposizione agli immutabili ordini divini di Antigone, dichiara espressamente che è mutevole anche il giusto naturale. Sembra qui che Aristotele pensi a una trasformazione culturale o a una metamorfosi delle disposizioni preesistenti attraverso una pratica differente. Infine, gli esempi portati dallo stesso Aristotele riguardano piuttosto ciò che noi potremmo chiamare la concreta organizzazione socio-politica e culturale, vale a dire la posizione degli schiavi (*Politica*, 1254 a), delle donne (1259 b) e degli stranieri di nazionalità non greca (1327 b). L'idea di un criterio universale per le norme non scritte, che per natura preesista agli ordinamenti umani, poteva essere elaborata solamente sulla base di una nuova unità speculativa tra *physis* e *nomos*: quella che si realizza nel *logos* divino, in quanto principio del mondo. Prima di giungere alla filosofia della *Stoà*, fondamentale per la riflessione giuridica europea dell'epoca moderna (*infra*, § 18, I), dobbiamo ancora parlare di un'esperienza già emersa dalla discussione sui sofisti e che completa il senso della tragicità del conflitto tra norme, pur senza coincidere con esso. Ci riferiamo al fatto che il diritto positivo viene percepito come ingiusto non solo qualora emerga un'eclatante contraddizione con le norme non scritte, ma anche per la sua – reale o presunta – discrezionalità senza limiti e incostante relatività.

§ 17. L'IDEA PLATONICA DELLA GIUSTIZIA

I. *La relatività del diritto*

In tutte le epoche ci sono testimonianze della disperazione di fronte alla relatività del diritto. I *Pensieri* (*Pensées*) del filosofo, mistico e matematico francese Blaise Pascal (1623-1662) ne offrono l'esempio più efficace. Egli considera gli uomini palesemente incapaci di riconoscere il vero diritto e di essere realmente giusti. Le enormi differenze regionali su ciò che vale come diritto, così come l'incessante mutamento storico delle interpretazioni del diritto e della giustizia, lo confermano. Diritto e giustizia, afferma amaramente Pascal, sottostanno alla moda (fr. 309). E in un passaggio cruciale del frammento 294 si dice:

Certo, se [l'uomo] la conoscesse [la giustizia], non avrebbe stabilito questa massima, la più generale di quelle vigenti tra gli uomini: ciascuno segue i costumi del suo paese; lo splendore della vera equità avrebbe assoggettato tutti i popoli, e i legislatori non avrebbero preso a modello, invece di questa giustizia costante, le fantasie e i capricci dei persiani e dei tedeschi. La si vedrebbe radicata in tutti gli Stati del mondo e in tutti i tempi, mentre non si vede niente di giusto e di ingiusto che non muti di qualità mutando clima. Tre gradi di latitudine capovolgono tutta la giurisprudenza; un meridiano decide della verità; in pochi anni di un regime, le leggi fondamentali cambiano; il diritto ha le sue epoche; l'entrata di Saturno nel Leone ci indica l'origine di un certo delitto. Ridicola giustizia, limitata da un fiume! Verità al di qua dei Pirenei, errore al di là[30].

E dal momento che l'uomo non è stato in grado di trovare il vero diritto, ha fatto ricorso, di conseguenza, al potere (fr. 297). La disperazione coglie Pascal anche di fronte al diritto naturale o alla sua conoscibilità. In modo tipicamente agostiniano-protestante, egli si allontana dalla dottrina ufficiale aristotelico-tomista-cattolica, che presuppone un ordinamento divino del mondo in gran parte già riconoscibile facendo ricorso alla cosiddetta ragione naturale (non ancora illuminata dalla grazia divina). Egli intraprende – come Cartesio o Platone – la via verso l'interiorità, ma non verso l'autoriflessione della ragione (*infra*, § 25), né verso una visione spirituale e intuitiva di ciò che è essenziale. Egli si appella alla «logica del cuore» e alla voce del suo Dio in essa. Ma ritorniamo ora all'esposizione di questo problema nei sofisti.

L'ingiustizia rappresentata da un diritto del tutto arbitrario e dallo sfrenato relativismo di certi sofisti, che, insegnando il diritto, lo denunciavano come puro strumento di dominio dei più forti o della maggioranza, sono la controparte di Platone, ciò a cui egli si oppose con la sua filosofia. E vi si oppose con tanta maggiore fermezza giacché il suo maestro Socrate era stato una vittima della giustizia ateniese, corrotta da tali dottrine. Retrospettivamente Platone, nella *Settima Lettera* (325 b-326 b), scrive che proprio esaminando questa situazione, gli uomini che avevano in mano gli affari della *polis*, la decadenza dei costumi e le leggi insane, è infine giunto alla convinzione che tutti quanti gli Stati hanno una cattiva costituzione e che solamente la vera filosofia rende possibile la conoscenza di ciò che è giusto nello Stato e nella vita del singolo uomo. Il tormento del genere umano non avrebbe potuto quindi cessare «fino a che al potere politico non fossero pervenuti uomini veramente e schiettamente filosofi, o i capi politici delle città non fossero divenuti, per qualche sorte divina, veri filosofi». Perciò al centro dei dialoghi platonici si trova, soprattutto all'inizio, il confronto con il relativismo dei sofisti. Protagora (480-410), il più importante fra essi, con il suo cosiddetto principio dell'*homo mensura*, ha coniato la formula classica del relativismo: «misura di tutte le cose è l'uomo: di quelle che sono, per ciò che sono, di quelle che non sono per ciò che non sono»[31]. Questa tesi non ammette la presenza di criteri che preesistano in modo oggettivo all'uomo. Ma che l'uomo nella sua soggettività non possa in alcun modo essere assunto come criterio, non è con ciò – contro Platone – ancora assodato. Questo problema ci terrà occupati più avanti, nella terza parte.

II. *La dottrina delle idee*

Già a partire da Aristotele la dottrina delle idee viene considerata il nucleo centrale della filosofia di Platone. Tale assunto appare tuttavia controverso, in quanto la dottrina delle idee, considerata complessivamente, occupa solo una piccola parte degli scritti platonici. Se consideriamo la *Repubblica* (*Politèia*), questo giudizio sembra comunque giustificato. Celebre è il mito della caverna richiamato nel libro settimo. Secondo questo mito, gli uomini assomiglierebbero agli abitanti di una caverna, che legati saldamente in modo da rivolgere la schiena alla luce, invece degli oggetti reali del mondo esterno, riescono a vedere sempre e solamente le loro ombre proiettate sulla parete rocciosa di fronte e considerano quindi queste immagini come la realtà. Sè portati dalla caverna alla luce del sole, gli occhi darebbero loro fastidio e avrebbero grandissima difficoltà a vedere, a poco a poco, gli uomini e le cose come sono realmente. Il mito illustra la necessità e le difficoltà dell'«elevazione dell'anima al mondo intelligibile». Ma in quanto vero sapere, questo elevarsi dell'anima, in contrapposizione alla mera opinione, deve rivolgersi a ciò che è vero e immutabile e non può considerare come elemento essenziale le apparenze effimere e in un certo qual modo vaghe del nostro mondo sensibile, caratterizzato da un incessante mutamento. Conoscere un qualsiasi oggetto effimero come ciò che esso è significa dunque conoscere che esso partecipa di un essere immutabile o riproduce qualcosa di eterno. Ma questo è l'archetipo (*eidos*) o l'idea

(*idea*), e dunque la forma originaria dell'oggetto. Poiché, in quanto forma originaria di tutte le immagini, essa non muta, Platone la definisce come ciò che è veramente essente, contrapponendola alle cose mutevoli che abitano il mondo sensibile, che sembrano essere solo in virtù della partecipazione o dell'imitazione delle immagini originarie e, di conseguenza, appaiono soggette all'opinione incerta e alla possibilità di errore. Oggetto di un sapere perfetto e infallibile sono solo le idee, che vengono contemplate solamente in modo intelligibile, cioè non attraverso i sensi, ma in virtù del fatto che l'anima ricorda ciò che aveva visto prima della nascita (*Fedone*, 73 a-77 a).

La forma poetico-mitologica della dottrina delle idee può forse ingannare: in realtà ad essa è sottesa una prospettiva assolutamente obiettiva e razionale, tesa a scoprire e a determinare in maniera precisa il carattere ideale degli oggetti geometrici, come cerchi, triangoli, quadrati ecc. «in sé» (*Repubblica*, VI, 21). In origine la dottrina delle idee risponde dunque alla domanda relativa all'oggetto della geometria. Muovendo da tale questione, Platone vuole inoltre risolvere il problema della trattazione degli oggetti teorici in genere, come esso si presenta specialmente nell'etica e nell'estetica, laddove si parli del buono, del bello e del giusto (*Fedone*, 75 c-d; *Settima Lettera*, 342 b-344 d). Questo ampliamento cambia però il carattere della dottrina delle idee, che diventa speculativa. La differenza metodologica tra modelli originari e immagini si trasforma infatti nell'affermazione ontologica (relativa cioè alla «scienza dell'essere») riguardante l'idea e l'apparenza, il mondo visibile e un «retromondo» (Nietzsche). Si sviluppa in tal modo una tendenza all'oggettivazione delle idee. Lo scopo pratico di guidare l'azione porta inoltre a una gerarchizzazione del mondo delle idee per mezzo di un'idea suprema, quella del bene. Secondo il mito del sole (*Repubblica*, VI, 20), dal bene «gli oggetti conoscibili non solo ricevono [...] la proprietà di essere conosciuti», ma «ne ottengono ancora l'esistenza e l'essenza [...], anche se il bene non è di per se stesso l'essere, ma emerge dall'essere per dignità e forza» – così come il sole conferisce «agli oggetti visibili [...] non solo la facoltà di essere visti, ma anche il divenire, la crescita e il nutrimento, senza che egli stesso sia qualcosa che divenga».

III. Il governo dei re-filosofi

Già da questi pochi cenni emerge il compito della filosofia platonica per quanto riguarda lo Stato, il diritto e la politica. Ad essa spetta sviluppare e fornire, al posto di mere opinioni, una salda conoscenza pratico-morale o – il che è lo stesso – educare alla buona attitudine verso la città («virtù»), dal momento che virtù e vera conoscenza, in forza della visione dell'idea del bene, sono la stessa cosa (*Menone*). Ma se questa conoscenza è presente, allora essa è vincolante anche per l'azione, dal momento che l'uomo, secondo Platone, non può agire in maniera difforme da quanto indicato da una conoscenza più elevata. Quest'ultima deve quindi guidare la vita degli uomini e cioè, in ultima analisi, reggere lo Stato. Dal momento che tuttavia non tutti gli uomini sono capaci di tale visione dell'idea, ma solamente i migliori, e anche questi solo al termine di una lunga educazione ed esercizio, bisogna formare un ceto di governanti composto dagli individui più preparati dal punto di vista intellettuale. Questo è il senso aristocratico-istituzionale del postulato platonico del governo dei re-filosofi, che abbiamo già incontrato nella *Settima lettera* (*supra*, § 17, I) e che nella *Repubblica* viene definito nel seguente modo:

A meno che [...] i filosofi non regnino negli Stati o coloro che oggi sono detti re e signori non facciano genuina e valida filosofia, e non si riuniscano nella stessa persona la potenza politica e la filosofia e non sia necessariamente chiusa la via alle molte nature di coloro che attualmente muovono solo a una delle due, non ci può essere [...] una tregua di mali per gli Stati e [...] nemmeno per il genere umano (V, 18, 473 d).

A partire da questa idea guida, secondo la quale l'agire va orientato da una conoscenza sicura, lo Stato ideale di Platone – paradigma di tutte le utopie statali – viene pensato, nella pedagogia politica della *Repubblica*, come un grande individuo formato da parti. Gli elementi costitutivi non sono però, come in Hobbes, i singoli, bensì le tre parti dell'anima, a ciascuna delle quali corrisponde una determinata virtù e un determinato ceto. Infatti i tre ceti e le loro virtù sono coordinati – i governanti con la loro sapienza, i guardiani con il loro coraggio e i lavoratori con la loro temperanza – dalla virtù della giustizia, che comanda a ciascuno di «esplicare i propri compiti» (*Repubblica*, IV, 10 e 11). Secondo Platone, l'organizzazione e la vita dei due ceti più elevati hanno bisogno di una regolamentazione molto dura ed energica (comunanza di donne, beni e bambini, educazione ed esercizio decennali, divieto dell'epica e della tragedia e così via). In questa indicazione si nasconde tuttavia qualcosa di paradossale. Appare infatti evidente che la ragione può esercitare il proprio dominio se prima viene istituito un ordinamento ampio, dettagliato e anche abbastanza rigido. Ma di fronte a una costituzione statica e regolata in modo inflessibile, viene spontaneo chiedersi quali decisioni possano mai prendere i governanti sulla base della loro superiore saggezza. Il fine di tutta la dottrina è infatti di impedire che avvengano mutamenti politici in seno al buon ordinamento così definito. Nondimeno, accanto al suo significato politico-istituzionale, anzi, ancor prima di esso, il postulato del governo dei filosofi ha un significato teorico relativo alla decisione, che consiste nell'organizzazione di ciò che i giuristi chiamano la giustizia del caso singolo. Porre infatti il potere dell'«uomo che è re con intelligenza» al di sopra di tutto significa che non devono essere le *leggi* a detenere il potere (*Politico*, 294 a). I governanti saggi sono cioè quelli che avendo una conoscenza completa di tutte le circostanze e dei punti di vista, sulla base della visione dell'idea del bene riescono a prendere in modo giusto ogni decisione – senza considerare tutte le regole, i rimedi e le norme, la cui rigidità appare piuttosto d'impedimento nel trovare ciò che di volta in volta risulta propriamente giusto. Ma questa libertà dalle norme va ancora oltre. Per il bene della città, ai filosofi-governanti deve addirittura essere concesso di mentire e ingannare (*Repubblica*, III, 3).

Le varie critiche che possono essere mosse al programma politico di Platone – il quale richiama alla memoria la costituzione di Sparta –, riconducibili alla parola chiave che meglio sembra evidenziarne a un primo sguardo il carattere, quella di totalitarismo, sono state espresse nel modo più chiaro da Karl R. Popper, il fondatore del «razionalismo critico», nel primo volume della sua opera *La società aperta e i suoi nemici* (1945, trad. it. 1977). Si può dubitare che questa polemica, scatenata dal confronto critico col totalitarismo del XX secolo, sia adeguata all'oggetto storico. Al riguardo basti osservare che lo stesso Platone, nella sua opera della maturità *Le leggi* (*Nomoi*), ha preso le distanze dal suo Stato ideale e ha consigliato, come «secondo Stato migliore», un'organizzazione politica basata su dettagliate disposizioni legislative. Una cosa è infatti certa: muovendo senza mediazione alcuna dal principio della giustizia non è possibile fondare tra gli uomini alcun ordinamento politico. Tale principio può fungere solamente da linea guida o da elemento correttivo di un dominio fondato su altri principi. Non è in contraddizione con ciò neanche la celebre tesi del padre della Chiesa Agostino (354-430), contenuta nella sua *Città di Dio* (*De civitate Dei*, IV, 4), secondo cui i regni non sarebbero nient'altro che bande di malfattori, se in essi non fosse presente la giustizia. Al contrario: in ogni caso i regni sono e rimangono, come quelle bande, delle unità organizzate in maniera autoritativa secondo un qualche principio. E perciò, come prosegue Agostino, anche le bande di malfattori «non sono nient'altro che dei piccoli regni».

§ 18. IL CRITERIO DEL DIRITTO INGIUSTO E LA RELATIVIZZAZIONE DELLA RELATIVITÀ DEL DIRITTO: IL DIRITTO NATURALE ONTOLOGICO

I. *Le dottrine della Stoà*

Così come l'Accademia platonica acquista il proprio nome dai giardini di Academo e la scuola aristotelica dei peripatetici dal viale per il passeggio (*perìpatos*) del *Lykeion-Gymnasium* («Liceo») presso il bosco sacro ad Apollo Licio, anche la scuola filosofica ateniese della Stoà prende il nome dalla sua sede: un portico ornato con dipinti di vari colori, in greco *stoà poikìle*. Se esiste un'idea centrale in questa grande e ramificata tradizione, essa è che il mondo è un'unica *polis* e che tutti gli uomini, in quanto cittadini di questa comunità, possono partecipare allo stesso modo del suo spirito divino. Di Crisippo (281/77-208/204), uno dei suoi fondatori, viene tramandata la seguente sentenza: «Questo mondo infatti è una grande città retta da *una sola* costituzione e da *una sola* legge. È il *Logos* della natura quello che comanda le azioni che devono essere compiute e vieta quelle che vanno evitate»[32]. Secoli dopo Epitteto (50-138), nelle sue *Diatribe*, insegna al mondo romano che il cosmo è una sola città e che ogni uomo, a causa del suo strettissimo legame con Dio, è un cittadino del mondo[33]. Già Seneca (morto nel 65 d.C.), in una delle sue lettere filosofiche (*Epistole a Lucilio*, 95, 52), aveva rappresentato la concezione religiosa che sorregge questa idea attraverso un'antica figura mitologica, nella quale noi tutti siamo rappresentati come membri di un grande corpo animato da Dio. Nel primo sviluppo sistematico di una teoria moderna del diritto di impronta universalistica, e dunque nei lavori kantiani attorno al progetto filosofico *Per la pace perpetua* (1795), si può ancora sentire un'eco di tale concetto: concepirsi come cittadino dello Stato e insieme come un membro della società civile mondiale è l'idea più alta della destinazione dell'uomo, un'idea che non può essere pensata senza «entusiasmo», cioè senza «sentirsi colmi del Divino»[34]. Così il panteismo stoico dissolve l'opposizione sofistica e aristotelica tra *physis* e *nomos*, tra natura e legge.

Il concetto centrale dello stoicismo, quello del *nomos* universale, era già stato introdotto nella filosofia politica e del diritto da Marco Tullio Cicerone (106-43), il più grande intermediario culturale fra Atene e Roma. Certamente Cicerone si riallacciò in modo particolare all'Accademia platonica, ma, in ambito teologico ed etico, propugnò dottrine stoiche e tenne perciò conto anche di quelle più recenti dovute alla Stoà romana. Nel suo scritto sulla *Repubblica* (*De re publica*) egli parla, come Crisippo, della legge divina, che, eterna e immutabile, vale egualmente per tutti i popoli. Questo *nomos* stoico è l'Uno divino, la ragione che per natura pervade ogni cosa. In quanto essere razionale, l'uomo vi partecipa, riuscendo così a comprendere il «criterio del diritto e del torto» (Crisippo) che essa racchiude. Cicerone riprende quest'idea quando nello stesso passo afferma, in modo conforme al significato letterale, che la vera ed eterna legge tratta dalla natura fa tutt'uno con la retta (diritta, non deformata) ragione che è impressa in ognuno (*recta ratio, diffusa in omnes*). Con questa concezione religiosa gli stoici riescono persino a relativizzare l'esperienza che aveva condotto a sottolineare la relatività del diritto. Crisippo proseguiva infatti il suo insegnamento osservando che i molti Stati i cui confini sono spazialmente limitati presentano certamente costituzioni e leggi del tutto differenti tra di loro. Queste costruzioni rappresenterebbero tuttavia solo delle aggiunte all'unica legge naturale della *megalopolis* («grande città») del cosmo[35]. Muovendosi nella stessa direzione, l'imperatore Marco Aurelio (121-180), un altro rappresentante della nuova Stoà romana, nei suoi *Colloqui con se stesso* scritti in greco, parla dell'«uomo o cittadino della Città più sublime, di cui le rimanenti città vengono a costituire quasi le singole case»[36]. Molti secoli più tardi Montesquieu (1689-1755), un grande ammiratore della filosofia stoica, ha ripreso e accentuato quest'idea, mettendola in risalto nella sua opera principale, *De l'esprit des lois* (*Lo spirito delle leggi*, 1748):

La legge, in generale, è la ragione umana, in quanto governa tutti i popoli della terra, e le leggi politiche e civili di ogni nazione non devono costituire che i casi particolari ai quali si applica questa ragione umana[37].

Dopo la disperazione di Pascal di fronte alla relatività del diritto, Montesquieu, come nessun altro prima di lui, ha interpretato positivamente questa relatività alla maniera degli stoici, intendendola come una ricchezza per lo sviluppo dei popoli, delle loro condizioni di vita e culture. Hegel fu molto influenzato da questa impostazione. Sulla scorta dell'indagine sulle differenti cause di quella varietà del diritto, Montesquieu è diventato uno dei padri fondatori dell'etnologia e della sociologia giuridiche. Egli deve però la sua immortale notorietà soprattutto al piccolo capitolo dedicato alla Costituzione inglese (XI, 6), nel quale viene proposta una determinata versione della dottrina della divisione dei poteri. Anche quest'ultima ha una radice stoica laddove fa riferimento alla teoria della Costituzione mista, vale a dire composta di elementi monarchici, aristocratici e democratici (*infra*, § 27).

L'universalismo della filosofia stoica, le cui radici non sono greche, supera nell'ellenismo e poi con l'impero romano i confini ultimi del mondo greco e, con essi, i limiti interni del suo pensiero politico e giuridico. Nel cosmopolitismo della Stoà viene infatti meno un elemento che era ancora costitutivo per la filosofia politica di Aristotele: la differenza tra i greci, considerati nelle loro città, e i barbari con i loro regni, e quindi la distinzione tra gli strati sociali della *polis*, tra i liberi e gli schiavi per natura. Questo nuovo universalismo sembra dunque coniugarsi, per una sua necessità interna, con un nuovo personalismo, che punta all'uguaglianza di tutta l'umanità. Marco Aurelio rileva con forza «quale sia il rapporto di affinità d'un singolo uomo rispetto a tutto quanto il genere umano» e il fatto che esso «non sia una comunanza di sangue o di seme, ma di mente», dal momento che la mente di ciascuno deriva da Dio (XII, 26). Così, a costituire un elemento naturale dell'uomo non è solo la tendenza all'autoconservazione (che in seguito, nel neo-stoicismo della prima età moderna, ad esempio in Hobbes, giocherà un ruolo così importante – *infra*, § 24), ma anche l'amore e la reciproca solidarietà degli uomini tra di loro[38]. Pure Seneca, richiamando la natura razionale divina dell'uomo, pone l'accento sul contenuto religioso della dottrina, e perciò esorta con insistenza a trattare umanamente gli schiavi (*Epistole a Lucilio*, 47). Già Crisippo aveva insegnato che nessun uomo è schiavo per natura[39]. E il dovere stoico di vivere virtuosamente, vale a dire conformemente alla ragione-natura, e di agire con coscienziosità (Seneca, *Epistole a Lucilio*, 41, 2), riguarda allo stesso modo ogni essere razionale, senza riferimento alla sua posizione sociale. I giuristi romani hanno imparato dalla filosofia stoica che secondo il diritto di natura e a differenza dello *ius gentium*, tutti gli uomini sono nati liberi (*Digesto*, 1, 1, 3), che essi, in base a quanto prescrive il diritto naturale, sono tutti di eguale valore (*aequales*) (*Digesto*, 50, 17, 32) e che la schiavitù è contro la natura (*Digesto*, 1, 5, 4). In questo contesto, accanto al miglioramento della posizione giuridica delle donne, si deve menzionare anche la legislazione che proteggeva gli schiavi.

Attraverso le idee di uguaglianza naturale, di libertà degli uomini e della loro fratellanza, la filosofia stoica poneva già i fondamenti spirituali dei moderni diritti dell'uomo. Infatti, se tutti gli uomini sono «cosmopoliti» – a differenza dei membri di una *polis* concreta nelle sue molteplici relazioni di disuguaglianza – allora, evidentemente, lo sono in linea di principio tutti allo stesso modo. Nonostante ciò, nella filosofia stoica non c'è mai nemmeno l'ombra di una protesta contro le antiche condizioni di misera disuguaglianza, che andavano molto al di là della schiavitù. Basti qui fare riferimento alla sorte dei piccoli agricoltori. Questi ultimi non potevano resistere alla concorrenza dei patrizi, che si erano appropriati di gran parte della terra comune e, secondo il modello fenicio, la facevano coltivare, come piantagioni, dagli schiavi. Oberati di debiti, gli agricoltori migravano come proletari nella città. Per mezzo della riforma agraria, i fratelli Gracchi vollero contrapporsi a questa tendenza. Ma gli stoici, quando presero la parola al riguardo, difesero il possesso. Persino Epitteto, uno schiavo rimesso in libertà e segnato dalle violenze subite dal suo precedente padrone, voleva certo che gli schiavi venissero riconosciuti come esseri umani, ma non si schierava contro la schiavitù. Più forte di ogni altra cosa operava, in ultima analisi, il fatalismo stoico. Dal fine supremo, cioè vivere in armonia con la ragione-natura, segue l'esigenza di sottomettersi al destino della ragione universale, sia esso anche la schiavitù.

L'ambiguità del concetto stoico di natura, che da un lato indica uno stato oggettivo e dall'altro implica una valutazione normativa, era già stata criticata nell'antichità. Per usare una terminologia moderna, gli stoici non distinguono l'essere dal dover essere (*supra*, § 2). La scuola stoica tuttavia – con la sua dottrina di un diritto naturale derivante dall'ordine ontologico preesistente all'uomo, il quale prescrive determinati comandi e divieti – ha coniato un modello che ha conservato nei secoli la sua validità e che a partire da determinate esperienze negative dell'umanità si rinnova con una certa cogenza. Il primo tratto caratteristico di questo modello risiede nelle modalità di fondazione del diritto: questo affonda infatti le proprie radici in una dottrina dell'essere («ontologia») e non in un ordinamento ideale del dover essere. In quanto è parte del cosmo – affermano gli stoici – l'uomo vive secondo la legge di questo. Perciò, in relazione a queste dottrine, si è soliti richiamare il concetto di diritto naturale ontologico, ricavato cioè dalla scienza dell'essere. Alla luce di tale pretesa, il diritto ricomprende chiaramente al suo interno – ed è questo il suo secondo tratto caratteristico – non solo l'idea di giustizia o delle idee guida altrettanto astratte, ma anche ordini e divieti determinati, e quindi norme concrete di comportamento. L'obiettivo del giusto diventa esso stesso diritto, un diritto più elevato. Ciò conduce a mettere in evidenza la terza caratteristica fondamentale dello stoicismo giuridico: l'idea secondo la quale le norme sono ordinate gerarchicamente. Le leggi del diritto naturale – a differenza che in Aristotele – non costituiscono cioè delle regolamentazioni di certi ambiti di vita che si pongono *accanto* agli ordinamenti umani e a cui si fa riferimento laddove alcune questioni rimangano in sospeso; queste leggi si situano *al di là* delle leggi umane, acquistando una validità sovraordinata rispetto ad esse. Si tratta dello stesso schema che ritroviamo, in forma secolarizzata, nella distinzione tra norme costituzionali che sono sovraordinate e legislazione ordinaria, una distinzione che caratterizza ancora oggi il nostro pensiero giuridico. La formulazione più chiara e di gran lunga più influente di queste concezioni la troviamo in Cicerone, il cui pensiero, rispetto agli altri stoici, rivela una più accentuata caratterizzazione giuridica. Ricordiamo la massima relativa all'unica e vera legge, formulata nella *Repubblica* ciceroniana. Nelle *Leggi* (*De legibus*, I, 42 sgg.) – entram-

bi i titoli costituiscono un omaggio a Platone (*supra*, § 17, II e III) –
Cicerone ha sviluppato ampiamente questa idea. La comunità umana sarebbe tenuta insieme da un unico diritto (*unum ius*), che fonda
una sola legge (*lex una*), equivalente, negli ordini e nei divieti, alla
giusta e retta ragione. Senza questa giustizia secondo natura (*iustitia
natura*) non ci sarebbe assolutamente giustizia, ma solo regolamenti
arbitrariamente manipolabili in base all'utilità. I più terribili delitti
potrebbero quindi venir dichiarati legali, se la massa li approvasse.
Ogni cosa dipende quindi dal criterio dettato dalla natura (*naturae
norma*), la quale ha posto negli uomini idee comuni. La legge fondata nella natura, prosegue Cicerone nella *Repubblica* (III, 22), vale
ovunque e in tutti i tempi allo stesso modo e, per dichiararla, non c'è
bisogno di giuristi. Essa non può nemmeno essere abolita e gli uomini stessi non riescono a svincolarsi da essa attraverso la loro massima istanza legislativa. Cicerone considera sacrilego – all'orizzonte
appare qui Antigone – ogni tentativo di limitare o cambiare questa
legge. L'influenza storico-culturale della filosofia politica e del diritto di Cicerone deriva tuttavia da un altro concetto fondamentale
presente nei due scritti citati, vale a dire l'idea secondo cui la legge
naturale trova la propria realizzazione nel diritto romano in quanto
ratio scripta. Questa convinzione, che rafforzava la pretesa dei romani di dominare il mondo, spiega lo straordinario apprezzamento
riservato nei confronti del diritto romano, ancora all'inizio dell'epoca moderna, da parte degli umanisti e dei riformatori, nel momento
in cui il fondamento medievale del massimo rispetto di questo diritto, in quanto diritto imperiale, era ormai sbiadito.

Ciò nonostante, la vaghezza delle formulazioni e la grande mole
di espressioni molto probabilmente sinonimiche non aiuta a superare la difficoltà di fondo già evidenziata in seno alle dottrine stoiche,
relativa all'ambiguità del concetto di natura-ragione o di ragione-natura. Tale concetto oscilla infatti tra la descrizione di qualcosa che è
realmente presente e l'affermazione di un criterio di condotta. Tuttavia, in quanto la ragione-natura viene identificata anche con le concezioni etiche degli uomini, così come si sono autonomamente sviluppate e devono essere «applicate alle nostre anime», questo filone
della tradizione di una *recta ratio* si può anche distaccare dalla cosmologia stoica. Invece di identificarsi con una visione elitaria delle
essenze, il *consensus omnium* diventa allora la garanzia della verità e
della giustezza del diritto. E l'espressione di Cicerone, secondo cui

«il consenso universale costituisce la voce della natura»[40], può allora progredire dalla mera descrizione di una legge naturale alla fondazione di una regola. La prima teoria giuridica moderna, formulata da Ugo Grozio, si fonda su questo progresso (*supra*, § 9).

II. *Il diritto naturale cristiano*

Il panteismo, l'umanesimo e la dottrina della virtù della Stoà hanno offerto molti spunti di riflessione al cristianesimo, che ha interpretato e applicato in maniera peculiare queste dottrine. La fondamentale dottrina stoica della ragione universale (*logos*), da collegare, secondo le parole iniziali del Vangelo di Giovanni («In principio era il Verbo (*logos*)»), al Dio creatore del cristianesimo, sta lì a dimostrarlo. L'antico diritto naturale fu tuttavia introdotto nella dottrina cristiana solo relativamente tardi, soltanto cioè con la ricezione della filosofia aristotelica (e con essa di talune dottrine neoplatoniche) durante il XII e XIII secolo. In un primo tempo, presso i Padri della Chiesa, prevaleva un'altra concezione fondamentale: l'ordine naturale, prodotto dalla volontà del Dio creatore cristiano e rivelato nella Legge (mosaica) e nel Vangelo, sarebbe stato infatti rovesciato per mezzo della colpa primigenia (peccato originale) e ristabilito solo con Cristo. Di conseguenza, la legge che caratterizzava la condizione di integrità primigenia – soprattutto il precetto dell'amore – poteva trovare nuovamente una piena realizzazione solo dopo la completa redenzione nel regno di Dio, attraverso la restaurazione della natura e la giustizia dell'uomo nuovo. Fino a quel momento ci si doveva sforzare di allontanarsi dal peccato e di seguire Cristo. Anche il padre della Chiesa Agostino (354-430) ha sostenuto (*De civitate Dei*, XII, 8 e XV, 22) con particolare forza il punto di vista di un diritto naturale cristiano, inteso come ordine fondato sull'amore, in quanto vero ordine naturale, mentre prima della conversione si era richiamato alle dottrine stoiche, come testimoniano i suoi riferimenti, talvolta letterali, a Cicerone. In quella visione cristiana dell'amore e della grazia, dalla prospettiva dell'inizio del mondo e della sua fine, ciò che nel mondo posteriore al peccato è considerato naturale, risulta essere la caduta dal sommo bene. Questa posizione, che ha influenzato i riformatori e l'ortodossia protestante, l'abbiamo già incontrata in Blaise Pascal (*supra*, § 17, I).

Sotto l'influsso dell'aristotelismo, trasmesso soprattutto dagli arabi, la dottrina cristiana del diritto naturale sviluppata dalla cosiddetta «scolastica» – ovvero dall'attività scientifica di scuola basata sui dogmi cristiani – riacquista tuttavia una connotazione ontologica. A riprendere il concetto stoico della legge universale eterna è Tommaso d'Aquino (1224/25-1274), monaco domenicano di alta nobiltà in parte lombarda in parte dell'Italia meridionale, elevato nel 1567 al ruolo di dottore della Chiesa e dal 1879 filosofo cattedratico ufficiale della Chiesa cattolica. Il «principe» della scolastica, nella sua celebre *Summa theologica*, scrive:

Ora, poiché tutte le cose soggette alla divina provvidenza sono regolate e misurate dalla legge eterna, come si è visto, è chiaro che tutte le cose partecipano più o meno della legge eterna (*lex aeterna*), inquantoché dal suo influsso ricevono un'inclinazione ai propri atti e ai propri fini. Ora, fra tutti gli altri esseri la creatura razionale è soggetta alla divina provvidenza in una maniera più eccellente, poiché ne partecipa col provvedere a se stessa e agli altri. Per cui anche in essa si ha una partecipazione della ragione eterna (*ratio aeterna*), da cui deriva una inclinazione naturale verso l'atto e il fine dovuto. E questa partecipazione della legge eterna nella creatura razionale prende il nome di legge naturale (*lex naturalis*) [...] la luce della ragione naturale (*lumen rationis naturalis*), che ci permette di discernere quale sia il bene e il male, non è altro che un'impronta della luce divina in noi. Per cui è evidente che la legge naturale non è altro che la partecipazione della legge eterna nella creatura razionale (I/II qu 91 a 2)[41].

Se a partire da tali considerazioni si indagano anche i principi razionali innati più elevati della prassi umana, il risultato è tuttavia deludente. Tommaso non arricchisce la *lex naturalis* con un'etica materiale dei valori e, sulla base dei suoi presupposti, non può nemmeno farlo. Il motivo principale consiste nel fatto che continua a dominare la concezione teleologica del concetto di natura, che egli riprende da Aristotele (*Summa theologica*, I qu 103 a 1). La natura di qualcosa consiste infatti nella sua forma compiuta, che si sviluppa dall'interno stesso per la forza presente nell'organismo. Essa viene dunque determinata per mezzo del fine che ha in sé e il concetto che la viene a indicare si chiama quindi «entelechia» (dal greco *en* = in, *telos* = fine, scopo e *echein* = avere). Ne deriva che agire conformemente alla ragione naturale significa, innanzitutto, agire in vista dello scopo di volta in volta presupposto, e non sulla base di regole determinate. Il fine acquista una posizione di preminenza rispetto all'ordinamento. A tale riguardo, il moderno esperto di diritto amministrativo parlerebbe probabilmente di una priorità della programmazione in vista del fine rispetto a quella legata alle regole condizionali. In secondo luogo, occorre osservare che per Tommaso la rivelazione divina della natura originaria non costituisce più il principio del diritto naturale: tale ruolo spetta nuovamente alla ragione naturale. I comandamenti biblici appartengono quindi al diritto naturale solo perché sono presumibilmente in accordo con la ragione (I/II qu 100 a 1, a 3). Con la riabilitazione tomistica del concetto pagano di ragione vengono gettate le basi dell'autonomia che quest'ultima assumerà in età moderna. In Tommaso emergono innanzitutto alcune deduzioni spiccatamente naturalistiche che introducono a questo orizzonte (I/II qu 94 a 2): dal momento che è una tendenza naturale di tutte le cose, di quelle animate e di quelle inanimate, il conservare se stesse, il comportamento volto all'autoconservazione corrisponde a un comando della ragione. In conformità all'istinto naturale di procreazione, comune all'uomo e all'animale, anche il rapporto tra uomo e donna, così come l'educazione dei figli, sono sottoposti alla legge che la natura «ha insegnato a tutti gli esseri viventi». Ricollegandosi direttamente ad Aristotele, Tommaso considera inoltre l'ordine patriarcale della famiglia e della casa, schiavi compresi, come un'espressione del diritto naturale (II/II qu 57 a 2, a 3). Infine solamente l'uomo, in quanto essere dotato di ragione, tende naturalmente alla conoscenza della verità, alla socialità e all'ordinamento politico (II/II qu 109 a 3 ad 1 sgg.). In questo modo lo Stato si radica nelle (buone) disposizioni naturali dell'uomo e non nella sua peccaminosità. Ma Tommaso fa valere il principio secondo cui l'ordine naturale-razionale deriverebbe dalle inclinazioni naturali (I/II qu 94 a 2), solamente fin dove non sorga alcuna contraddizione con la dottrina etica cristiana. In questi casi egli si trae d'impaccio distinguendo la natura sensibile da quella razionale e – come nella lode della verginità – tra beni del corpo e beni dell'anima.

Tommaso sostiene inoltre con forza il principio ciceroniano secondo cui ciò che contraddice il diritto naturale non può essere dichiarato giusto dal diritto umano positivo (I/II qu 94 a 5; qu 95 a 2; II/II qu 57 a 2 ad 2). A seconda del grado di violazione, le leggi ingiuste non devono essere osservate o, quanto meno, non possono produrre alcun obbligo per la coscienza (I qu 96 a 5). Questa tesi viene tuttavia inserita all'interno di un orizzonte teorico diverso: in presenza di antinomie tra norme naturali e norme positive, la soluzione non va ricavata dall'esperienza immediata dell'elemento naturale o da una comune convinzione etica. Nel frattempo infatti il sapere era stato istituzionalizzato nell'università di Parigi, controllata dal clero, e la competenza relativa alle decisioni morali risulta gerarchizzata all'interno della Chiesa pontificia. Per Tommaso, l'ordine acquista infatti un carattere propriamente gerarchico, in cielo come in terra. Il principio dell'ordinamento fondato sull'autorità (*ordo praelationis*) è creato da Dio stesso, e perciò vale ovunque ed «esige, per disposizione del diritto naturale e divino, che gli inferiori ubbidiscano ai loro superiori» (II/II qu 104 a 1). La monarchia appare dunque, anche se in modo non del tutto conseguente, come l'ordine naturale della società[42]. L'antico principio della libertà e dell'uguaglianza originaria di tutti, sviluppato dai sofisti e dagli stoici e posto a fondamento del diritto naturale, cede così il passo alle concezioni medievali di una rigida organizzazione cetuale della società. Seguendo Aristotele, Tommaso ritiene che vi siano uomini destinati per natura alla schiavitù (*Summa contra gentiles*, III, 81)[43]. Certo la schiavitù viene legittimata solamente dal diritto naturale secondario, cioè derivato, non da quello valido ovunque e incondizionatamente – ma pur sempre dal diritto naturale (I qu 96 a 4). Questa dottrina, una volta fatta propria dalla teologia scolastica, ebbe conseguenze terribili. Fu un confratello dell'Aquinate, Matías de Paz, a interpretare i decreti del papa Alessandro VI Borgia del 1493 sulle Indie occidentali, decreti che giustificavano la colonizzazione spagnola dell'America (e contemporaneamente delimitavano gli ambiti della colonizzazione spagnola e portoghese), nel modo seguente: gli indiani potevano essere ridotti in schiavitù, qualora rifiutassero ostinatamente il dominio spagnolo o respingessero «il giogo dolcissimo del nostro Redentore»[44]. Di fatto vennero ridotti in schiavitù come prigionieri di guerra meno indiani di quanti ne vennero trascinati ai lavori forzati secondo un'altra forma giuridica. E di fronte alle morti in massa degli indiani che non riuscivano a sostenere queste fatiche fu di nuovo un domenicano, Bartolomé de Las Casas, a consigliare all'imperatore Carlo V, per riguardo nei confronti dei suoi amati indiani, di introdurre al loro posto schiavi neri[45]. Il tentativo di consolidare il diritto facendo ricorso, in via di principio, a una ontologia ha così dato luogo a una nuova esperienza di diritto ingiusto.

Capitolo secondo

La rivolta terrena dei lavoratori della vigna

§ 19. L'INGIUSTIZIA DI UN TRATTAMENTO DISEGUALE E LA GIUSTIZIA DELL'UGUAGLIANZA SECONDO ARISTOTELE

I. *La giustizia dell'ordinamento politico*

Non tutte le esperienze di ingiustizia sono così terribili come la riduzione in schiavitù, così spettacolari come gli esempi di grandissima ingiustizia riportati da Schopenhauer, così drammatici come la condanna di Antigone. Molte appartengono alla quotidianità della nostra vita sociale. Se mai c'è qualcosa che al di qua della soglia delle brutali prevaricazioni fa indignare gli uomini nelle piccole e nelle grandi questioni, questo è il – reale o presunto – trattamento pregiudiziale nei loro confronti, la loro discriminazione o la preferenza accordata ad altri; in breve, il trattamento diseguale che ovunque si verifica nei più diversi «rapporti di potere»[46]. D'altra parte, anche l'eguale trattamento del diseguale viene sentito, in quanto urtante il privilegio accordato agli uni, come una corrispondente discriminazione degli altri. Il principio bifronte dell'uguaglianza richiede quindi insieme «livellamento e differenziazione» (M. Heckel). Si pensi solo al fatto che la medesima norma di diritto del lavoro o di diritto previdenziale, se applicata allo stesso modo a uomini e donne, può avere conseguenze del tutto diverse e può quindi portare a un risultato diseguale. In questo caso, un risultato eguale può essere ottenuto solo attraverso una regolamentazione diseguale. Torneremo sul problema dell'eguale trattamento del diseguale. Per il momento restiamo all'esperienza del torto che sorge dal trattamento diseguale. Non mancano esempi a tale riguardo. Ciascuno li conosce, fin dall'infanzia. Nelle regioni orientali della Germania il senso di un ingiusto trattamento diseguale è da anni un fenomeno di massa. Anche prescindendo da tutto ciò da cui in questo caso bisogna prescindere, rimangono molti elementi preoccupanti di una svariata esperienza relativa a ingiusti trattamenti diseguali. Dettagliate inchieste sociologiche hanno evidenziato con chiarezza le cause che, nello specifico, fanno della «giustizia» nei nuovi *Länder* della Repubblica federale tedesca una questione quanto mai controversa[47]. In queste indagini ha dato buoni risultati distinguere tre ambiti valutabili sotto il profilo della giustizia: si tratta dello scambio di prestazioni, della distribuzione dei beni, del potere, dei diritti e dei doveri, e infine delle sanzioni per un'azione e un'omissione lesiva. Questa differenziazione corrisponde alla tripartizione proposta per primo da Aristotele nel tentativo di elaborare filosoficamente e in modo sistematico il senso della giustizia, inteso come ricerca dell'uguaglianza: tale modello è composto dalla giustizia universale della legge e da due forme particolari di giusta distribuzione dei beni. Si è soliti tuttavia richiamare la dottrina aristotelica della giustizia facendo riferimento a uno schema bipartito. Un esempio tipico di questa impostazione è fornito dalla *Filosofia del diritto* di Gustav Radbruch, che, divulgata in varie edizioni fin dal 1914, ha rappresentato per lungo tempo un modello da seguire. In questo testo si parla «della celebre dottrina aristotelica della giustizia»[48]: a differenza dell'uguaglianza assoluta, che caratterizza lo scambio in base al valore, «l'uguaglianza proporzionale nel trattamento di persone diverse, la tassazione in base alle differenti capacità contributive, il sostegno sociale commisurato al bisogno, la retribuzione e la punizione sulla base del merito e del demerito» costituiscono l'essenza della giustizia distributiva. Nel primo caso, due persone sono poste l'una di fronte all'altra in una condizione di parità reciproca. Nel secondo caso, invece, nel quale si considera la giustizia distributiva, una persona è sovraordinata alle altre, a cui essa «impone degli oneri o concede dei vantaggi». La prima forma della giustizia – vale a dire la giustizia commutativa propria del diritto privato – acquista dunque validità in seno ai rapporti di pari grado; la seconda – quella distributiva, propria invece del diritto pubblico – fa riferimento a posizioni di superiorità e di subordinazione. La giustizia distributiva è tuttavia la forma originaria della giustizia, poiché solo essa renderebbe possibile una giustizia nello scambio, tramite la quale essa assegna alle parti lo stesso *status* e quindi la stessa capacità di scambio.

Quest'ultima tesi di Radbruch è concepita in un senso totalmente individualistico-moderno ed egualitaristico-statale: essa non ha nulla a che fare con l'idea aristotelica di ordine «naturale» della totalità politica. Nella prospettiva di Aristotele, infatti, tale unità integra al suo interno una molteplicità di differenze. A caratterizzare la struttura della *polis* sono cioè le disuguaglianze fondamentali tra ricchi e poveri, forti e deboli, aristocratici e inferiori, dominatori e dominati, cittadini in senso pieno e consociati protetti, liberi e schiavi, uomini e donne, padri e figli. La distribuzione democratica dei diritti di partecipazione politica, secondo il principio dell'uguaglianza *pro capite* (proporzione *aritmetica*) di tutti quelli che sono nati liberi, è considerata da Aristotele una aberrazione rispetto all'uguaglianza politica in rapporto al merito (proporzione *geometrica*: *Politica*, III, 9 sgg.; VI, 2, 4). Nella teoria politica dello Stagirita, così come nella sua dottrina della giusta uguaglianza, le differenze di *status* sono assolutamente costitutive. Persino la democrazia, ovvero l'uguaglianza *pro capite* della partecipazione politica, che Aristotele critica come una forma di degenerazione, rappresenta in questo contesto solo il caso limite di un'articolazione cetuale e fa riferimento esclusivamente alla minoranza rappresentata dagli uomini nati liberi.

La riduzione della dottrina aristotelica della giustizia a due soli punti di vista – da un lato l'esatto equilibrio quantitativo nel rapporto giuridico tra i privati, dall'altro la conformità proporzionale di quanto viene ripartito sovranamente, vale a dire sul piano del diritto pubblico – ha in realtà una lunga storia, che anticipa la formulazione offerta da Radbruch. Questa storia inizia con la prima traduzione latina degli scritti aristotelici, realizzata dal filosofo scolastico Roberto Grossatesta e risalente al 1246 circa: con essa vengono introdotti i termini tomisti di *iustitia commutativa* e *iustitia distributiva*. Sullo sfondo delle nostre rappresentazioni sistematiche del diritto, questa bipartizione presenta una certa plausibilità. La per lo più dimenticata giustizia *universale* aristotelica (*iustitia universalis*), in quanto *iustitia legalis*, ossia giustizia della legge oppure osservanza dell'ordinamento giuridico, riguarda infatti, al pari della giustizia distributiva, le relazioni dell'intero con le sue parti pensate come rapporti di superiorità e subordinazione. Entrambe queste specie di giustizia si differenziano pertanto da quella commutativa, che riguarda invece i singoli considerati su un piano paritario. A favore di questa peculiare ricezione della dottrina aristotelica può anche aver giocato il fatto che nel quinto libro dell'*Etica Nicomachea*, dedicato soprattutto alle forme particolari di giustizia, si parli solo brevemente della *iustitia legalis* in senso *universale*, la quale si riallaccia all'ampia concettualizzazione platonica della virtù della giustizia. Questa materia trova infatti la sua collocazione appropriata nella *Politica* aristotelica, che esamina la giustizia a partire dall'intero. L'intero per Aristotele è la *polis*, così come per Hegel è lo Stato. E come per Hegel, anche per Aristotele l'intero è il vero e quindi la *polis* – non certo dal punto di vista storico, ma da quello logico – viene «per natura» *prima* delle sue parti costitutive. Da ciò deriva la messa in ordine di tutte le parti, e quindi di tutti i cittadini in vista dello scopo complessivo dell'intero, ovverosia del bene comune. E come per Hegel lo Stato incarna la totalità della vita etica, così per Aristotele la *polis* rappresenta la comunità perfetta, composta di parti e contraddistinta da una completa autarchia. Essa è quindi anche l'elemento che realizza la giustizia nell'ordinamento della comunità politica, in maniera conforme al fine più elevato: il benessere dell'intero. La dottrina che vincola la legislazione statale al bene comune fu accolta e diffusa in seguito da Tommaso d'Aquino. Il fatto che tale vincolo conduca la comunità a raggiungere la felicità dipende dalla perfezione delle leggi. Se esse vengono redatte con minor cura, anche il loro effetto sarà minore. La differenza nomologica tra il diritto e il giusto coincide quindi con la maggiore o minore capacità di identificare e raggiungere lo scopo della comunità.

In questo modo, il concetto di giustizia viene calato in un contesto diverso. Nell'ambito della tragedia, quel concetto era riferito agli usi e ai costumi; in Platone indicava invece la virtù suprema e perfetta, che comprende tutte le altre virtù. La filosofia stoica e la scolastica, a loro volta, mettono in relazione la giustizia con il diritto naturale. Aristotele certo conosce il concetto platonico di giustizia in quanto virtù, e lo fa proprio, trasformandolo però al tempo stesso in un concetto di giustizia «politica» della legge, a carattere universale. Sulla base della sua teoria della *polis* (*Politica*), Aristotele esamina solo di sfuggita questa *iustitia universalis* nel quinto libro dell'*Etica Nicomachea*, per sviluppare poi, in quel contesto, un concetto *particolare* della virtù della giustizia, che verrà chiamato in seguito *iustitia particularis*. Già stabilendo un legame tra la giustizia e il concreto ordinamento della *polis*, Aristotele ha inserito il concetto in questo ambito istituzionale. Ma solo sviluppando la sua teoria di una giustizia particolare dell'uguaglianza – intesa come giusto mezzo fra estremi costituiti da vantaggi e svantaggi eccessivi – egli ha realizzato ciò che può essere definito un'oggettivazione del concetto di giustizia: a partire dalla virtù, e cioè da una concettualizzazione normativa del giusto a carattere extrapositivo, prende forma un principio dei rapporti ordinati immanente all'ordinamento positivo della *polis* e quindi dello «Stato», un criterio interno al diritto.

II. *Diritto ed equità*

Identificando inizialmente la giustizia con la giustizia legale, Aristotele aveva superato l'antitesi astratta tra diritto naturale e diritto positivo. A suo avviso, infatti, né il diritto naturale si identifica con una norma astratta, né l'ordinamento della *polis* rappresenta qualcosa di semplicemente arbitrario. Egli intende piuttosto il giusto per natura sia come un dato di fatto descrivibile sia come una norma della realtà vitale della *polis*, che comprende e dispiega l'intera natura dell'uomo: potremmo cioè dire che la *polis* presuppone per natura un certo ordinamento. La differenza nomologica fra il diritto e il giusto sembra quindi ridursi alla maggiore o minore capacità di realizzare, attraverso gli ordinamenti della *polis*, il bene comune a partire dal giusto naturale. Ma poiché l'esperienza ci insegna che il diritto posto può rovesciarsi in grave ingiustizia, la questione del giusto si ripresenta ancora una volta in una forma più sostanziale, per quanto sempre immanente al diritto. Aristotele interpreta infatti questo rovesciamento come una possibile conseguenza negativa di una particolare preferenza attribuita al diritto posto, la sua universalità. Astrazione e generalità corrispondono all'uguaglianza etica. Tutte le disposizioni di legge, si dice nell'*Etica Nicomachea*, si rapportano al caso giuridico concreto come l'universale al singolare. Nella *Retorica* Aristotele ha esposto dettagliatamente i vantaggi offerti dall'universalità della legge[49]. Diverso invece il problema posto nell'*Etica*: a causa dell'universalità della legge, in rapporto al caso singolo diventa talvolta necessario correggere la giustizia legale. Aristotele definisce questa superiore forma di giustizia *epieikèia*, equità. Conformemente a ciò, i giuristi romani hanno distinto lo *ius strictum* dallo *ius aequum*; con la possibilità di correzione così ottenuta, essi hanno impedito che lo *ius strictum* si rovesciasse in suprema ingiustizia (*sum-*

ma iniuria), nel caso la sua applicazione venisse spinta fino alle estreme conseguenze (*summum ius*).

Aristotele insegna che non è sempre possibile comprendere una determinazione universale in modo tale che sia giusta per tutti i singoli casi in essa compresi. Egli intende tali inevitabili «errori» della legge come lacune, come carenze dovute alla mancanza di una adeguata regolamentazione speciale. In presenza di casi simili, Aristotele postula quindi il ricorso a una procedura interpretativa, che conduca a integrare la legge muovendo dallo spirito della regolamentazione vigente (*Etica Nicomachea*, V, 14). Per i giuristi il pensiero va all'art. 1 del Codice civile svizzero: «Se non si può desumere dalla legge alcuna disciplina, allora il giudice deve decidere secondo il diritto consuetudinario e, laddove anche questo manchi, secondo la regola che egli stabilirebbe come legislatore». Diversamente da questa disposizione moderna, tuttavia, Aristotele pone l'accento sulle rappresentazioni del legislatore storico, e quindi sul radicarsi di esse nell'eticità oggettiva della *polis*. Sebbene l'equità – tenendo conto della carenza strutturale della giustizia legale evidenziata sopra – sia una forma di giustizia più alta rispetto alla legalità, essa rimane quindi in tutto e per tutto un mezzo correttivo immanente all'ordinamento, uno strumento simile a ciò che oggi si definisce un'interpretazione teleologica che va al di là della lettera della legge[50].

Se si considera la figura senza tempo di Michael Kohlhaas, l'etica aristotelica tiene quindi conto anche del lato soggettivo dell'equità e lo indica come condotta di colui che non persegue il proprio diritto con pedante meticolosità fino al punto in cui esso si trasforma in ingiustizia, ma si accontenta di rivendicare una sua porzione più modesta.

Nella *Retorica* Aristotele fa anche un passo ulteriore. In quest'opera egli parifica l'equità alla legge naturale, affermando, per quanto riguarda la prima, che «resta sempre e non cambia mai» (1375 a 31). Certamente il contesto relativizza – Aristotele mostra come in giudizio ci si debba appellare all'equità quando si ha la legge contro – questo legame col diritto naturale extrapositivo. Ma nello stesso passo compare anche il riferimento – e qui il cerchio si chiude – ai celeberrimi versi dell'*Antigone* che invocano le norme non scritte, eterne, immutabili (*supra*, § 16, I). Nel momento in cui Aristotele, in nome dell'equità, identifica quei «comandi divini» con le leggi naturali condivise da tutte le comunità civili, si verificano due cose: da un lato l'identificazione «da mondo della vita» tra la giustizia e la legalità della *polis* viene sconvolta dal ricordo della tragica differenza, mai più totalmente colmabile, che si spalanca tra il diritto e il giusto; ma dall'altro lato si manifesta, al tempo stesso, quel calo di tensione realizzato dal tardo diritto naturale stoico attraverso il ricorso alla ragione cosmopolitica dell'umanità di cui abbiamo già parlato (*supra*, § 18, I).

III. *Giustizia distributiva e giustizia commutativa*

Aristotele distingue questa giustizia universale, corrispondente all'osservanza delle leggi in quanto ordinamento della *polis*, dalla giustizia particolare o, più esattamente – anch'egli parte da un evento negativo –, dall'ingiustizia particolare che deriva dall'inosservanza e dalla violazione dell'uguaglianza intesa come distribuzione proporzionale dei beni (*Etica Nicomachea*, V, 1 e 2)[51]. Essa viene indicata come un caso subordinato della *iustitia universalis*; infatti ogni violazione della distribuzione proporzionale dei beni danneggia anche l'ordinamento della *polis*, ma non ogni violazione della legge comprende anche una violazione della distribuzione dei beni (*Etica Nicomachea*, V, 5). Appare allora in sé già chiaro che questa *iustitia particularis* non riguarda né la giustizia penale né la ripartizione degli oneri, né ancora gli altri elementi che definiscono il buon ordinamento della *polis*. Ma quale particolare criterio viola in questo caso l'uomo ingiusto, se non si tratta dell'ordinamento, della legge o del costume della *polis*? Che cosa significa qui uguaglianza? Conformemente alla sua dottrina della virtù, Aristotele determina l'uguaglianza come la posizione mediana fra gli estremi costituiti da vantaggi e svantaggi troppo grandi per i singoli. In questo senso particolare, l'uguaglianza corrisponde quindi all'equilibrio nel calcolo dei guadagni e delle perdite. L'identificazione del giusto con l'uguaglianza, aggiunge Aristotele, costituisce del resto ciò «che è ammesso da tutti, anche senza che venga richiesta una dimostrazione» (*Etica Nicomachea*, V, 6). In caso di mancato rispetto dell'uguaglianza, intesa come un'equilibrata distribuzione dei beni, Aristotele distingue poi due tipi e, in relazione a questi, anche due forme della giustizia particolare, che riguardano solo la distribuzione dei beni (*Etica Nicomachea*, V, 5): «Una [...] consiste nel distribuire onore e ricchezze o quanti altri beni possono essere divisi tra i membri della comunità politica (infatti in quest'ambito è possibile avere in parte diseguale o in parte eguale uno dall'altro)». Qui si affronta dunque il tema della giustizia in riferimento alla persona. La seconda forma fondamentale di giustizia è quella «capace di fare in modo che i rapporti contrattuali fra uomini siano conformi a diritto».

Questa seconda versione della giustizia commutativa, nella quale manca il riferimento alla persona, disciplina inoltre, secondo Aristotele, quelle relazioni giuridiche individuali che concepiamo come rapporti obbligatori scaturiti da un arricchimento indebito o da un atto illecito, i quali obbligano alla compensazione o al risarcimento del danno. Per disciplinare tali rapporti Aristotele cerca un criterio interno materiale – una misura della giusta e adeguata compensazione che sia interna e oggettiva, che risieda cioè nella cosa stessa: si tratta cioè del «giusto mezzo reale», come rileva Tommaso (*Summa theologica*, II/II qu 61 a 2 ad 1). Laddove si tratti di equilibrare il guadagno e la perdita, esso consiste approssimativamente nella media aritmetica fra i due, e quindi richiede una precisa compensazione di valore. Si presuppone in tal modo la possibilità di determinare in maniera esatta il valore di tutti gli oggetti presi in considerazione. La compensazione crea invece maggiori problemi nel caso in cui sia la *polis* a dovere qualcosa ai suoi cittadini, ovvero quando si tratta «di distribuire in maniera equa [...] ai singoli [...] ciò che era comune» (*Summa theologica*, II/II qu 61 a 1). Di fronte a tale evenienza, le assegnazioni non potrebbero essere semplicemente eguali dal punto di vista quantitativo, ma dovrebbero risultare dal «rapporto geometrico» dell'uguaglianza proporzionale. Ma proporzionale rispetto a che cosa? Se devono essere distribuiti dei beni realizzati in comune, la distribuzione, afferma Aristotele, «sarà secondo il medesimo criterio che regola le parti nel loro reciproco rapportarsi» (*Etica Nicomachea*, V, 7). Problematica resta allora solo la questione riguardante il criterio interno oggettivo secondo cui la *polis* distribuisce i suoi onori, e cioè anche le sue cariche, le posizioni di governo, e il suo bottino di guerra. Per Aristotele, questa distribuzione si delinea a partire dall'ineguaglianza dei cittadini sotto l'aspetto della ricchezza, dell'aristocrazia di nascita, della virtù o della libertà, in breve, a partire dal rango sociale (*Etica Nicomachea*, V, 6). Se, riprendendo Tommaso (*Summa theologica*, II/II qu 61 a 2), si intende lo *status* politico del cittadino come espressione della sua importanza in relazione all'intero, la dottrina aristotelica dell'uguaglianza determinata dalla giustizia distributiva si può ridurre a questa unica norma: distribuzione dei beni secondo il principio del contributo di ognuno. Una maggiore reputazione e una maggiore importanza politica (nel caso limite persino l'essere liberi per nascita) possono infatti venir interpretati come contributo al buon ordinamento della *polis*[52].

§ 20. L'INGIUSTIZIA PROVOCATA DA UN TRATTAMENTO EGUALE: LA PARABOLA BIBLICA

Nell'ambito riservato all'uguaglianza determinata dalla giustizia distributiva, che si basa sul criterio della proporzionalità *geometrica*, il mancato rispetto delle differenze di *status* dovrebbe quindi apparire come un'ingiustizia perché tale mancato rispetto verrebbe percepito (quanto meno dagli uomini di rango più elevato) come un ingiusto trattamento eguale di uomini essenzialmente diseguali. Ma queste esperienze del torto, che derivano da una uguaglianza di trattamento che finisce col recare pregiudizio a qualcuno, non sono proprie soltanto delle società gerarchicamente ordinate («stratificate»). Tali esperienze si possono incontrare, al pari di quelle derivanti da un'ingiusta diversità di trattamento, laddove uno – per un qualsiasi motivo – abbia il potere di trattare gli altri in modo eguale o diseguale. Un enigmatico esempio di ciò è offerto nel Vangelo di Matteo (20, 1-16) dalla parabola di Gesù sui lavoratori nella vigna del signore. L'oggetto della parabola non è certo la giustizia terrena in quanto tale; la narrazione evangelica rinvia piuttosto alla «giustizia» celeste, che è di tutt'altro tipo. Ma proprio questa intenzione richiama per contrasto un'idea di giustizia terrena diffusa e generalmente condivisa. E proprio ad essa qui dobbiamo volgerci.

Al tempo della vendemmia, così comincia il racconto, il padrone di una vigna si reca cinque volte al mercato per assumere gli operai, dapprima alle sei del mattino e infine ancora una volta alle cinque del pomeriggio, vale a dire un'ora prima del termine del lavoro. Anche se a quell'epoca le proprietà più grandi venivano coltivate dagli schiavi, nei momenti in cui c'era una grande mole di lavoro era comunque abitudine assumere per breve tempo della manodopera aggiuntiva. Con i primi lavoratori ingaggiati il padrone della vigna fissa un compenso quotidiano di un denaro, un diecino o «soldo» (*Gro-*

schen), come Lutero traduce la denominazione per la più piccola moneta d'argento. Era questa la tariffa abituale. Infatti 200 denari di 24 assi ciascuno dovevano allora bastare al sostentamento vitale annuo di una famiglia composta da nove membri. Ai lavoratori assunti nel corso della giornata, il padrone non promette alcun salario determinato: egli vuole dare loro ciò che è giusto. Alla fine della giornata di lavoro, nel momento di pagare il salario giornaliero, il padrone fa intervenire il fattore e gli ordina di iniziare a pagare gli operai che sono stati ingaggiati per ultimi. Sorprendentemente ciascuno di questi operai, che hanno lavorato di meno, riceve, ben al di là di ciò che ci si poteva aspettare, l'intera paga giornaliera di un denaro. Si avvicinano allora quelli che hanno faticato fin dalle prime ore del mattino. In base a quel che è stato dato ai primi, si racconta nella storia, questi ultimi pensano «che avrebbero ricevuto di più» (V, 10). Ma anche loro ricevono dal fattore solo un denaro a testa. Questi operai allora insorgono. Non solo essi hanno fatto molto di più rispetto agli altri, ma hanno anche lavorato nella calura del giorno e non solamente nel fresco della sera. Indignati, si rivolgono sgarbatamente e senza rispetto al padrone e brontolano: «tu hai [...] trattato [loro]», vale a dire gli operai che hanno lavorato molto meno, e anche in circostanze meno faticose, «come noi» (V, 11, 12). Il padrone della vigna risponde loro facendo presente che egli ha assolto con correttezza il suo obbligo contrattuale di pagamento nei confronti di coloro che sono insoddisfatti e che, per il resto, può usare i suoi averi a propria discrezione: «Non posso fare delle mie cose quello che voglio?» (V, 14, 15). Che siano invidiosi perché il padrone è stato magnanimo con gli altri? Ma è vero che a tormentare quella gente è solo l'invidia derivante dal fatto che gli altri hanno goduto spropositatamente della generosità del padrone? Certo, uno stimolo della narrazione consiste nell'estrema disuguaglianza dei contraenti, e quindi nel fatto che il padrone della casa appare tanto ricco quanto i lavoratori a giornata poveri. Evidentemente sarebbe stata per lui una sciocchezza pagare tutti i lavoratori, per così dire, al di sopra della tariffa pattuita. Questo aspetto, che nello stesso tempo è il tramite per la comprensione religiosa della storia, accentua il senso dell'ingiustizia subita dai lavoratori. Ma c'è anche l'altro elemento, vale a dire la consapevole costruzione dell'aspettativa, di cui si è parlato, di ricevere un incremento rispetto al compenso pattuito. Questa aspettativa, cioè che «avrebbero ricevuto di più», è comprensibile sulla base delle circostanze e della modalità del pagamento. Ma è anche giustificata?

Nel senso del diritto tedesco vigente, lo è a malapena. Per poter anche solo giustificare una rivendicazione che vada al di là della pretesa (correttamente soddisfatta) di essere retribuiti secondo quanto pattuito, bisognerebbe innanzi tutto sottoporre questa occupazione saltuaria, breve e relativamente autonoma, alla disciplina prevista dal diritto del lavoro. Ciò può risultare molto dubbio se si tiene conto del tipo di dipendenza che lega il lavoratore al datore di lavoro, ma corrisponde al senso della storia. Infatti, al di fuori di un tale ordinamento comprensivo, in grado di fornire il quadro di riferimento, il principio dell'eguale trattamento non significa assolutamente nulla. Ma l'idea di uguaglianza come sfondo per l'agire del signore è irrinunciabile. Ora, il principio di eguale trattamento sancito dal diritto del lavoro non impedisce certo al datore di lavoro di retribuire meglio singoli dipendenti rispetto ad altri. Ma fintanto che i lavoratori si trovano in una situazione equiparabile, egli non può operare tra essi una differenziazione senza un motivo oggettivo, e quindi non può trattarli arbitrariamente in modo peggiore. Un trattamento differenziato è ammissibile solo se il datore di lavoro, nel momento in cui decide un aumento individuale della retribuzione, lascia intendere che tale iniziativa ha il significato di una regola, al di là del singolo rapporto di lavoro. Il provvedimento deve essere, come lo si definisce, «relativo all'azienda» e deve presentare un «carattere collettivo». Dal comportamento del proprietario terriero, tuttavia, si può ricavare solo la massima secondo cui deve essere assegnato a ogni lavoratore a giornata un pieno salario giornaliero – senza tener conto della durata dell'attività. Non c'è alcun elemento che ci consenta di supporre l'esistenza di una regola sugli aumenti salariali proporzionale alla durata dell'impiego. Poiché i volontari aumenti contributivi del datore di lavoro risultano tanto maggiori quanto minore era il lavoro svolto, e poiché i lavoratori a tempo pieno rimangono così a bocca asciutta, si potrebbe piuttosto pensare a una regolamentazione che differenzia arbitrariamente, e quindi in maniera illegittima, i «consueti» aumenti retributivi (corrispondenti alla minima parte di un salario giornaliero) da corrispondere ai lavoratori a orario ridotto in mancanza di un accordo contrattuale stipulato, ai sensi dell'art. 612, secondo comma, del Codice civile tedesco. Nel caso in esame, tuttavia, sembra maggiormente rilevante la prospettiva temporale

degli eventi, vale a dire l'aspettativa, fondata anzitutto sulla prassi remunerativa, di «ricevere di più». Evidentemente ciò non è sufficiente per prospettare un «uso aziendale» alla maggiore remunerazione,
nel senso definito dalla giurisprudenza relativa alle concessioni
uniformi e continuative di certi aumenti retributivi, una giurisprudenza cioè che applica il principio di eguale trattamento non solo in
senso sincronico ma anche diacronico. Ma la nostra parabola racconta pur sempre in forma sintetica come sorge, anzi come deve sorgere nei lavoratori della prim'ora e ingaggiati per un tempo determinato, l'impressione che ora, nella remunerazione, si tenga conto
di un'altra tariffa giornaliera, e precisamente di una più alta. Secondo la giurisprudenza della Corte federale del lavoro, da un uso aziendale può sorgere un diritto nel caso tale uso susciti nei lavoratori interessati l'impressione che i pagamenti forniti in via extracontrat-
tuale e diventati consueti debbano essere attesi anche in futuro. Non
è necessario cioè che nel datore di lavoro sia riconoscibile la volontà
di obbligarsi in tal senso. La dottrina del diritto del lavoro parla in
questi casi di un «obbligo di fiducia» del datore di lavoro, il quale
non può contravvenire slealmente al divieto di una condotta auto-
contraddittoria (*venire contra factum proprium*). Nel nostro caso, come appare evidente, si tratta della fiducia nella proporzionalità della retribuzione. In questa «strana parabola» si è perciò intravista
un'«eclatante infrazione della *iustitia distributiva*»[53]. Certo nessun
lavoratore a giornata ha qui fatto valere di fronte a un altro un grado sociale più elevato o un merito maggiore, nel senso della dottrina aristotelica della giustizia distributiva. Il mercato del lavoro, così
come qualsiasi altro mercato, non presenta infatti alcuna differenza
tra ceti. I lavoratori che protestano non chiedono giustizia in considerazione dei loro caratteri personali, ma ribadiscono la loro maggiore prestazione dal punto di vista quantitativo e qualitativo. Questa prestazione viene sminuita attraverso l'equiparazione alla minore prestazione lavorativa degli altri. Da ciò deriva l'amarezza del rim-
provero: «li hai trattati come noi». Se i primi, che ora sono gli ultimi, contrariamente all'accordo pattuito, potessero fare affidamento
sulla prassi remunerativa introdotta successivamente, in apparenza
a loro più favorevole, allora per un lavoro di gran lunga maggiore potrebbero probabilmente aspettarsi un salario più alto, che spette-
rebbe loro secondo la giustizia *commutativa* – e precisamente secondo il metro dell'uguaglianza *aritmetica* per unità di lavoro. Per lo

meno essi possono aspettarsi che il loro lavoro, maggiore sotto tutti gli aspetti, venga compensato secondo la giustizia distributiva in modo proporzionalmente adeguato, almeno in una certa quantità – forse con un secondo denaro. In ogni caso, la letteratura relativa al diritto del lavoro considera il principio di eguale trattamento dal punto di vista della giustizia distributiva, perché esso si riferisce sempre a collettività quando vengono concessi vantaggi aggiuntivi.

In sostanza, è la dolorosa ingiustizia consistente nella svalutazione della prestazione di lavoro tramite l'eguale trattamento del diseguale a stabilire la prospettiva terrena della giustizia. Ma nel suo evangelico riferimento al regno dei cieli, questa prospettiva indica al tempo stesso qualcosa di profondamente diverso: essa fa riferimento alla bontà del Signore dei cieli, che nella sua onnipotenza «distribuisce» *secondo la grazia*. Nessuno – è questo il messaggio allo stesso tempo consolante e ammonitore della parabola – gode qui di un vantaggio in base al diritto, nessuno può guadagnarsi una pretesa giuridica al riguardo. Una minore prestazione non esclude nessuno. Per quanto gli uomini possano essersi diversamente affannati nella loro vita, sotto un diverso aspetto, ossia in rapporto al loro bisogno di redenzione, essi sono tutti eguali e vengono trattati tutti allo stesso modo.

Capitolo terzo

Il grido silenzioso delle vittime del potere totalitario

§ 21. LA PUNIZIONE DEL TORTO LEGALIZZATO DELLO STATO DOPO IL MUTAMENTO DI REGIME

I. *Il diritto come mezzo del potere totalitario*

Schopenhauer aveva parlato dell'esperienza di una doppia ingiustizia, presente laddove un individuo a cui è attribuito l'incarico e il dovere di impedire violazioni del diritto commette egli stesso dei soprusi (*supra*, § 15). La sistematica degenerazione del diritto, tale da scatenare abusi anche maggiori di questo, consente di individuare una situazione addirittura di triplice ingiustizia: ciò si verifica quando un partito totalitario, in nome di un'ideologia considerata giusta in maniera infallibile, trasforma le forme e le procedure del sistema giuridico, pensate per tutelare uno stato di pace generale e per difendere la persona, in mezzi di lotta contro un nemico assoluto e operante in tutto il mondo. Si chiami questo nemico «classe» o «razza», attraverso tali parole d'ordine il terrore di Stato si dirige – allo scopo di discriminare e annientare gli avversari, o «solamente» per intimidirli – in prima istanza contro una parte più o meno cospicua della propria popolazione. Questa tecnica di potere – basata sull'indottrinamento perseguito attraverso una dottrina globale della salvezza, dell'intimidazione, dell'oppressione e, al tempo stesso, della mobilitazione di massa – rende i regimi totalitari tra loro comparabili, per quanto i tipi di ideologia e i loro obiettivi possano essere nello specifico molto diversi. L'esperienza di massa di atroci misfatti fu la stessa sotto il regime di Hitler e sotto lo stalinismo. Il diritto serviva sempre come strumento e non come misura del potere.

Secondo Andrey Vyshinsky – capo degli accusatori durante i famigerati processi pubblici di Mosca dal 1936 al 1938, ovvero negli anni delle «purghe» staliniste (nei quali all'incirca il 5 per cento della popolazione complessiva di allora dell'Unione Sovietica fu imprigionata dalla polizia segreta) – il marxismo insegna «la necessità del diritto in quanto mezzo nella lotta per il socialismo e per la trasformazione della società umana su base socialista»[54]. E laddove si «considera lo Stato come mezzo della concezione del mondo nazionalsocialista», scrisse il famoso e famigerato docente di diritto pubblico Carl Schmitt, «la legge è piano e volontà del *Führer*»[55]. Pertanto la volontà del *Führer*, con tutte le conseguenze del caso, è sempre diritto[56]. In riferimento agli omicidi compiuti durante la cosiddetta «notte dei lunghi coltelli» del 1934, lo stesso autore sostenne ancora esplicitamente quanto segue: «Nel momento del pericolo, in forza della sua guida e in quanto detentore del potere giudiziario, [il *Führer* crea] in modo immediato il diritto»[57]. In seguito, la repressione politica assunse sempre di più, nella costruzione di un regime a partito unico e nelle «sincronizzazioni», come già nella precedente azione di «epurazione» legale dell'amministrazione, la forma della legge del Reich (soprattutto a causa della cosiddetta legge sui pieni poteri emanata nel 1933 dal governo del Reich). L'esempio peggiore è rappresentato dalla legislazione razziale del 1935 (le cosiddette leggi di Norimberga). Nel corso degli anni, tredici disposizioni supplementari tolsero agli ebrei tedeschi ogni possibilità di condurre una vita «civile» – ancora prima che, durante la guerra, cominciasse in Europa la cosiddetta «soluzione finale della questione ebraica», l'olocausto. L'azione repressiva si volse inoltre alla «soppressione» della cosiddetta vita non meritevole di essere vissuta. Il governo evitò però fin dall'inizio di attribuire a queste azioni di annientamento ogni forma di legalità, poiché essa avrebbe comportato un elemento di pubblicità (*supra*, § 15): nel caso in cui ciò si fosse verificato, si temevano infatti le reazioni dell'opinione pubblica. Ma persino il cittadino «immune da tare ereditarie» e «ariano» era considerato dal regime titolare di diritti solo in funzione dei suoi doveri, e in misura proporzionale all'adempimento degli obblighi verso lo Stato totalitario[58]. E questa possibilità di disporre dei doveri del singolo diventò, soprattutto dopo la cosiddetta «mobilitazione totale» seguita alla catastrofe di Stalingrado (1942-43), quasi illimitata. Oltre alla *Gestapo*, allo SD e alle SS, specialmente la cosiddet-

ta Suprema corte popolare, fondata nel 1934, esercitò quindi il terrore in forma giudiziaria: in maniera conforme alle indicazioni del
potere, essa emise le sue sentenze sanguinarie anche ai danni di coloro che non appartenevano alla cerchia dei cittadini tedeschi.

II. *Casi esemplari*

Dopo la caduta del cosiddetto Terzo Reich e la ricostituzione di un
ordinamento fondato sulla libertà, ci si interrogò sul rapporto esistente tra lo Stato di diritto e quel terribile passato. Successivamente alla riunificazione tedesca, in relazione a determinate pratiche di
dominio totalitario poste in atto dal SED, la questione si ripresentò
ancora una volta in modo sostanzialmente simile. In quest'ultimo caso, il problema non consiste nel rovesciamento, messo in atto dalla
legge, della legalità vigente in precedenza. Il principio richiamato a
loro difesa da alcune delle parti in causa, secondo cui non può essere oggi considerato ingiusto quanto a quell'epoca era diritto in forza della legge, è sbagliato. Naturalmente lo Stato può e anzi deve dichiarare il vecchio diritto positivo come ingiusto, se tale diritto gli
appare inaccettabile. Tuttavia, la difficoltà consiste nel fatto che
l'amministrazione della giustizia di uno Stato di diritto, secondo la
moralità immanente alle sue regole formali, non può *punire* delle
azioni che, nel momento in cui furono compiute, erano conformi alla
legge: *nulla poena sine lege*. Il Tribunale di Norimberga, istituito dagli Alleati nel 1945-46 contro i crimini di guerra, offrì il primo caso
esemplare di questa problematica, conseguente a un cambiamento
di regime, di irretroattività della legge penale. Sulla base di un accordo fra le quattro potenze vincitrici, i principali funzionari del regime nazionalsocialista vennero accusati di crimini di guerra, di crimini contro l'umanità e di crimini contro la pace. Il trattamento dei
crimini di guerra compiuti contro gli appartenenti ai popoli avversari – come uccisioni o violenze nei confronti dei prigionieri di guerra, condanne capitali degli ostaggi, deportazione ai lavori forzati e
così via – poteva basarsi sul diritto internazionale positivo. Questi
crimini erano infatti già stati definiti tali nel corso delle conferenze
dell'Aia, cioè precedentemente alla prima guerra mondiale, anche se
non erano stati ancora sottoposti a sanzioni penali a livello internazionale. Con l'espressione «crimini contro l'umanità» si intendeva-

no specialmente la persecuzione degli ebrei e l'annientamento della cosiddetta vita senza valore, vale a dire azioni che, indipendentemente dalle clausole generali formulate dagli Alleati (si veda anche l'art. 2, terzo comma, della legge sul consiglio di controllo n. 10 del 30 gennaio 1946), costituivano dei delitti capitali già secondo il diritto penale di tutti gli Stati civili. Ma qual era il fondamento giuridico per procedere alla punizione dei delitti contro la pace o – secondo la formulazione di Norimberga – del «complotto contro la pace»? Dal punto di vista del diritto internazionale, non esistevano accordi vincolanti in materia: fino ad allora non sussisteva alcuna moratoria contro la guerra di aggressione. L'accusa sosteneva che la coscienza giuridica dei popoli era cambiata a partire dalla prima guerra mondiale. Questo mutamento emergerebbe soprattutto dal patto Briand-Kellogg del 1928, i cui Stati firmatari si erano impegnati a rinunciare alla guerra di aggressione (non meglio definita). Era e rimaneva oggetto di discussione se il tribunale militare avesse così trasgredito il divieto di retroattività, dal momento che questo patto obbligava solo gli Stati e non anche gli individui e non menzionava alcuna sanzione punitiva contro singole persone. Allo stesso modo, era dibattuta la questione se eventualmente il diritto internazionale – di fronte a una capitolazione incondizionata – non potesse stabilire delle sanzioni anche in modo retroattivo[59].

Il fondamento giuridico per la punizione ad opera dell'amministrazione della giustizia tedesca dei delitti contro l'umanità – soprattutto nei processi ai gruppi d'assalto e nei procedimenti relativi ad Auschwitz – era ed è il codice penale tedesco. Al riguardo non c'era alcun problema di retroattività. La difesa non fece pertanto alcun ricorso al principio di legalità, quanto piuttosto a un argomento diverso: gli autori del reato sarebbero stati cioè costretti a obbedire; se ciò non fosse accaduto, essi avrebbero rischiato la morte. Sul piano della filosofia del diritto si infiammò così la discussione relativa al principio di irretroattività della legge, tra l'altro per i casi di delazioni dettate da una «banalità del male».

Nel 1946, ad esempio, venne condannato all'ergastolo per concorso in omicidio un impiegato della Corte d'assise di Nordhausen nella Turingia. Egli aveva denunciato il commerciante G. per una scritta in un bagno: «Hitler è un massacratore ed è colpevole della guerra». Per quanto il denunciante non sapesse bene su quale base G. potesse essere condannato, egli era consapevole *del fatto che* l'au-

tore della scritta poteva essere condannato e giustiziato, e sapeva e
voleva che ciò accadesse. E così avvenne nei fatti: G. fu condannato
per «preparazione di alto tradimento». Molto simile fu il caso giudicato dalla Corte d'appello di Bamberga nel 1949. Al fine di liberar-
si di suo marito, una donna lo denunciò per le considerazioni critiche su Hitler che questi aveva pronunciato di fronte a lei. Sulla base di tipiche disposizioni penali del regime nazionalsocialista, come
la «legge sulla slealtà» del 1934, l'uomo fu condannato a morte, ma
non venne poi giustiziato, bensì spedito al fronte come «pena condizionale». Il tribunale di Bamberga condannò la moglie per seque-
stro di persona consumato con reità indiretta[60].

La fattispecie della reità indiretta si basa sull'idea che i fini delit-
tuosi possono essere realizzati anche attraverso l'impiego di persone
che non hanno la volontà di delinquere, o che sono incapaci di intendere. Considerare quindi i giudici nazionalsocialisti quasi come
strumenti privi di volontà nelle mani di quelli che denunciavano presenta il discutibile vantaggio di rendere possibile la punizione penale della denuncia in quanto azione altamente immorale da un lato, e
d'altro lato di non mettere in discussione la legalità formale della
sentenza giudiziaria, chiaramente ingiusta, dall'altro. Ancora di più:
si presuppone così che gli stessi giudici nazionalsocialisti, applicando la fattispecie astratta di alto tradimento, non abbiano compiuto
alcuna infrazione *contro* la lettera, il senso e lo scopo della disposizione di legge. In caso contrario, infatti, i giudici nazionalsocialisti
per primi sarebbero stati chiamati a giudizio in quanto colpevoli,
mentre il denunciante avrebbe potuto «solamente» essere accusato
di concorso in omicidio. La Corte d'assise di Nordhausen percorse
di fatto questa via argomentativa. Ma così facendo questa stessa corte finiva con l'ammettere che i giudici nazionalsocialisti, nella sentenza di alto tradimento da loro pronunciata, si erano consapevol-
mente e volontariamente allontanati dal diritto allora vigente, anche
se il loro modo di agire corrispondeva a ciò che, in seno all'amministrazione della giustizia, costituiva in quel tempo una consuetudine.
Non a caso, altri tribunali preferirono considerare i giudici nazionalsocialisti come strumenti incolpevoli, qualora essi avessero ritenuto (o avessero affermato in seguito di aver allora ritenuto) la loro
azione semplicemente conforme a diritto. Ma allo stesso tempo si sosteneva così che chi sporgeva denuncia sapeva che l'amministrazione della giustizia nazionalsocialista avrebbe portato alla morte un

uomo per un motivo sostanzialmente nullo. In altre parole, si riteneva il profano in grado di concepire l'apparato giudiziario nazista
come uno strumento di terrore politico, e quindi di usarlo quale
mezzo per perseguire i propri scopi criminali – scopi per i quali egli
doveva essere punito. Ai giudici togati si concedeva invece di aver
considerato ogni loro atto come diritto e nient'altro che come diritto – e per questo motivo nessuno, in base al divieto di retroattività
della legge, avrebbe potuto essere punito.

La distinzione «sofistica», proposta nella sentenza della Corte
d'assise di Bamberga, tra l'illegalità del dare avvio a una sanzione penale tramite una denuncia privata e la legalità del procedimento punitivo ordinato dai giudici legittimi merita di essere considerata un
po' più da vicino. Le tipiche norme penali nazionalsocialiste utiliz-
zate per condannare chi criticava il regime «erano senza dubbio leggi profondamente inique, che furono sentite dalla gran parte del popolo tedesco come leggi terroristiche, soprattutto a causa di quelle
dure sanzioni che, nello specifico, ammettevano la possibilità di una
punizione crudele». Chi si avvaleva della facoltà di denunciare azioni di quel genere (cosa per cui non sussisteva certo un obbligo) an-
dava quindi «contro il senso di equità e di giustizia di tutti gli individui ragionevoli» e pertanto agiva in maniera illegittima. Quelle
norme penali non potrebbero tuttavia

essere indicate come leggi contrarie al diritto naturale (la qual cosa con-
durrebbe necessariamente a sostenere che il giudice, nell'applicare tali
leggi, si sarebbe egli stesso comportato in maniera illegittima, diventando così passibile di sanzione). Esse non prescrivevano infatti una condotta positiva, vietata *tout court* dal diritto divino o umano conforme alla concezione di tutte le nazioni civili, ma ordinavano, sotto minaccia di
una punizione, un'omissione e quindi di tacere. Attraverso una tale omissione, prescritta dal legislatore nazionalsocialista sotto minaccia di una
punizione, nessuno contravveniva a un dovere di agire superiore a questa legge positiva. Ne deriva che il giudice, che stabiliva la sentenza e le
pene applicando queste pur anche tipiche leggi nazionalsocialiste, non ha
commesso alcuna ingiustizia.

Stando a questa sentenza – bisogna aggiungere – non è stata commessa ingiustizia nemmeno quando il tribunale ha applicato arbitrariamente quelle leggi terroristiche, in via estensiva, alle dichiara-

zioni *non pubbliche*, come era accaduto anche nel caso citato (certo in accordo col Tribunale di guerra del Reich e col Tribunale del Reich, ma in contrasto con la dottrina). Bisogna però osservare, per riabilitare l'amministrazione della giustizia tedesca, che la Corte federale di giustizia ha posto fine a questa giurisprudenza schizofrenica tre anni più tardi, dichiarando in un caso simile che la questione della legittimità relativa agli effetti della sentenza per tutte le parti in causa, e quindi in particolar modo per chi ha sporto denuncia e per il giudice, può essere decisa solo unitariamente (BGHSt, 3, 110, *Sentenze della Corte federale di giustizia in materia penale, N.d.T.*). Del resto, la Corte federale di giustizia non aveva bisogno di prendere posizione sul problema della validità giuridica del diritto penale nazionalsocialista, dal momento che essa riconosceva – e a ragione – un elemento di arbitrarietà già nelle modalità di applicazione di quelle disposizioni, la quale contraddiceva la lettera della legge.

III. *La formula di Radbruch*

Il primo caso di denuncia menzionato apparteneva a una serie di sentenze giudiziarie che, nel 1946, spinsero Gustav Radbruch a una trattazione sistematica del tema «ingiustizia legale e diritto extralegale»[61]. Nonostante fosse egli stesso una vittima politica del regime nazionalsocialista, Radbruch si batteva «per realizzare la richiesta di giustizia» di fronte al «torto legale» del regime hitleriano, «con il minor danno possibile per la certezza del diritto». Conformemente a questa impostazione, egli accettava la costruzione giuridica della reità indiretta dei denunzianti, costruzione che assegnava ai giudici sanguinari del Reich il ruolo di ingenui strumenti. Radbruch ammetteva certo, a causa del carattere assolutamente sproporzionato della condanna a morte, che potesse essersi oggettivamente verificata in questi casi un'infrazione del diritto. Egli giustificava però soggettivamente i giudici, chiedendosi retoricamente se questi ultimi, «che erano deformati dal positivismo dominante fino al punto da non conoscere un altro diritto rispetto a quello posto, [potessero] avere, nell'applicazione delle leggi positive, l'intenzione di 'piegare' il diritto». La tesi di Radbruch, in base alla quale fu il positivismo giuridico a «rendere il ceto tedesco dei giuristi disarmato di fronte a leggi con un contenuto arbitrario e criminale», è però stata rivista da molto tempo. Resta certamente giusta l'osservazione secondo cui la legalità rappresenta il modo di funzionamento di ogni moderna burocrazia statale e che i giuristi sono vincolati ad essa da un giuramento. Tuttavia, la corruzione del sistema giuridico, e in particolare dell'amministrazione della giustizia, sotto il regime nazionalsocialista non deriva tanto dalla fedeltà positivistica nei confronti delle specifiche leggi nazionalsocialiste, quanto piuttosto dall'«interpretazione senza limiti» delle norme giuridiche esistenti condotta alla luce dell'ideologia nazionalsocialista, intesa a sua volta come una sorta di diritto naturale al di sopra della legge[62]. Nei suoi *Neue Leitsätze für die Rechtspraxis* (*Nuovi principi per la prassi giuridica*), l'illustre giurista Carl Schmitt, ricordato precedentemente, affermava in un celebre passo già nel 1933:

> Tutto il diritto tedesco attuale [...] deve essere dominato solo ed esclusivamente dallo spirito del nazionalsocialismo [...] Ogni interpretazione deve essere un'interpretazione in senso nazionalsocialista[63].

Così, la maggior parte delle sentenze ingiuste si è realizzata *contro* le regole di una pratica giuridica positivista. Anche nel nostro caso non la tradizionale norma penale sull'alto tradimento, ma la sua assurda applicazione fonda l'ingiustizia della sentenza giudiziaria. In nome della certezza del diritto, Radbruch voleva disconoscere la validità giuridica anche delle leggi nazionalsocialiste solamente nei casi estremi di ingiustizia assoluta. Come esempi in tal senso egli menziona esplicitamente le disposizioni sul monopolio politico del Partito tedesco nazionalsocialista dei lavoratori (NSDAP), le leggi «che trattavano gli uomini come uomini inferiori e negavano loro i diritti dell'uomo», e anche minacce penali che stabiliscono, al solo scopo di intimidire in modo indifferenziato, sanzioni eccessive come, in particolare, la condanna a morte. La redazione in via generale di questo principio è diventata celebre come «formula di Radbruch»:

> Il conflitto tra la giustizia e la certezza del diritto si dovrebbe risolvere nel senso che il diritto positivo, tutelato per mezzo dell'ordinamento e del potere, ha la precedenza anche se esso è ingiusto e inadeguato sul piano del contenuto, a meno che il contrasto della legge positiva nei confronti della giustizia non raggiunga un livello così insopportabile, che la legge, come «diritto ingiusto», debba far posto alla giustizia [...] Laddo-

ve la giustizia non venga nemmeno desiderata, laddove l'uguaglianza, che costituisce il cuore della giustizia, sia stata negata di proposito nella creazione del diritto positivo, qui la legge non è solamente «diritto ingiusto», ma è piuttosto del tutto priva di natura giuridica.

In sostanza il testo ricorre all'argomento, formulato in particolare da Aristotele, in base al quale il diseguale trattamento degli eguali viene esperito come una forma elementare di ingiustizia. Del resto, di fronte all'impossibilità di riproporre un sistema ontologico di diritto naturale o di fare appello a una ragione cosmica, l'unica strada percorribile rimane quella di fare riferimento alla ricerca della giustizia, allo sforzo verso la realizzazione dell'ideale platonico (*supra*, § 17, II). In termini concreti ciò equivale a un'aspirazione, che muove contro la tendenza alla formulazione di giudizi troppo generali, ad adattare, nel modo più differenziato possibile, ogni sentenza alle condizioni del momento (*supra*, § 17, III).

Nonostante le evidenti differenze che intercorrono tra l'entità e la gravità dei crimini nazisti – sotto il cui impatto emotivo aveva scritto Radbruch – e gli assassinii attuati dalle sentinelle della Repubblica democratica tedesca all'interno dei confini tedeschi, la Corte suprema federale ha fatto ricorso alla formula di Radbruch per punire anche le cosiddette «guardie del muro» di Berlino. Il tribunale non considerò ammissibile alcuna causa di giustificazione per quegli spari mortali – indipendentemente dal fatto che questa fosse ricavata dalle disposizioni del potere esecutivo oppure dalla legge sul controllo dei confini della Repubblica democratica tedesca del 1982. Infatti, secondo la Corte suprema federale (BGHSt, 41, 101-105, *Sentenze della Corte federale di giustizia in materia penale*), una causa giustificante di questo tipo,

che ha dato priorità all'applicazione del divieto di abbandonare la Repubblica democratica tedesca rispetto al diritto dell'uomo alla vita, nel momento in cui permetteva l'omicidio deliberato dei fuggiaschi disarmati, è inefficace a causa dell'evidente e intollerabile offesa contro le norme elementari di giustizia e contro i diritti umani protetti dal diritto internazionale. In questo contesto l'infrazione sembra così pesante da violare le convinzioni giuridiche comuni a tutti i popoli e relative al valore e alla dignità dell'uomo. In un caso simile il diritto positivo deve lasciare il posto alla giustizia (cosiddetta *formula di Radbruch*).

In primo luogo è corretto il fatto che Radbruch, con la sua tesi, non si riferisse in alcun modo solo alle privazioni di massa dei diritti, ma intendesse anche fare esplicito riferimento alle minacce di pena eccessive. C'è al riguardo senz'altro un obiettivo punto di contatto tra le parole di Radbruch e la sentenza della Corte federale, dal momento che, anche nel caso in esame, balza agli occhi il carattere eccessivo delle disposizioni generali relative all'uso «senza alcun riguardo» delle armi da fuoco. Sembra anche corretto non passare sotto silenzio il cinismo dimostrato dal governo della Repubblica democratica tedesca sulla questione dei diritti umani. La Repubblica democratica tedesca cercò infatti di procurarsi un credito internazionale dichiarando ufficialmente come principi della sua prassi statale la Carta delle Nazioni Unite e la Dichiarazione universale dei diritti dell'uomo del 1948; aderì inoltre nel 1974 al patto internazionale del 1966 sui diritti civili e politici, che entrò in vigore nel 1976, senza però adempiere al proprio interno al dovere, accolto nel diritto internazionale, di garantire, tra l'altro, la libertà di espatrio ai suoi cittadini. Corretta è infine «la valutazione complessiva» formulata dal tribunale «del regime di controllo dei confini» adottato dalla Repubblica democratica tedesca. Il governo di questo Stato poteva certo aver avuto tutte le ragioni per temere una destabilizzazione politica ed economica derivante dalla migrazione, e in particolare poteva anche avere buoni motivi per impedire, in maniera conforme alla logica politica di taluni paesi in via di sviluppo, la migrazione dei cittadini ben istruiti. Il divieto fondamentale di espatrio – il fatto cioè di considerare lo sconfinamento non autorizzato come un «delitto» in grado di giustificare le più estreme conseguenze già quando i profughi erano due o portavano con sé una scala –, associato a una difesa dei confini orientata con intransigenza mortale verso l'interno, al punto da fare di questi ultimi qualcosa di molto più simile al recinto di un campo di concentramento che a un posto di confine di uno Stato civile, tutto ciò rendeva il regime di controllo delle frontiere nel bel mezzo dell'Europa una vergogna assoluta.

Ma la Repubblica federale tedesca, in virtù dei principi dei diritti dell'uomo affermati dalla Corte suprema federale, è vincolata dalla Costituzione a rispettare il divieto di retroattività della legge, in base al principio *nulla poena sine lege* (art. 103, secondo comma, Costituzione federale tedesca). L'art. 7, secondo comma, della Convenzione europea dei diritti dell'uomo del 1950 stabilisce certo che non si possono escludere sanzioni in forza del principio del *nulla poena sine lege*, nel caso in cui l'atto «era penalmente punibile al momento della sua perpetrazione, sulla base dei principi giuridici riconosciuti universalmente dai popoli civili». Tuttavia la Repubblica federale tedesca, ratificando la Convenzione, ha fatto al riguardo una riserva, permessa dal diritto internazionale, in favore dell'art. 103, secondo comma, della Costituzione. È possibile quindi punire, all'interno dei confini tedeschi, gli spari mortali che la Repubblica federale tedesca è autorizzata e obbligata a giudicare, in base al patto di fusione fra i due Stati tedeschi, secondo il diritto della ex Repubblica democratica? La Germania può farlo come Stato di diritto, senza per questo cadere in contraddizione con se stessa? Qui l'argomentazione della Corte suprema federale si mette su una cattiva strada. Le guardie – ritiene il tribunale – non potevano, sulla base dell'art. 103, secondo comma, della Costituzione, «confidare nel fatto che anche in futuro un successivo ordinamento da Stato di diritto avrebbe ritenuto legittima e quindi non sanzionabile una prassi contraria ai principi dei diritti dell'uomo» (BGHSt, 41, 101-111 sg., *Sentenze della Corte federale di giustizia in materia penale*). Perché questo? Perché secondo la Corte suprema federale già all'epoca dei reati in oggetto sarebbe stato obiettivamente possibile, stando alla lettera delle disposizioni in materia, interpretare le norme della Repubblica democratica tedesca come «favorevoli ai diritti dell'uomo», e dunque conformi ai principi dello Stato di diritto. Sta di fatto, però, che i giuristi della Repubblica democratica tedesca non pensavano affatto una cosa del genere e che le sentinelle al confine potevano quindi essere sicure, persino nell'eventualità di un graduale cambiamento della situazione politica, che non sarebbe mai stato chiesto loro di render conto dei loro spari. Per evitare il divieto di retroattività, il tribunale attribuisce quindi retrospettivamente al sistema di (non) diritto della Repubblica democratica tedesca una latente e potenziale struttura di Stato di diritto, con la quale le norme di comportamento e di giudizio in vigore all'epoca dei reati non avevano assolutamente nulla a che fare. La Corte costituzionale federale ha confermato le sentenze della Corte suprema (BUerfGe, 95, 96, *Sentenze della Corte costituzionale federale*), ma in questo modo ha confuso ancor di più il problema invece di chiarirlo, dichiarando «assoluto» nella sua «rigorosa formalizzazione» il divieto costituzionale di retroattività della legge, per poi relativizzarlo e sottoporlo a considerazioni di tipo materiale. Un'analisi accurata e convincente di questo intero complesso di questioni si trova (con molta documentazione) in Horst Dreier[64]. Sostiene invece in modo vivace la posizione opposta, ad esempio, Gerhard Werle[65].

IV. *La critica di Hart*

La seconda sentenza avutasi in seguito a delazioni è stata fatta oggetto di critica sotto il profilo filosofico-giuridico da parte di Herbert Lionel Adolphus Hart, una critica che coinvolge anche la posizione di Radbruch[66]. A differenza del primo caso, la condanna seguita alla denuncia si fondava in questo caso su una norma giuridica tipicamente nazionalsocialista. Commettendo un errore in verità comprensibile, Hart riteneva che la condanna della moglie che aveva denunciato il marito si fondasse sulla supposizione, avanzata dal tribunale, che il discutibile diritto penale nazionalsocialista «[fosse] andato contro il senso di equità e di giustizia di tutti gli individui ragionevoli», e che quindi non fosse valido. Celebrare questa motivazione come la vittoria della dottrina del diritto naturale sul positivismo giuridico rappresentava per Hart – che ragionava sulla base della separazione positivista tra diritto e morale, al servizio della libertà personale (*supra*, §§ 4 e 5, II) – l'occultamento di un dilemma. Sentenze di questo tipo fanno credere infatti che tutti i nostri valori si collochino senza spaccature all'interno di un unico sistema. Ma a suo avviso ci sarebbero casi «in cui la vita ci costringe a scegliere il male minore», e queste situazioni sono e vanno considerate, con piena coscienza, come particolarmente spinose. Di fronte a questo caso, pertanto, si potrebbe 1) assolvere la moglie, ovvero tener conto del diritto positivo e sacrificare i principi morali; 2) condannare la moglie sulla base di una legislazione penale retroattiva, cioè soddisfare le richieste della morale e rinunciare al principio, proprio dello Stato di diritto, del divieto di retroattività; 3) condannare la moglie asserendo di non infrangere il divieto di retroattività, e quindi soddisfare l'esigenza morale di punizione, sacrificando tuttavia al contempo l'onestà col negare l'esistenza del dilemma.

A Radbruch Hart rivolge soprattutto la seguente obiezione: la sua formula sarebbe in ultima analisi illiberale, e dunque ostile nei confronti della libertà. A suo avviso, essa si fonda sull'idea che qualificando una norma come giuridicamente valida viene già decisa anche la questione della sua giustificazione morale e viene quindi formulato un dovere morale di obbedienza. A partire da uno sfondo di esperienze radicalmente diverso da quello di Radbruch, Hart prende evidentemente le mosse da una società di cittadini liberi e consapevoli, nella quale il diritto positivo non riesce affatto a soppiantare o a prendere il posto delle norme morali e dove il riconoscimento di una norma come diritto positivo non significa in alcun modo che essa venga approvata o addirittura giustificata moralmente. In una società di questo tipo, il diritto «ingiusto» non urta la coscienza morale, e nessuno vede in una assoluzione giudiziaria una qualche forma di approvazione di un comportamento immorale. In questo contesto, il diritto appare solo come uno strumento necessario per la sicurezza e la libertà personale, la cui attendibile funzione sociale, proprio in forza della sua «neutralità» morale, non può essere posta in discussione negando la sua validità in forza di qualche ragione morale. Le correzioni necessarie – questo sta sullo sfondo della prospettiva di Hart – hanno luogo attraverso la procedura legislativa aperta a ogni tipo di influenza. Per il resto, ognuno rimane libero di non obbedire alle leggi che ritiene immorali, se è pronto a trarne ogni volta le prevedibili, e quindi calcolabili conseguenze.

Questa è la visione, in tutto e per tutto orientata al futuro, del diritto di una libera società di liberi cittadini. La retroattività degli atti sovrani appare qui incompatibile col carattere progettuale del diritto e con la razionalità associata alla prevedibilità legale dell'attività dello Stato. Considerando insieme situazioni di fatto che stanno su piani completamente diversi, essa entrerebbe in contraddizione, secondo Rousseau, con l'universalità della legge e infrangerebbe, per Benjamin Constant, la logica del contratto sociale. Osservata sotto questo angolo visuale, la questione relativa ai limiti morali di un potere autoritario, in nessun modo alla portata di chi ne viene colpito, il quale ha usato il diritto come qualcosa di suo, come mezzo di lotta e di oppressione, appare rivolta all'indietro in modo inammissibile e addirittura immorale. In verità, la questione morale che sorge di fronte a un potere autoritario e illiberale non ha uno specifico significato temporale, non può cioè essere scomposta in una dimensione futura e in una dimensione passata. In base alla sua autorappresentazione, essa è per così dire immune sotto il profilo morale di fronte all'obiezione di retroattività illegittima. È infatti possibile – soprattutto dalla prospettiva «di chi partecipa» (*supra*, § 5, I) – assumere un punto di vista teorico «liberale» di fronte alla barbarie di Stato? Nei confronti delle terribili esperienze storiche del potere nazista si ripresenta quasi necessariamente un modo pre-liberale di porre la questione, così come esso si era originariamente costituito nella critica alla prassi di un governo autocratico. Il potere, laddove non serva alla libertà, non deve quanto meno difendere i confini ultimi della giustizia? La netta separazione tra diritto e morale può essere attuata solamente riconoscendo una posizione prioritaria all'idea di libertà.

La libera società di cittadini liberi può pure articolarsi in maniera così pluralistica che il consenso fondamentale consista solamente nelle sovrapposizioni di concezioni del mondo eterogenee, e quindi la società si integri solo esteriormente sulla base del diritto e non più sulla base della morale. Ma ciò provoca facilmente delle tendenze contrarie, volte alla ri-moralizzazione del diritto.

Parte terza

La necessità del diritto di libertà a partire dall'autoriflessione dell'individuo

Capitolo primo
La guerra di tutti contro tutti: il nuovo modello concettuale di uno Stato di natura

§ 22. IL SOVVERTIMENTO DI UN'ANTICA IDEA

Secondo la sua natura, l'uomo è capace di tutto, sia nel bene che nel male. E gli uomini, sostiene Thomas Hobbes, sono particolarmente inclini a compiere proprio i più grandi delitti. Infatti, per la grande uguaglianza delle loro capacità naturali, fra loro vi sarebbero sempre e inevitabilmente rivalità, diffidenza e orgoglio (*Leviatano*, cap. 13). Questa prospettiva viene chiamata da alcuni «pessimismo antropologico» e da altri «realismo». La prima di quelle tre cause di conflitto

porta gli uomini ad aggredire per trarne un vantaggio; la seconda per la loro sicurezza; la terza per la loro reputazione. [...] Da ciò, appare chiaramente che quando gli uomini vivono senza un potere comune che li tenga tutti in soggezione, essi si trovano in quella condizione chiamata guerra: guerra che è quella di ogni uomo contro ogni altro uomo. La guerra, infatti, non consiste solo nella battaglia o nell'atto di combattere, ma [...] nella disposizione dichiarata verso questo tipo di situazione, in cui per tutto il tempo in cui sussiste non vi è assicurazione del contrario. [...] Perciò, tutte le conseguenze di un tempo di guerra, in cui ciascuno è nemico di ciascuno, sono le stesse del tempo in cui gli uomini vivono senz'altra sicurezza che quella di cui li doterà la loro propria forza o la loro propria ingegnosità.

In questa situazione di totale insicurezza non si può sviluppare alcuna civiltà. Infatti, «ciò che è peggio, v'è il continuo timore e pericolo di una morte violenta; e la vita dell'uomo è solitaria, misera, animalesca e breve».

In questo Stato di natura non c'è né un preciso mio e tuo, né giustizia e ingiustizia: non c'è ingiustizia perché non c'è alcuna legge di un potere legislativo che possa essere violata; non c'è giustizia perché essa non è una virtù. Altrimenti anche in un uomo che vivesse solo al mondo, questa virtù dovrebbe mostrarsi così come avviene per i suoi sentimenti e le sue passioni. Nello Stato di natura l'unico criterio è piuttosto l'utilità individuale nella lotta per la sopravvivenza (*De cive*, cap. 1, 10). Nondimeno, quando Hobbes parla di leggi naturali (*leges naturales*), egli intende unicamente i precetti di autoconservazione «scoperti dalla ragione» (*Leviatano*, cap. 14). Queste regole di calcolo razionali rispetto allo scopo mirano soprattutto all'istituzione contrattuale di un potere superiore «che possa essere in grado di difenderli dall'aggressione di stranieri e dai torti reciproci» (*Leviatano*, cap. 17), così come mirano alla conservazione di questo contratto e della pace da esso prodotta (*Leviatano*, cap. 14 e 15). L'uomo si adatta a seguire queste obbligazioni naturali, per perseguire la propria sicurezza e il suo unico diritto naturale soggettivo (*ius naturale*). Esso consiste nella sua *libertà* di fare tutto ciò che, secondo il particolare giudizio della ragione dell'individuo, serve alla sua autoconservazione (*Leviatano*, cap. 14). Progredendo dall'autoconservazione fisica all'autodeterminazione morale, anche Kant affermò in seguito che il «diritto originario» è solo uno: la libertà (*supra*, § 7, I).

Con la sua dottrina dello Stato di natura Hobbes ricava da una vecchia concezione un moderno strumento di analisi. In essa si dissolvono i tradizionali fondamenti della filosofia del diritto e della politica. L'idea riattivata da Hobbes di uno stato dell'umanità originario o naturale pre-civile, pre-politico o, come diremmo noi oggi, pre-statuale è di fatto molto vecchia. Nella sofistica del V secolo a.C., con la contrapposizione tra natura e convenzione legale, essa acquisì per la prima volta un significato illuminista in termini di filosofia del diritto e della politica (*supra*, § 16, II). Dai tempi di Epicuro, Lucrezio e anche Cicerone, la spiegazione storica serviva essenzialmente a narrare l'origine della società, del dominio e dell'ordinamento giuridico e a giustificarli teleologicamente attraverso il fine di una vita maggiormente compiuta. Al contrario, un secolo dopo Hobbes la funzione analitica dell'idea di Stato di natura, che va contro l'opinione che si tratti di una narrazione storica, è da tempo una nozione scontata per gli studenti della facoltà giuridica:

Per giungere al fondamento di questa scienza [*sc.* del diritto di natura] bisogna risalire fino a quelle rappresentazioni in cui né gli Stati, né altre società o associazioni sorte arbitrariamente determinano la condizione dell'uomo; ci si deve innanzitutto rappresentare due o più uomini *senza alcun legame*, e poi discutere su quali diritti e quali obblighi uno avrebbe di fronte all'altro senza aver ancora compiuto un'azione vincolante (*factum obligatorium*); per poter determinare in seguito quali nuovi obblighi e quali diritti producano tali azioni, e quali diritti e risorse avrebbe l'uomo in questo originario stato di natura per conservare il suo diritto e mettersi al sicuro dalle offese.

Nel noto illuminista, docente di diritto imperiale e naturale Johann Stephan Pütter[1], questo passaggio non viene però pensato con la stessa radicalità, quasi scientifico-naturale, dell'autore del *Leviatano*, la cui filosofia politica ricalcava metodologicamente il nuovo ideale scientifico geometrico-matematico – *more geometrico* – della fisica e dell'astronomia. Conformemente al modello di Galileo Galilei (1564-1642), che per primo unificò il modello risolutivo o analitico con quello compositivo o sintetico, anche Hobbes voleva scomporre i fenomeni sociali e politici nei loro elementi ultimi e penetrare nella loro connessione per conoscere da qui le leggi che governano l'intero e le condizioni della sua produzione, detto modernamente, per ricostruire gli oggetti[2]. Dal punto di vista della filosofia politica e del diritto, il punto saliente consiste nel fatto che, con questo individualismo «metodologico» contrapposto alla tradizione aristotelica, e cioè alla priorità logica della *polis* rispetto ai cittadini e del tutto rispetto alla parte, il singolo viene ora concepito come l'elemento originario nella vita della comunità umana e il tutto viene costruito come un rapporto di singoli. Lo Stato di natura cessa così di essere qualcosa di passato e superato, un modello genetico di spiegazione dell'esistente. Esso si trasforma in una possibilità sempre presente in modo latente dell'Altro dalla civilizzazione, si trasforma cioè nel suo abisso, rimanendo però al tempo stesso il suo fondamento e il suo sfondo. Infatti lo stato civile (*status civilis*) non viene più pensato come una condizione di cultura e pace qualitativamente nuova e più elevata, ma come uno stato che ottimizza la concorrenza tra le aspirazioni all'autoconservazione e a un maggior potere.

Nella prospettiva di questa dottrina dello Stato di natura c'è inoltre – e questo è il secondo punto fondamentale – solo *una* modalità di socializzazione e un'unica forma di rappresentanza: quella politica[3]. Manca qui sia il fondamento sia lo spazio per un'autonoma organizzazione ecclesiastica. La fisica pura della socializzazione non conosce alcun ambito autonomo dello spirito. Per questa ragione la figura del sovrano incisa sul frontespizio del *Leviatano* (*supra*, § 6, II), con la spada e il pastorale, tiene nelle proprie mani sia il segno del potere secolare sia il simbolo del potere spirituale. Quasi la metà dell'opera è dedicata al rifiuto di ogni rivendicazione teocratica di dominio, in particolare quella della Chiesa romana (parte IV, *Il regno delle tenebre*). Questo elemento e l'esorcizzazione della guerra di tutti contro tutti lasciano intravedere un nesso tra questa teoria e l'esperienza delle guerre civili confessionali in Inghilterra (1642-46, 1648-49). Ma di fatto, per la sua difesa della sovranità del re di fronte al Parlamento, già nel 1640 Hobbes si vide costretto alla fuga verso Parigi e già nel 1642 aveva pubblicato (anonima, ovviamente) la prima versione della sua dottrina dello Stato (*De cive*). Già in quest'opera, comunque, i più grandi contrasti politici chiariti a partire dalla violenza dei contrasti *spirituali*. Nessuna guerra sarebbe più feroce di quella combattuta fra i diversi partiti di *uno* Stato o fra le diverse sette di *una* religione (*De cive*, 1, 5). La guerra degli ugonotti in Francia (1562-98) e la prima fase della guerra dei Trent'anni in Germania (1618-35) avevano già da molto tempo e in modo convincente fornito il materiale di osservazione. Nulla è effettivamente più terribile di quando si combatte per verità assolute e principi ultimi, di quando si combatte in nome di una giustizia superiore e, di conseguenza, l'avversario viene stigmatizzato come un demonio e un criminale. Per questo, Hobbes voleva una volta per tutte togliere terreno alla lotta sugli articoli di fede: in questa vita anche i corpi dei credenti sono fatti di materia e sono mortali. Di conseguenza, in questa vita, al di sopra di uno Stato o di una religione non c'è alcun altro potere che quello terreno e temporale; perciò a nessun suddito è permesso diffondere una dottrina vietata da colui che è sovrano sullo Stato e sulla religione. «Questo governante deve essere unico; in caso contrario debbono necessariamente seguire, nello Stato, le fazioni e la guerra civile»[4].

Nondimeno, la filosofia politica e del diritto di Thomas Hobbes è qualcosa di più di una semplice reazione politica alle guerre civili confessionali seguite alla rottura religiosa causata dalla Riforma. Più profondamente questa filosofia riflette una rivoluzione scientifica (*infra*, § 23) e articola un sostanziale cambiamento di prospettiva (*in-*

fra, §§ 25 e 26). Hobbes inaugura un nuovo punto di partenza della riflessione sulla società, sul diritto e sull'ordine politico. Vengono poste qui le fondamenta della moderna concezione dello Stato. Qualcosa del genere oggi verrebbe chiamato, secondo la terminologia di Thomas S. Kuhn (*The Structure of Scientific Revolutions*, 1962), un «cambiamento di paradigma». Esso è più importante e durevole della stessa soluzione formulata da Hobbes. Del suo nucleo – la dottrina del contratto – abbiamo già discusso trattando delle diverse teorie della fondazione soggettiva della norma (*supra*, § 13, I). Che il *Leviatano* di Hobbes non sia facilmente riducibile a una ricetta politica dell'assolutismo contro le guerre di religione del tempo appare evidente per il carattere spiccatamente scientifico del modello teorico. Il sostanziale cambiamento di prospettiva che si compie nella diversa interpretazione dell'antica concezione dello Stato di natura trasforma il diritto in un prodotto dell'illimitata libertà umana e, al tempo stesso, nella sola barriera contro la sua autodistruzione. Il diritto ha così già alle proprie radici un carattere coattivo, che conferisce al suo concetto un rigore fino ad allora sconosciuto (*infra*, § 24, I). Per di più questo elemento coattivo del diritto non ottiene più la propria giustificazione dalla realizzazione di principi razionali intesi come comandamenti e divieti etici o morali, ma in modo assolutamente razionale rispetto allo scopo dal superamento degli orrori dello Stato di natura attraverso l'organizzazione del caos e il dominio delle regole (*infra*, § 24, II). Anche lo Stato di Hobbes è quindi uno «Stato di diritto», ma non perché, in forza di una concezione filosofica o teologica, fa valere l'ordinamento giusto e virtuoso, ma perché produce un ordinamento giuridico come costruzione di regole universalmente vincolanti: *authoritas, non veritas, facit legem* (*Leviatano*, cap. 26). Ma se è l'autorità della giurisdizione terrena dello Stato che fonda il diritto, e non la verità, la giustezza e la razionalità della norma, allora questa autorità deve appunto legittimarsi all'interno dell'orizzonte secolare secondo la logica dello Stato di natura; deve cioè legittimarsi a partire dai singoli, secondo la logica dell'individualismo metodologico. Questo individualismo dei soggetti che calcolano sovranamente il proprio utile è qualcosa di più e di diverso dal personalismo, vale a dire da quella attribuzione di significato, valore e protezione del singolo, quali sono state sviluppate dalla filosofia stoica, e poi praticate sulla medesima base dal diritto romano e coltivate con nuovo religioso ardore dal cristianesimo.

Da questo mutamento epocale emerge infine un nuovo concetto di legge orientato al futuro, che si appoggia sulla sua positività e sul suo carattere volontaristico. Infatti, quando non ci si attiene più alla venerazione di ciò che è antico, alla giustezza dei contenuti e all'obbligazione morale interiore che trasformano un principio in legge, ma all'autorità di un legislatore, allora va da sé che la sua volontà e la certezza della sua dichiarazione diventano i criteri determinanti. Ma ciò che si fonda unicamente sulla volontà di chi parla è un ordine: *legem esse imperatum* (*Leviatano*, cap. 25, 26). Abbiamo già parlato anche di questo, e precisamente in relazione alla cosiddetta teoria imperativa del diritto (*supra*, § 11, II), ma ci ritorneremo ancora una volta nel § 24, I.

§ 23. FISICA DELLA SOCIALIZZAZIONE

I. *La svolta copernicana e le leggi naturali della meccanica*

Nella prefazione alla seconda edizione della sua *Critica della ragion pura* (1787) Kant paragonò la sua rivoluzionaria acquisizione, secondo la quale l'oggetto della conoscenza come oggetto della percezione sensibile «si regola sulla natura della nostra facoltà intuitiva» e non il contrario, con la sostituzione dell'antico sistema geocentrico con uno eliocentrico nell'opera principale di Nicolò Copernico (1473-1543) *Sulla rivoluzione dei corpi celesti* (*De revolutionibus orbium coelestium*, 1543). Come tutti sanno, la spiegazione dei movimenti celesti migliorò quando Copernico, secondo le parole di Kant, sostituì al presupposto che «tutta la moltitudine degli astri rotasse intorno allo spettatore» un altro che «[facesse] girare l'osservatore, e [lasciasse] invece in riposo gli astri». Da allora si parla di una «rivoluzione copernicana» di Kant nella critica della conoscenza. Questo raffronto, che Kant mostra senza alcuna falsa modestia, doveva chiarire il valore fondamentale del suo nuovo cominciamento filosofico nella gnoseologia, ma indicava anche un certo nesso oggettivo. Infatti la rivoluzione di Copernico sposta l'uomo e la terra dal centro al margine e trasforma la gerarchia dell'ordine celeste, quale ognuno la poteva vedere raffigurata nel Giudizio Universale dipinto all'interno delle chiese, in uno spazio smisurato: «la distanza soleterra – dice Copernico – è, in relazione alla grandezze del firmamento, minore del raggio della terra rispetto alla distanza dal sole, e aggiungo inoltre che il rapporto con la grandezze del firmamento non è determinabile». Alla luce di una così diversa percezione di sé, l'uomo deve necessariamente ridefinire se stesso, il proprio posto e le proprie condizioni. Da una parte questa strada porta ai confini del mondo, letteralmente ai viaggi di esplorazione e, con l'aiuto della matematica, al tentativo di comprendere il cosmo come una struttura conforme alle leggi della meccanica; dall'altra parte, verso l'interno, porta all'autoriflessione, affinché si cerchi in essa il fondamento indubitabile di una conoscenza certa.

Lo scritto programmatico ed epocale di questa impresa fu il piccolo *Discorso sul metodo per ben dirigere la propria ragione e per cercare la verità nelle scienze* (*Discours de la méthode pour bien conduire sa raison et chercher la vérité dans les sciences*, 1637) di René Descartes (1596-1650). Contro l'attività scientifica del proprio tempo, contro le mere «scienze libresche», cioè contro tutte le infinite e infruttuose discussioni sui principi dottrinali delle autorità – non solo su questioni dello spirito, ma anche sul mondo in cui viviamo –, egli affermò quattro semplici regole: 1) considerare vero solo ciò che si conosce in modo chiaro e distinto, in modo tale che non si possa dubitare; 2) dividere ogni problema in fattispecie particolari; 3) conoscere o ricostruire la connessione delle fattispecie particolari e chiarire quindi per gradi prima le più semplici e poi quelle di volta in volta più complesse; 4) essere sicuri, per mezzo di rassegne complete, di non aver omesso alcun problema. La prima regola comprende il principio del dubbio metodico su ogni singola cosa, principio per il quale Cartesio è diventato particolarmente famoso. Con questo non si intendeva una forma di scepsi, una disperazione sulla conoscibilità del mondo, ma un metodo che al contrario doveva portare a una conoscenza certa in modo indubitabile. Infatti, mentre cerco di pensare che tutte le mie rappresentazioni delle cose sono false, devo necessariamente constatare che io, che penso questo, «devo essere qualche cosa». Perciò la frase «io penso, dunque io sono» (*ego cogito, ergo sum, sive existo*) è la prima, indubitabile, fondamentale verità. «Ne argomentai», proseguì Cartesio, «che io ero una sostanza la cui essenza (*essence*) o natura consiste nel pensare». A uno sguardo retrospettivo, ciò che allora fu assolutamente rivoluzionario potrebbe apparire poca cosa. Già nella rinuncia di Cartesio a citare le autorità riconosciute c'era una provocazione. E la pretesa di raggiungere verità indubitabili a partire dalla ragione dell'io pensante invece di prendere parte alle infinite controversie sui principi dottrinali rendeva la cosa pericolosa. Le autorità dottrinali e i principi contro i quali se la prendeva Cartesio erano infatti quelli della tradizione aristotelica e tomista patrocinate dal magistero della Chiesa cattolica. E il suo potere indiretto era molto esteso. Ancora nel 1624 la corte (*Parlement*) di Parigi aveva vietato, sotto pena di morte, di «sostenere o insegnare qualche principio contrario agli antichi autori approvati, oppure organizzare dispute diverse da quelle approvate dai dottori della Sorbona», l'Università di Parigi. E benché Cartesio avesse soltanto l'intenzione di riformare la dottrina cattolica dall'interno, aveva comunque preferito ripiegare per precauzione nei ben più liberi Paesi Bassi. Egli non visse fino a vedere la sua dottrina condannata dalla Chiesa romana (1663) – una procedura, questa, allora abituale nel caso delle innovazioni e che, come una sorta di invito alla lettura per chi aveva degli interessi scientifici, ne favoriva alla fin fine il successo.

La filosofia cartesiana dell'io-coscienza con le sue idee innate (*ideae innatae*) ha portato a una nuova divisione del mondo. Se Platone l'aveva diviso nel mondo inautentico dei fenomeni incerti e nella vera e autentica realtà delle idee eterne, con Cartesio di fronte alla *res cogitans*, all'anima e alla coscienza pensante, compaiono le *res extensae*, i corpi del mondo esterno conoscibili empiricamente, che non vengono più definiti a partire dal loro senso immanente, da un fine intrinseco o da un principio spirituale, ma solo per mezzo delle loro dimensioni e dei loro movimenti. Nella prefazione all'edizione francese dei suoi *Principi della filosofia*, Cartesio, dieci anni più tardi (1647), ha descritto il proprio ragionamento ancora una volta in modo conciso e preciso: dall'esistenza della coscienza pensante e dei suoi contenuti – innanzitutto dell'idea di un'essenza perfetta, di Dio, del creatore di tutto e del garante di una conoscenza certa di tutto ciò che è compreso in modo chiaro e preciso dall'intelletto – egli dedusse «molto chiaramente le cose corporee o fisiche, ossia che ci sono corpi estesi in lunghezza, larghezza e profondità, che hanno diverse figure e si muovono in modi diversi»[5]. Per quanto riguarda la sua corporeità ciò vale, d'altra parte, anche per l'uomo. Cartesio ha così fondato la versione moderna del problema quasi inesauribile del rapporto tra anima e corpo e ha posto la questione relativa al rap-

porto tra spirito e materia, coscienza e fatti corporali. A lui stesso l'u-
nità umana di *res cogitans* e *res extensa*, di «esterno» e «interno», di
soggetto e oggetto sembrava costituire il fondamento della possibilità di una spiegazione unitaria dell'intera connessione del reale a
partire dalla meccanica dei movimenti e degli effetti dei corpi inor-
ganici. Questa concezione meccanicistica della sua teoria corpusco-
lare lo accomuna a Hobbes: entrambi fondano il loro pensiero sulla
nuova domanda scientifica galileiana relativa al «come» misurabile
dei processi naturali invece che al «che cosa» della loro essenza e al
«perché» del loro accadere. L'idea moderna dell'uguaglianza davanti alla legge appare in Galileo innanzitutto come l'idea di una sostanziale uguaglianza di tutte le figure del movimento davanti alla
legge naturale. Afferma ironicamente il grande pisano che egli non
ha studiato il registro nobiliare delle figure geometriche (*Opera*, 4,
319), esprimendo con ciò il suo rifiuto verso il pensiero tradizionale, che attribuiva differenti gradi di perfezione alle figure del movimento meccanico, come ad esempio al circolo e all'ellissi. Come i nu-
meri – si pensi solo alla simbolica del tre e del quattro –, anche le figure geometriche erano infatti espressione di un'armonia universale
e quindi rappresentanti qualità magiche ed etiche[6]. Galileo dissolse
invece quei movimenti in sé conchiusi, come l'orbita circolare, in
una componente spaziale e una temporale e, secondo una regola fissa, associò a ogni punto del percorso un determinato punto della linea temporale.

Ma per quanto la concezione meccanicistica, la fede in un metodo scientifico universale e la profonda avversione verso la pratica
scientifica degli scolastici accomunassero Cartesio a Hobbes, essi
erano però molto diversi. Da una parte c'era l'empirista inglese edu-
cato in modo puritano e di incerta fede cristiana, l'assolutista avve-
duto, il precettore dei nobili che teneva in gran conto gli antichi poeti e gli storici, soprattutto Tucidide; dall'altra parte c'era il cavalle-
resco razionalista francese con la sua dottrina delle idee innate, il de-
voto allievo dei gesuiti, il giurista e il soldato nemico della storia che
rifletteva continuamente sul miglioramento pratico della vita attraverso la scienza e che, consapevole di avere una missione, si rappresentava come un ribelle cattolico, anch'egli sicuramente prudente,
ma certo più liberale e in ogni caso maggiormente convinto dell'idea
del progresso. Tormentati da una certa invidia, i due non avevano alcuna simpatia reciproca.

II. *La meccanica sociale: mercato e concorrenza*

Abbiamo così tratteggiato il nuovo orizzonte di esperienza all'interno del quale muta il significato attribuito al diritto e si trasforma radicalmente ciò che si intende con il nome, rimasto invariato, di diritto naturale. Diversamente da Cartesio, Hobbes ha infatti cercato di applicare la filosofia meccanicistica anche ai fenomeni morali, sociali e politici. Certo non c'è uno stringente nesso deduttivo, anche se la successione delle sue opere – *De corpore, De homine, De cive* – suggerisce una consequenzialità logica. L'atteggiamento filosofico fondamentale è però lo stesso. Egli respinge così non solo l'affermazione cartesiana di una seconda sostanza, quella pensante, ma anche l'accettazione di principi o norme morali che non siano mere regole strumentali al raggiungimento dei beni desiderati. Infatti, secondo Hobbes, l'uomo può distinguere tra ciò che è buono o cattivo solo conformemente a ciò che egli desidera o rifugge. E questi sono per lui dei movimenti meccanici, sui quali qualcosa di incorporeo come la coscienza pensante non può assolutamente incidere. *La volontà non è dunque nient'altro che «l'ultimo appetito nel deliberare»* (*Leviatano*, cap. 6). I desideri degli uomini sono sempre rivolti a una vita piacevole e alla sicurezza (*Leviatano*, cap. 11), cioè fondamentalmente all'autoconservazione e, se possibile, al piacere (*Leviatano*, cap. 13). Ciò non significa certo che per Hobbes non ci siano assolutamente norme morali. Solo che queste *leges naturales*, come abbiamo già visto, non sono nient'altro che regole di calcolo, le quali, conformemente alla meccanica dei desideri, sono al servizio di ciò che gli uomini ritengono essere i loro interessi.

Il valore di ogni cosa – l'uomo compreso – consiste dunque unicamente nel prezzo che altri sono disposti a pagare, in relazione al loro bisogno e alla loro valutazione, come ad esempio per il servizio di un abile condottiero o di un bravo e incorruttibile giudice (*Leviatano*, cap. 10). Ma il bisogno e la valutazione del prezzo variano secondo natura. In guerra sono diversi che in pace. Questa tesi contiene una rivoluzionaria teoria dei prezzi e rovescia la dottrina aristotelica della giustizia distributiva[7]. Hobbes sembra fare dell'ironia sulla protesta dei lavoratori della vigna quando schernisce: «Come se fosse ingiustizia [...] dare a un uomo più di quanto meriti» (*Leviatano*, cap. 15). Non si calcola più il prezzo di una merce in base al lavoro investito o comunque secondo un criterio di giustizia, ma conformemente al meccanismo della domanda e dell'offerta. E questo principio vale per ogni bene, non solo per quelli materiali. Riguarda in particolar modo il lavoro, che «è una merce scambiabile con altri beni, alla stregua di ogni altra cosa» (*Leviatano*, cap. 24)[8]. In secondo luogo, la teoria non riconosce più alcuna rigida gerarchia sociale determinata dalla natura che fornisca il criterio delle valutazioni pubbliche. Anche qui è decisiva l'offerta di servizio da una parte e i bisogni e la valutazione del prezzo dall'altra. Anche qui «il prezzo non è determinato dal venditore ma dal compratore. Quand'anche, infatti, una persona (come, del resto, la maggior parte) stimi se stessa al più alto valore possibile, tuttavia il suo vero valore non supererà quello stimato dagli altri» (*Leviatano*, cap. 10). Il principio che determina la distribuzione dei beni è perciò il meccanismo del mercato, che non conosce alcuna differenza di ceto. Come tutti sanno, il re vende e compra sul mercato secondo le stesse regole dell'artigiano – supposto che il mercato sia libero. La «naturale» attività del mercato, della teoria hobbesiana, presuppone quindi una situazione di mercato ideale, nella quale nessun monopolista impone i prezzi (ciò che Hobbes critica nel cap. 22) e dove gli interessati si attengono alle regole dello scambio, senza prendere con la violenza ciò che desiderano. Riemerge qui il problema dello Stato di natura: il meccanismo naturale degli appetiti funziona in modo ottimale solo attraverso disposizioni protettive artificiali. È necessario ciò che nel XIX secolo fu chiamato lo Stato liberale «guardiano notturno», cioè un sistema politico che garantisce la sicurezze di persone e proprietà e assicura il rispetto delle regole di mercato.

Questa predominante impressione di liberalità dello Stato di diritto ha portato a una grossa discussione sul «carattere borghese» della filosofia politica del filosofo di Malmesbury. Si tratta della questione se la teoria assolutistica del potere sovrano, secondo quanto risulta dai suoi elementi meccanicistici e dalla conseguente teoria del mercato, non fosse nel suo nocciolo la teoria di una primitiva società borghese improntata a una mentalità commerciale. In tal caso, il preteso realista Hobbes, nel suo *bellum omium contra omnes*, avrebbe senza dubbio dimenticato la coesione di classe di una borghesia con interessi omogenei. Altri perseverano perciò nella più vecchia idea, già sostenuta da Cartesio, secondo la quale le acquisizioni meccanicistiche sulla natura umana sarebbero superflue per l'autentica dottrina politica di Hobbes (e quindi quest'ultima, a sua volta, non var-

rebbe per la società di mercato). Hobbes si sarebbe allora significa-
tivamente sbagliato sul senso della propria opera. Né l'una né l'altra
concezione sembrano perciò essere del tutto corrette. Entrambe tra-
scurano il carattere innovativo della sua costruzione di un modello
scientifico. Relativamente ad essa Hobbes ha fondato la necessità di
un superiore potere coattivo dello Stato per mezzo di una situazione conflittuale di concorrenza generata dalla ricerca dell'utile individuale, dalla sete di gloria e dal sospetto reciproco, una situazione
di partenza che nelle conseguenze ultime porta alla guerra di tutti
contro tutti (*Leviatano*, cap. 13; cfr. *supra*, § 22). Ammettendo che la
scarsità dei beni sia una condizione tacita fondamentale della concorrenza, la conclusione di Hobbes non è di fatto cogente. Infatti
una tale mancanza potrebbe anche portare all'associazione di gruppi che difendono dagli altri gruppi i beni desiderati, senza però aver
bisogno di un potere statuale. Certo nel capitolo 17 Hobbes motiva
ulteriormente le conseguenze suicide dello Stato di natura e la necessità di un potere coattivo dello Stato. Conformemente alla concezione già espressa nel *De cive* (capp. 1 e 5, cfr. *supra*, § 22), secondo cui i contrasti *spirituali* sarebbero i peggiori e i più pericolosi,
Hobbes spiega qui, in modo solo apparentemente paradossale, che
la causa principale di «disordini e guerre civili» risiederebbe nella
natura specifica della ragione umana[9]. Questo argomento deriva ovviamente dal meccanicismo hobbesiano, che comprende la psicologia e, d'altra parte, si addice male all'omogeneità di interessi della
borghesia e alla sua concezione razionale del mondo. Infatti «ragione» in questo contesto significa, conseguentemente alle sue premesse teoriche in un senso puramente strumentale, il giudizio di ogni
singolo su ciò che è utile a sé e alla generalità. La ragione è dunque
sempre qualcosa di individuale. Non esiste una ragione comune. Secondo questa concezione, in ogni questione relativa al bene e al giusto è pensabile una sola forma di accordo «ragionevole»: quello attraverso il contratto, che non è qualcosa di naturale ma di artificiale
(*Leviatano*, cap. 17). Se dunque nella legge di natura sembra escluso un accordo naturale sulle concezioni del bene, del giusto, del vero e del buono oltre la cosiddetta regola aurea (*Leviatano*, cap. 26),
di fatto, per bloccare le conseguenze mortali della prepotenza individuale, tutte le questioni in sospeso devono essere decise attraverso la legge di un'autorità stabilita contrattualmente e fondata sul-
l'accordo degli interessi individuali.

È in ogni caso assodato che Hobbes sviluppa la sua dottrina dello Stato e del diritto a partire da un modello sociale di conflitto e concorrenza. Si tratta di una sostanziale negazione del tradizionale modello di armonia sociale costituito da testa e membra, ceti naturali e ordinamenti gerarchici statici nei quali ognuno ha il proprio posto determinato per nascita o disposizione naturale. Dopo questo rovesciamento, le dottrine filosofiche del diritto e dello Stato – anche quelle degli avversari del *Leviatano* – saranno ricostruzioni di tipo essenzialmente diverso.

§ 24. LA PACE PER MEZZO DI UNA LEGISLAZIONE AUTORITARIA: SICUREZZA INVECE DI GIUSTIZIA

I. *La riduzione hobbesiana di tutto il diritto a «leggi civili»: il tentativo giuspositivistico di una negazione della differenza nomologica*

Originariamente, come abbiamo appreso da Hobbes (*supra*, § 22), c'è solo il diritto soggettivo di ognuno a tutto, o più precisamente c'è solo la libertà di ognuno a provvedere con tutti i suoi mezzi alla propria autoconservazione. Contemporaneamente però i suoi interessi, certe inclinazioni e regole di prudenza (leggi di natura) spingerebbero l'uomo anche a un accordo pacifico. È certo che solo nello stato civile, vale a dire sotto il potere coattivo dello Stato, esisterebbero regole fisse che rendono possibile distinguere il diritto dall'ingiustizia, ciò che è contrario alla regola e ciò che invece le è conforme. Queste regole sono, secondo Hobbes, i comandi della singola persona o dell'assemblea che agisce in nome dello Stato: sono, in breve, i comandi del sovrano. Solo questi comandi possiederebbero la qualità di leggi reali e sarebbero, per la loro origine, leggi civili (*Leviatano*, cap. 26). Per dimostrare la loro illimitata irresistibilità sotto ogni aspetto, Hobbes descrive nei minimi particolari il carattere coattivo di queste che sono le uniche leggi reali. A questo scopo, Hobbes sostiene innanzitutto il carattere esclusivo (*Leviatano*, cap. 26, nn. 1 e 3) e l'indivisibilità (n. 6) della creazione statale del diritto e stabilisce chiaramente che nessuno può richiamarsi alla legge contro il sovrano. Infatti chi comanda non è vincolato ai propri comandi. Altrimenti ci dovrebbe essere qualcuno di superiore che decide sulla contraddizione e il sovrano cesserebbe così di essere sovrano. Hobbes formula il principio fondamentale dell'assolutismo (segnando così al tempo stesso l'originario vizio politico della cosiddetta teoria imperativa del diritto, cfr. *supra*, § 11, II): il sovrano non è soggetto alle leggi civili (n. 2), è *legibus absolutus*. Hobbes è ancora lontano da ogni teoria illuminista e dello Stato di diritto sul limite immanente al potere statale fondato su leggi *universali* (*infra*, § 26); egli – come più di recente Kelsen – insiste sul fatto che le leggi possono essere sia generali che individuali e che le sentenze del giudice, in forza dell'autorità della legge che vi sta alla base, sono una legge per le parti in causa.

Questa è la base del primo tentativo storico di impedire sistematicamente, per la sicurezza della pace, a tutte le Antigoni e a tutti gli anti-assolutisti il richiamo a comandamenti divini (3), alla legge di natura (2) o della ragione (1) contro la giustezza, la validità e il carattere vincolante delle leggi statali.

(1) Hobbes se la prende innanzitutto con i giuristi (nn. 7 e 8), specialmente con il magistrato Sir Edward Coke, difensore dei diritti del Parlamento contro le tendenze assolutistiche degli Stuart e autore della celebre *Petition of right* del 1628. Le leggi, sostengono i giuristi, devono essere conformi alla ragione. Giusto, dice Hobbes, e aggiunge in modo secco: ma alla ragione di chi? Con ciò non si può intendere né la ragione di un qualsiasi uomo privato né la competenza di una scuola dei giuristi. Quando Sir Edward rivendica a sé «una ragione artificialmente affinata con lunghi studi, osservazioni ed esperienze», egli disconosce che lunghi studi possono accrescere e rafforzare giudizi erronei. «Quando si costruisce su false fondamenta, più grande è la costruzione, maggiore è la rovina». Determinante sarebbe invece solo la ragione di chi impersonifica lo Stato, poiché le leggi non sarebbero nient'altro che i suoi comandi. E poiché il sovrano è solo *una* persona, è «difficile che sorgano contraddizioni fra le leggi». Ma dove ciò accadesse, esse sono regolate proprio attraverso questa ragione del legislatore. Così pure nel caso in cui il sovrano stesso cambiasse o desse l'autentica interpretazione dei suoi comandi. Per il resto, il giudice dovrebbe sempre risalire alle ragioni che indussero il sovrano a emanare la legge, per conoscere a partire da qui la sua intenzione. Con questo metodo dell'interpretazione storico-soggettiva, che nel senso della teoria imperativa è tanto conseguente quanto oggettivamente insufficiente, Hobbes vuole an-

che risolvere in una mossa arrischiata ogni problema relativo a lacune ed equità. In dubbio sarebbe proprio la volontà del sovrano se si debba giudicare secondo equità oppure secondo la natura della cosa. E il giudice sarebbe invitato dal sovrano a decidere nella controversia con forza di legge che cosa è conforme a questi criteri.

(2) Più difficile è in Hobbes il rapporto tra diritto naturale e legge statale. Infatti non porta molto lontano la sua affermazione che le leggi naturali – non «propriamente» leggi ma solo moventi per stipulare la pace e conservarla – diventerebbero, con l'istituzione dello Stato, comandi del sovrano, quindi leggi reali (n. 4), che coinciderebbero così con le leggi civili. A prima vista la cosa sembra semplice: le leggi naturali e quelle civili sono solo le due facce di una medaglia. «La legge di natura e la legge civile si contengono reciprocamente e sono di pari estensione». Ciò che sempre spinge gli uomini a stipulare la pace, ma che nello Stato di natura ha un significato discutibile e incerto – come equità, giustizia, virtù –, acquista con l'istituzione dello Stato un'evidenza incontestabile poiché la corrispondente definizione legale assume il carattere ·di un comando coattivo. Scaturendo dalle inclinazioni naturali, il dovere non scritto di obbedire alla legge scritta, la quale, come garante della stessa sicurezza desiderata in modo naturale, è anche «parte dei dettami della natura», diviene un ordinamento. E per quanto riguarda il diritto naturale di ognuno a tutto, lo scopo naturale della legge sarebbe in un certo qual modo quello di ostacolare attraverso la limitazione della libertà naturale del singolo la sua autodistruzione, di istituire uno stato di pace e di organizzare la sua conservazione e la sua difesa. In breve, si tratterebbe di ottimizzare lo stato di libertà naturale.

Ciò che qui Hobbes, alla fine del capitolo, tocca solo in modo occasionale, con il riferimento ai bisogni di difesa dello Stato, rappresenta però il vero problema, e cioè se è ovvio che la legislazione statale ecceda, in misura più o meno cospicua, il mero impedimento dello scontro, della violenza tra i cittadini e la regolazione dei loro conflitti. Già gli oneri legati all'organizzazione della difesa nazionale fino a quelli del servizio militare obbligatorio non possono più essere compresi come il mero sanzionamento delle inclinazioni naturali. Il sovrano inoltre, per la conservazione dell'ordine statale, può dichiararne necessari molti di più. Si può parlare di eguale estensione tra leggi naturali e leggi civili? Qualora il singolo venga obbligato a rischiare la propria vita o in quanto delinquente debba addirittura morire per ordine del sovrano, allora anche la tesi dell'ottimizzazione della libertà naturale per mezzo delle leggi statali non convince più molto. Restano al riguardo solo tre casi: l'assunto dell'obbligo di tutti alla difesa dello Stato a partire dallo scopo del contratto originario (*Leviatano*, cap. 21); il riconoscimento che il meccanismo dell'autoconservazione provocato dalla paura della morte dileggia ogni obbligo giuridico (*De cive*, cap. 2, n. 18; cap. 6, nn. 13 e 14); il divieto, fondato di nuovo a partire dallo scopo del contratto, di praticare la resistenza verso lo Stato in favore di un condannato – sia esso innocente o meno (*Leviatano*, cap. 21). Alla fine Hobbes ricorre a una riformulazione. A partire dall'affermazione della corrispondenza tra leggi naturali e civili, la tesi è che il sovrano può fare qualsiasi legge che non *contraddica* la legge della natura (*Leviatano*, cap. 26). Ma se una tale contraddizione sussista, può chiaramente deciderlo solo lo stesso sovrano.

(3) Infine, nessuno può mettere in campo contro le leggi civili i comandamenti divini. Infatti quali siano i comandi divini viene determinato sempre e ovunque dallo Stato (*Leviatano*, cap. 26). E lo Stato richiede certo a questo riguardo solo ubbidienza, non fede. Per gli Stati cristiani e i cittadini cristiani vale particolarmente quanto segue: per la salvezza sono sufficienti due virtù, la fede in Cristo e l'obbedienza alle leggi civili (*Leviatano*, cap. 43). Poiché la redenzione non presuppone ulteriori articoli di fede, un contrasto su tali argomenti è una ribellione politica non giustificata. Da questa situazione – e cioè, detto chiaramente, dalle guerre civili confessionali – non può quindi sorgere alcun vero martire. Solo la morte per l'unico articolo di fede, cioè che Gesù è il Cristo, assicura il nome onorevole del martirio (*Leviatano*, cap. 42). Non è perciò difficile conciliare l'obbedienza a Dio con l'obbedienza verso il sovrano civile. Hobbes argomenta come segue (*Leviatano*, cap. 43): se il sovrano è cristiano, egli permette di credere al dogma centrale e a tutto ciò che ne segue. Quand'anche il monarca dovesse derivare da questo articolo di fede alcune false conseguenze o dovesse anche vietare a un suddito di professare le sue opinioni al riguardo, non ci sarebbe però alcun giudice al di sopra del sovrano e, del resto, ciò non toccherebbe il vero nucleo della fede. Se il sovrano civile invece è un non credente, un suddito che facesse resistenza commetterebbe peccato contro la legge divina quanto contro la legge naturale, le quali obbligano a obbedire all'autorità. La fede interiore e invisibile non c'entra con tut-

to ciò. I sudditi non sono obbligati a esporsi al pericolo a causa sua. Ma se lo fanno, devono attendere la loro ricompensa in cielo e non lamentarsi del loro sovrano. «Infatti, chi non si rallegra per ogni giusta occasione di martirio, non possiede la fede che professa, ma pretende solo di averla, per fornire un pretesto alla propria ribellione» (*Leviatano*, cap. 43).

II. *Monopolio della violenza del potere statale omogeneo*

Quando Hobbes interpreta le leggi dello Stato come ordini di chi detiene l'autorità suprema, è sempre già presupposto il dovere all'obbedienza dei destinatari (*Leviatano*, cap. 36). Il dovere di obbedire al sovrano come a un comandante militare segue dalla delega di poteri a lui fatta secondo contratto. Quest'ultima trasforma teoricamente tutti i sudditi in autori dei decreti del sovrano, che incorpora lo Stato così fondato. Abbiamo già parlato di questa costruzione in un altro contesto (*supra*, § 13, I). I suoi problemi particolari, che sono racchiusi nel tentativo di risolvere i paradossi della deduzione logica della pace giuridica dalla guerra di tutti contro tutti, si possono qui trascurare[10]. Ma dobbiamo ancora brevemente occuparci di quello che, secondo la visione attuale, è il punto centrale, non tanto perché nell'analisi dell'opera ha ottenuto il peso maggiore, ma perché la sua prospettiva eccede il contesto storico. Esso si ricava dal carattere insufficiente della soluzione data alla questione centrale: in che cosa Hobbes vedeva fondata la durevolezza della sua costruzione individualistica del contratto di fronte al potere dei gruppi di interesse? Abbiamo già incontrato questo problema in un'altra forma, vale a dire nella questione relativa alla coerenza dei presupposti della sua costruzione (*supra*, § 23, II): se infatti si intende la condizione di partenza come una situazione di scarsità di beni, gli inevitabili contrasti portano di fatto piuttosto alla formazione di gruppi di interesse che a una guerra di tutti contro tutti. Questa concezione della guerra si darebbe dunque solo nell'esplicita (ma non priva di contraddizioni) supposizione hobbesiana che gli individui siano costituzionalmente incapaci, indipendentemente dai loro interessi individuali, di raggiungere su dei principi spirituali un accordo politicamente stabile e quindi intrinsecamente fondante un ordine, anche se lottano sotto costrizione incessantemente per questo.

La questione è dunque che cosa assicuri l'autorità del sovrano e come egli possa mantenere sotto il proprio potere tutti i sudditi. La risposta sembra semplice: la fondazione e la perpetuazione di un monopolio del potere del principe scaturiscono dalla paura che ciascuno ha dello Stato di natura e dalla convinzione generale che, per gli interessi di ciascuno, è meglio se solo uno esercita la coazione. Questo dominio può però portare nuovamente all'insoddisfazione. Ma fintantoché il numero di quelli che vogliono dei cambiamenti non è spaventosamente alto, ogni singolo temerà il rischio (di guerra) dovuto a un cambiamento di autorità. Il presupposto di un tale calcolo è costituito dalla supposizione che le forze di attrazione e repulsione tra i singoli individui siano talmente simili che nessuno dispone per natura di una tale superiorità di forza da minacciare gli altri. Si deve inoltre supporre che questo presupposto basilare, adeguatamente sottolineato da Hobbes (_Leviatano_, cap. 13), si mantenga anche nello _status civilis_. Ma se si considera che la società è composta da gruppi, classi o strati sociali che, per quanto riguarda i loro interessi e le loro forze, sono molto diversi e che da un lato possono stare assieme meglio e più facilmente non uniti in gruppi, e dall'altro possono costituire un maggiore potenziale di minaccia e sono per di più in grado di esercitare una maggiore influenza nello Stato, allora, date queste premesse, muterebbero completamente i presupposti del calcolo per gli individui. Per gli uni il contratto statale diverrebbe privo di interesse, in quanto esso ridurrebbe la superiorità naturale del loro gruppo, per gli altri diverrebbe addirittura svantaggioso, poiché comporterebbe un'ulteriore diminuzione delle loro possibilità di affermarsi e un consolidamento delle situazioni di subordinazione e sfruttamento[11].

Se dunque Hobbes insisteva sulle sue premesse teoriche, nonostante la conoscenza dei dislivelli di potere economico esistenti nella società inglese del suo tempo, era forse perché riteneva pericolose altre posizioni presenti nei raggruppamenti politici del Parlamento. In ogni caso, in questo contesto, la sua teoria appare come una presa di posizione politica a favore dell'assolutismo (e la tesi evidentemente controfattuale di una capacità di minaccia fondamentalmente eguale di ciascuno assume, in queste circostanze, i tratti normativi di un postulato dell'eguale libertà di tutti). Che vi sia una decisione politica prima ancora di una deduzione teorica lo conferma il fatto che Hobbes, nel capitolo 18, ha attribuito al suo sovrano tutte le qualità del dominio assoluto (inamovibilità, irresponsabilità ecc.) e ha chiamato il suo Stato «Leviatano». Infatti con il nome di questo mostro marino biblico tratto dal libro di Giobbe egli raffigura lo Stato come un dio mortale (*Mortall God*), dotato di una potenza che sulla terra nessuno può eguagliare (Giobbe, 41, 25). E questo nonostante la costruzione del contratto sembrasse in un primo momento avere come esito solo l'istituzione di un re giudice dotato del monopolio del potere e in grado di garantire la pace e la sicurezza (*Leviatano*, cap. 17). Questa impostazione avrebbe addirittura ammesso la clausola restrittiva di diritti individuali, così com'è stata successivamente elaborata da John Locke. Segue invece la proclamazione della divinità terrena di un dominio illimitato. Ciò che in relazione alla reale struttura della società sembra essere uno scarso senso della realtà ha un contenuto normativo. In quanto questa dottrina della sovranità toglie ogni autonomia a tutti gli altri poteri, delegittima anche quelli che a partire da Montesquieu si definiscono «poteri intermedi». Chiunque nello Stato rivendichi la facoltà di comando, la deve dedurre dal sovrano. Hobbes dichiara perciò espressamente che tutti i raggruppamenti di parenti, i partiti religiosi e le organizzazioni corporative per diritto di nascita sono illegittime (*Leviatano*, cap. 22). Deve essere addirittura vietato che un privato abbia più persone di servizio di quante gliene siano necessarie per i suoi affari economici. L'associazione privata ha la libertà e solo la libertà che la legge le concede. Allo stesso principio politico si rifà l'esclusione di ogni diritto di resistenza, dal quale hanno preso inizio tutte le guerre civili confessionali. L'insubordinazione e le sollevazioni contro il sovrano restano certamente pensabili, ma non rappresentano che delle ricadute nello Stato di natura. Per esse vale il diritto di guerra. All'interno dello Stato non c'è però alcun titolo giuridico che invalidi un ordine del sovrano e permetta di esercitare la resistenza. E se qualcuno, per paura della morte, infrange i propri doveri o si ribella? Allora non lo si può certo rimproverare, come abbiamo già detto, ma ciò non mette in discussione il carattere vincolante del comando statale. In ogni caso, tutti gli altri devono ubbidire. A nessuno è permesso – e questo è il punto saliente – solidarizzare di diritto con chi oppone resistenza, anche se il condannato è innocente. Viene così esclusa ogni strumentalizzazione politica di un motivato rifiuto all'obbedienza. Nel *De cive* (cap. 2, n. 18) Hobbes aveva scritto chiaramente: al fine dello Stato è sufficiente che «nessun cittadino difenda gli altri [i condannati]».

Il significato teorico duraturo di questa filosofia politica risiede proprio là dove, secondo la prospettiva degli interpreti moderni, essa fraintende la realtà socio-economica. Qui infatti non viene solo fondato il monopolio del potere dello Stato moderno – e il «monopolio della coercizione fisica legittima» (Max Weber) –, ma anche la concezione dell'omogeneità e dell'unitarietà del potere statale già illustrata e impressa nel frontespizio del *Leviatano*. La concezione che il potere dello Stato sia unico e che derivi da una base di elementi omogenei perdura nella dottrina democratica del popolo come «supporto» del potere statale, intendendo con esso l'unità di un'egualitaria cittadinanza attiva. Il senso di questa rappresentazione di unità diventa particolarmente chiaro nel momento in cui i moderni sviluppi dei sistemi politici la superano nella loro grande varietà strutturale. Se la gerarchia si è indebolita in quanto principio organizzativo, il potere statale minaccia di sfilacciarsi sia nell'amministrazione della cooperazione sia nelle interdipendenze internazionali e sovranazionali e il diritto statale minaccia di perdere la sua unità sistematica[12]. Qui più d'uno cerca riparo in un modello dello Stato omogeneo e decisionistico di tipo hobbesiano. Molti, gli economisti innanzitutto, seguono d'altra parte ancora l'idea rivoluzionaria di Hobbes che gli interessi della totalità, il «bene comune», si possano derivare esclusivamente dagli interessi privati degli individui.

Capitolo secondo

La fiaccola di Prometeo:
pace attraverso il progresso
e libertà individuale invece di giustizia

§ 25. IL DIRITTO A PARTIRE DALL'AUTORIFLESSIONE
IN UNA NUOVA PROSPETTIVA TEMPORALE

I. *Pace dalla libertà attraverso il progresso*

Quando apparve la dottrina dello Stato e del diritto di Hobbes, il *De cive*, pubblicato anonimo nel 1642 dall'esilio parigino, l'opera venne attribuita da uno scienziato francese all'autore del *Discorso sul metodo* del 1637, cioè a Cartesio. Ma questi, dallo stile dell'argomentazione, riconobbe Hobbes come il suo autore e criticò, come detto, il suo carattere scarsamente convincente da un punto di vista oggettivo. La nuova concezione scientifica fu certamente un criterio decisivo nell'attribuzione a Cartesio. I due pionieri della modernità erano infatti molto simili per quanto riguardava il rifiuto della vecchia prassi scientifica scolastica. Ma c'erano anche qui accenti diversi. Hobbes voleva far cessare i disordini politici letali che nascevano dalle pretese di dominio dei diversi principi dottrinali delle chiese. Il mezzo adottato consisteva nella delegittimazione delle vecchie autorità scientifiche attraverso una nuova scienza operante *more geometrico*, la privatizzazione della sfera religiosa e la «divinizzazione» del potere repressivo dello Stato. Cartesio lottò invece maggiormente contro l'ostacolo al progresso scientifico costituito dal magistero della Chiesa cattolica e dalla sua filosofia aristotelica. Nella sua *Vita di Galileo* Bertolt Brecht ha delineato un quadro vivace di questo rigoroso blocco. La fisica scolastica lavorava con una combinazione, oggi alquanto curiosa, di elementi autonomi, sostanze, forme, quantità, qualità e relative relazioni che venivano spiegate con grande sottigliezza. C'era così una qualche spiegazione per ogni fenomeno, ma nulla da cui si fossero potute trarre delle conseguenze durevoli o dedurre delle applicazioni pratiche. Cartesio convince di contro con la verità della semplicità. Anche se in questa forma è ormai superata, è stata questa verità a porre le basi per un tale superamento. Cartesio ridusse l'enormità dei concetti scolastici a due sole determinazioni indissolubilmente legate alla sostanza estesa (*res extensa*): forma e movimento. Ciò doveva essere sufficiente per spiegare tutti i fenomeni naturali[13]. Non si trattava però solo della conseguenza della semplificazione. Su queste basi si poteva piuttosto costruire un modello meccanicistico del mondo che rendeva possibili ulteriori conclusioni e che portava alla costruzione di macchine, della qual cosa la fisica scolastica era stata assolutamente incapace. Già nel suo *Discorso sul metodo* Cartesio aveva scritto riguardo al vantaggio della sua concezione della fisica:

> Questi concetti mi hanno mostrato che è possibile giungere a conoscenze utilissime alla vita e che, in luogo di quella filosofia speculativa che si insegna nelle scuole, se ne può trovare una pratica, per mezzo della quale, conoscendo la forza e le azioni del fuoco, dell'acqua, dell'aria, degli astri, dei cieli e di tutti gli altri corpi che ci circondano, in un modo egualmente distinto che conosciamo i diversi ordigni dei nostri artigiani, noi potremmo impiegarli nello stesso modo a tutti gli usi a cui sono appropriati, rendendoci, così, simili a padroni e possessori (*maîtres et possesseurs*) della natura (57 sg.).

Il prosieguo del testo mette inoltre in rilievo il corrispondente spostamento nelle aspettative riguardanti la salute. La preoccupazione per la salvezza dell'anima, sinora straordinariamente impegnativa, perde d'importanza di fronte alla preoccupazione per la cura del corpo, per la salute e la longevità. Come scrive Michael Walzer[14], dal punto di vista istituzionale lo sviluppo va dalla chiesa all'ospedale. Così Cartesio elogia il suo metodo non solo come un mezzo «per l'invenzione di una infinità di congegni che ci porrebbero in grado di godere senza alcuna pena dei frutti della terra e di tutti i beni che vi si trovano», ma soprattutto per la sua importanza al fine della «conservazione della salute».

Non diversamente da Hobbes, anche Cartesio considerò politicamente le nuove possibilità scientifiche e, non solo per l'ambito della scienza, dichiarò responsabile degli inconvenienti del proprio tempo il blocco dovuto alla filosofia scolastica di quelle nuove possibilità. Diversamente dall'autore del *Leviatano*, Cartesio credeva però che ormai solo la nuova scienza, per via dei suoi evidenti benefici, portasse alla pace attraverso il consenso di tutti.

II. *Fine ed eredità dell'antico diritto naturale:* il diritto razionale

Nell'immagine meccanicistica di un mondo privo di anima e composto da mere quantità non trova più posto il diritto naturale ontologico dello stoicismo panteistico, il quale muoveva da una ragione universale. Al tempo stesso perde il proprio supporto fisico l'ipotesi aristotelico-tomista di fini dati per natura e della perfezione delle cose misurabile conformemente ad essi. Da questo momento vale il principio che dall'essere della natura si può conoscere solo ciò che si è precedentemente immesso nell'interpretazione filosofica o che si è posto con un atto di fede. Improvvisamente la matematizzazione o meglio la geometrizzazione della *scienza* della natura, che scruta i fenomeni naturali in base alle sue figure fondamentali e ai suoi modelli intellettuali, si trasforma nella geometrizzazione della *natura* stessa, definita solamente attraverso lo spazio, la forma e il movimento. Nonostante Cartesio fosse ancora consapevole del rapporto problematico esistente tra il modello scientifico e il mondo reale, la filosofia abbandonò la natura intesa come un contesto evidente, di cui anche noi facciamo parte e che comprende tutto ciò che sorge da sé e ritorna in sé. Questa perdita di evidenza immediata e la rappresentabilità dell'ordine che determina il mondo in calcoli di modelli astratti non vale certo solo per il razionalismo cartesiano, ma anche per l'empirismo inglese, compresa la matematizzazione della natura compiuta da Newton[15]. Coerentemente nel 1682 Robert Boyle (1627-1691), un fisico e chimico inglese, propose di rinunciare al concetto di natura come grandezza spontanea e quindi non completamente calcolabile. Per «natura», intesa come «mondo», egli proponeva i termini *fabric of the world, system of the universe* oppure *cosmical mechanism* (certo, per rendere accettabile ai teologi il latente atomismo della moderna scienza della natura, con il Dio biblico creatore sullo sfondo). Edmund Husserl (1859-1938), il fondatore della versione più influente della moderna fenomenologia («dottrina dell'apparenza») notò criticamente come «già con Galileo fosse avvenuta una sovrapposizione del mondo matematicamente costruito delle idealità all'unico mondo reale, al mondo che si dà realmente nella percezione, al mondo esperito ed esperibile – al nostro quotidiano mondo della vita». Come mero oggetto di esperimento, di sfruttamento o valorizzazione, come quintessenza del corso di eventi sostanzialmente dominabili o come materiale per processi tecnologici di produzione, la natura appare solamente come parte della prassi umana. Al di fuori di questa, la natura «non è per l'uomo un bel *nulla*», dirà più tardi Marx.

Le conseguenze di questo nichilismo della natura sono note. Che la *recta ratio* della tradizione stoica non potesse senz'altro più essere definita come criterio del giusto diritto (*supra*, § 18, I), nei termini della conformità alla natura, lo mostrava già la prima teoria moderna del diritto di inizio epoca, il *De iure belli ac pacis* di Ugo Grozio (*supra*, §§ 7, II; 9; 13, I; 15). In quest'opera si parla appena di pace; essa viene menzionata solo come il fine della guerra. E guerra significa qui ogni tipo di coazione o violenza, non solo quella fra Stati, ma anche quella privata (*bellum privatum*). Già in quest'opera la società umana è dunque sostanzialmente considerata sotto l'aspetto della sua conflittualità – come potenziale *bellum omnium contra omnes*. A partire da qui diventa visibile l'idea costitutiva del sistema: è il concetto di diritto come ordinamento di sanzioni, cioè l'idea di un sistema di legittimazione e di limitazione per legge del potere – e precisamente, escluso il caso della pura empietà e prescindendo da ragioni religiose e teologiche, a partire dalla sfera delle condizioni normative dell'uso della forza. Al riguardo l'argomentazione di Grozio è sicuramente ancora quella della tradizione del diritto naturale inteso come insieme di precetti della ragione conformi alla natura, ma egli sostiene di non leggere più questi precetti nella natura, bensì di desumerli dalla conformità di tutte le testimonianze letterarie pertinenti. Oltre a ciò, vi è anche un'altra forma di consenso fondante il diritto: il libero accordo delle volontà dei popoli quale si documenta nel diritto internazionale. In tal modo il calvinista Grozio – anch'egli esiliato (in Francia) in seguito ai disordini delle guerre confessionali – cerca di costruire una comune tradizione giuridica europea al di qua delle rotture confessionali e, per mezzo di una nuova etica umanistico-protestante del compromesso pacifico e della tolleranza, di costruire il diritto autonomamente dalla teologia e dalla morale scolastica. La creazione volontaria di diritto cessa, anche teoricamente, di giocare il ruolo di mera integrazione della gerarchia naturale delle norme. Essa guadagna un significato fondamentale. E questa creazione di diritto non è più compito di una determinata autorità, ma è essenzialmente cosa di tutti.

Nel contesto della concezione meccanicistica del mondo, l'individualismo metodologico, con sempre maggiore consapevolezza, considera l'uomo in un mondo che non è in sé ordinato, ma deve essere ordinato e nel quale devono essere create delle norme salde e sicure. Ma per attuare questo compito all'uomo non resta altro da fare che ricorrere a se stesso: l'individuo deve cioè ricorrere alla sua propria «natura», al suo carattere, ai suoi bisogni, interessi, capacità e idee, alla sua propria ragione. Quindi con il vecchio nome di «diritti naturali» ora non si intende più il diritto di natura in un senso estensivo. Il *pathos* del diritto naturale ricavato dalla religione della natura nella scena notturna sul Rütli del *Guglielmo Tell* (1804) di Schiller – «Quando l'oppresso non trova giustizia quaggiù, quando il peso diventa insopportabile, allora stende la mano al cielo e si riprende i suoi eterni diritti che stan sospesi lassù inalienabili e incorruttibili come le stelle» – è solo una reminiscenza poetica. A essere ancora trattato filosoficamente è solo il diritto della natura umana, e in particolare della ragione umana. «Diritto razionale» è perciò la migliore designazione per la filosofia del diritto del XVII e XVIII secolo tra Grozio e Kant. Da una parte questa autoriflessione fa maturare, così come vedemmo nel *Leviatano* di Hobbes, costruzioni di ordinamenti razionali di un *uso della ragione strumentale*. La costruzione di uno Stato e l'istituzione di un ordinamento giuridico dopo il *Leviatano* di Hobbes appaiono problemi tecnici, svincolati dalla vecchia idea di un ordinamento naturale della buona vita etica dei cittadini virtuosi. L'ha rilevato con precisione Kant nel suo progetto filosofico *Per la pace perpetua* (seconda sezione, primo supplemento):

Il problema della costruzione di uno Stato è risolvibile, per quanto dura l'espressione possa sembrare, anche da un popolo di diavoli (purché dotati di intelligenza) e si riduce a questo: «come dare a una moltitudine di esseri razionali, che ai fini della loro conservazione esigono tutti leggi generali alle quali però ognuno nel suo intimo tende a sottrarsi, un ordine ed una costituzione tali che, malgrado i contrasti derivanti dalle loro private intenzioni, queste si neutralizzino tuttavia l'una con l'altra, di maniera che essi, nella loro condotta pubblica, vengano infine a comportarsi come se non avessero affatto tali cattive intenzioni». Un tale problema deve essere *risolvibile*. Qui la questione non riguarda infatti il miglioramento morale degli uomini, ma solo il meccanismo della natura, circa il quale si vuole sapere come lo si possa utilizzare tra gli uomini al fine di regolare in seno ad un popolo l'antagonismo dei loro sentimenti non pacifici, in guisa ch'essi si sentano vicendevolmente costretti a sottostare a leggi coattive e debbano così instaurare lo stato di pace, nel quale le leggi abbiano vigore.

Ma questo è solo un aspetto. L'autoriflessione porta, dall'altra parte, anche alla via segnata da Cartesio verso l'interno e produce – Kant è di nuovo il nostro teste principale – la coscienza della propria *ragion pratica, cioè normativa*, sfociando così nell'idea di un'autolegislazione morale («autonomia»). A partire da qui, anche la questione della giustezza del diritto viene posta in modo essenzialmente nuovo.

A causa della perdita della sua base filosofico-naturale, la vecchia dottrina ontologica del diritto naturale può ancora continuare a operare come aveva fatto finora solo in forza di un atto di fede. Questo accade ancora oggi nella Chiesa cattolica. Ma anche qui si fa sentire una comprensione di tipo personale e la coscienza della mutevolezza storica dei principi validi al di là della legge positiva[16]. Ciò non significa però che l'antico diritto naturale abbia ormai un qualche significato solo nell'ambito ecclesiastico. Al contrario, alcuni elementi, specialmente della filosofica stoica – diritto e dovere all'autoconservazione e al miglioramento delle proprie condizioni di vita, libertà e uguaglianza originarie, universalità dell'umanità – hanno raggiunto una piena effettività come momenti essenziali dell'autocomprensione nelle odierne dichiarazioni dei diritti umani solo attraverso la moderna autoriflessione dell'individuo. Vale inoltre per le antiche dottrine dei diritti naturali ciò che vale anche per le tradizioni cristiane: nell'originale contesto filosofico-naturale, panteistico o teologico-creazionistico, esse diventano solo in minima parte oggetto di riflessione, solo in minima parte vengono cioè comprese e trattate come parti di una determinata interpretazione del mondo o di una dogmatica teologica. Invece, entrando nell'*ethos* culturale di un mondo post-medievale e post-cristiano, sono efficaci dal punto di vista pratico. In quanto elementi dell'autocomprensione della società e di un mondo di valori sociali, esse possono anche diventare nuovamente oggetto della filosofia, cioè della riflessione sui principi etici. Si tratta dunque di un processo simile a quello affermato da Friedrich Engels per la recezione dell'idealismo tedesco attraverso il movimento dei lavoratori, che l'avrebbe ereditato non come filosofia, ma come concezione del mondo. Idee e concetti dei filosofi diventano valori della società.

Del resto, la consapevolezza che la risposta data da tutte le dottrine ontologiche dei diritti naturali è manchevole non elimina la questione e ancor meno l'esperienza della violazione che ha prodotto quella domanda di giustezza e di saldezza del diritto, domanda che viene sempre rinnovata in dolorose repliche. Quell'Antigone da noi apparentemente così lontana in questo ci è intimamente vicina.

III. *Cambiamento di prospettiva*

L'autoriflessione dell'individualismo moderno può portare a costruzioni d'ordine razionali rispetto allo scopo prodotte da una ragione intesa in modo puramente strumentale, oppure all'idea di autolegislazione in forza della ragion pratica: in ogni caso, si dà tuttavia un fondamentale mutamento di prospettiva rispetto al diritto naturale ontologico. In un certo modo, questo cambiamento rovescia la rivoluzione copernicana stessa: esso riporta l'io al centro e mette il mondo alla periferia. Di conseguenza, si sposta il fulcro della formazione dei concetti della filosofia politica e del diritto. Invece di procedere dal tutto verso le parti, lo sguardo procede ora dai singoli elementi alla loro relazione. E in questa prospettiva – è questo il mutamento più evidente – il concetto di libertà individuale si pone potentemente in primo piano. È così già in Hobbes. Anche se la libertà originaria, in quanto diritto naturale del singolo a fare tutto ciò che secondo il suo giudizio serva alla propria autoconservazione, non ha molto valore, poiché gli eguali diritti di tutti gli altri arriverebbero quasi a distruggere questa libertà originaria, nondimeno essa sta all'inizio della sua intera costruzione (*supra*, § 22). Questo concetto di libertà è però al tempo stesso un'espressione di insicurezza e paura, dei pericoli che sorgono dalla caduta delle certezze finora valide e dalla tendenza della libertà all'autodistruzione. A causa delle loro fondamentali incertezze, queste esperienze elementari mettono in dubbio ogni dottrina e ogni affermazione di un diritto non-positivo. Esse mostrano invece il diritto decretato e imposto dallo Stato come una necessità che può e deve essere attuata dagli stessi uomini. Il rovescio della medaglia è costituito dal grande sentimento di libertà da parte del costruttore del proprio nuovo mondo, del proprietario e del padrone della natura libero da ogni influenza dottrinale (quanto meno interiormente). I limiti giuridici delle possibilità di azione individuale non scaturiscono di principio più dalle strutture naturali esistenti o dagli scopi di un buon ordinamento, da una gerarchia di norme determinate per natura o dall'idea di giustizia, ma dalla libertà dello stesso individuo, sia che la libertà venga trovata nel comando del sovrano autorizzato attraverso la propria libera sottomissione, sia che la si ritrovi nella concorrenza delle eguali libertà di tutti. Il diritto perde così il significato, che aveva avuto fino ad ora, di una guida alla vita in accordo con l'ordinamento naturale che ci circonda e diviene – inteso come norma oggettiva – la quintessenza delle limitazioni della libertà. Il criterio del retto agire non è più la giustizia o la *recta ratio*, l'uso della ragione conforme alla natura, ma l'accordo della libertà. Sotto il titolo *Principio universale del diritto* Kant afferma (*Metafisica dei costumi, Introduzione alla Dottrina del diritto*, par. C): «Qualsiasi azione è *conforme al diritto* quando per mezzo di essa, o secondo la sua massima, la libertà dell'arbitrio di ognuno può coesistere con la libertà di ogni altro secondo una legge universale».

Attraverso la nuova prospettiva del *futuro*, entra a far parte del mutato contesto del concetto di diritto, ora principalmente concentrato sulla legge positiva – libertà, coazione, autoconservazione, concorrenza, conflitto, sicurezza, utile individuale, dominio fondato sul contratto ecc. –, anche un determinato orientamento temporale. La filosofia politica e del diritto di Hobbes ha ancora un orizzonte temporale determinato. La meccanica degli impulsi naturali è atemporale. Oltre tutto, l'idea di un processo storico teleologico era lontana da Hobbes, ammiratore della concezione della storia dei greci. Nonostante ciò, con la decisiva riduzione di tutti i diritti a meri ordini del sovrano, si apre la possibilità logica sia di un controllo del comportamento sociale che travalica la semplice repressione delle infrazioni, sia dell'organizzazione dei rapporti sociali attraverso il diritto. Di fatto i signori territoriali dell'antico impero tedesco iniziarono già a partire dal XV secolo a migliorare lo stile di vita dei loro sudditi attraverso nuove tipologie di disposizioni principesche tanto ampie quanto dettagliate. «Fanno parte di queste leggi le disposizioni sull'amministrazione giudiziaria e la vita economica, sull'osservanza delle funzioni religiose e la riforma monastica, sulla mescita, sul divieto di lavorare nei giorni di festa e sul gioco d'azzardo»[17]. L'idea che le leggi rendono gli uomini docili è stata diffusa soprattutto da Montesquieu con il suo *Spirito delle leggi* (1748). Anche se oggi sappiamo che il problema del controllo sociale nelle società differenziate è talmente complesso da non poter essere risolto per mezzo di semplici comandi, a molte generazioni l'idea di un controllo legale del comportamento è sembrata, una volta compresa, assolutamente evidente. Ma da questo momento in poi il diritto di ordinare e vietare vale per il futuro. Al contrario di Hobbes, Cartesio progetta esplicitamente nell'orizzonte del futuro la sua svolta epocale nella filosofia nei termini del miglioramento delle condizioni di vita e del soddisfacimento attraverso il progresso e la inserisce nell'orizzonte del futuro[18]. È questa ora la direzione dominante del tempo, che, per gli europei della modernità, «inizia con il 'dopo' e non con il 'prima'» (Ortega y Gasset).

Su questa concezione e sulla corrispondente convinzione che è possibile innalzare la cultura attraverso il dominio della natura Cartesio concorda pienamente con il *pendant* inglese del suo metodo, il *Novum Organum* (1620) del lord cancelliere Francesco Bacone (1561-1626), che propagandava il metodo induttivo e la fisica sperimentale. Non l'autorità, vi si legge, ma il progresso del tempo produce la verità (I, n. 84). Nelle faccende dello Stato anche il miglioramento «è sospetto di turbamento, dato che il pubblico potere si regge sull'autorità e sul consenso, sul buon nome e sulla pubblica opinione, non sulla dimostrazione» (I, n. 90). Per esprimere la sua concezione avveniristica di Stato e di diritto senza incorrere nella repressione, Bacone si serve di un espediente tipico del tempo, vale a dire del progetto romanzato di un «non luogo» politico o, con un'espressione greca, di uno Stato-*utopia*. Questa espressione appartiene al genere letterario dell'*Utopia* di Tommaso Moro. Con questo titolo costui – futuro cancelliere del regno d'Inghilterra sotto Enrico VIII – pubblicò nel 1516, nella forma di un racconto di viaggio, un romanzo politico sulla «migliore Costituzione dello Stato». Secondo il modello classico degli antichi, in quest'opera rinascimentale veniva rinnovata l'idea di una guida filosofica dello Stato e di un ordinamento comunista della società. Anche la raffigurazione baconiana, redatta nel 1624, di un viaggio fittizio racconta di un'isola. Con un'allusione al mito di Atlantide presente nel *Crizia* platonico, egli la chiama *Nuova Atlantide* (*Nova Atlantis*). Come in Platone, anche qui lo spirito domina per mezzo di una élite spirituale. Non si tratta però dello spirito aristocratico e meditativo della virtù superiore, che si basa sulla visione dei principi ultimi, ma del nuovo spirito borghese della scienza induttiva e sperimentale, lo spirito di una tecnocrazia. Il fine di quella fondazione, come sentono i viaggiatori, «è la conoscenza delle cause e dei movimenti, delle forze nascoste della natura e l'estensione del potere umano fino ai confini di ciò che è possibile». Non è l'educazione a una perfezione etica a reggere lo Stato perfetto, ma la sicurezza assoluta della conoscenza della scienza della natura, che rende l'uomo signore del suo mondo e rende così accessibile il futuro a una quantità sempre maggiore di esiti pratici.

Il mondo della cultura è *il* mondo dell'uomo, che egli toglie dall'estraneità della natura quale sua materia prima e che addirittura costruisce ed afferma *contro* di essa; egli riceve la sua coscienza da questo proprio mondo ed abita in esso. *Adamo* si trasforma in *Prometeo*: la creatura che riceve come grazia il suo risveglio all'essere diventa il demiurgo padrone di sé che sulle sue immagini modella il mondo lasciatogli come materia grezza (H. Blumenberg).

Di fatto proprio Bacone, nella sua opera filosofica *De sapientia veterum*, ha dato uno spazio consistente all'interpretazione del mito di Prometeo (il cui nome significa il Previdente o il Provvidente). Egli libera Prometeo dalla leggenda originaria della formazione dell'umanità e lo fa apparire, in quanto rubò il fuoco dal carro del sole e lo portò agli uomini contro la volontà di Zeus, come colui che scopre un sapere vietato, come il simbolo dello spirito umano attivo e creatore. Nella filosofia politica e del diritto del XVIII secolo questo Prometeo diviene il creatore del nuovo concetto di una *Costituzione* scritta, intesa come progetto unitario di costruzione o di edificazione di una comunità politica di azione per la conquista del proprio futuro. Lo svizzero di lingua francese Emer de Vattel, nella sua famosa e influente opera *Le droit des gens ou principes de la loi naturelle* del 1758, ha per primo dato forma, a partire dalla tradizione medievale delle cosiddette leggi fondamentali (*leges fundamentales*), all'idea di una Costituzione statale unitaria, definendola il «piano della nazione per la ricerca della felicità». È per questo che, nella «febbre costituzionale» che imperversava ai tempi della Rivoluzione francese, il possesso di una Costituzione scritta significava avere futuro.

Nella misura in cui il futuro diventa qui un elemento strutturale del pensiero politico, Kant lo ha attribuito al suo concetto di «diritto naturale» che, a suo avviso, viene ottenuto *a priori* dalla pura autoriflessione della ragione. Ricordiamo che Kant distingue fra il diritto positivo, che vale di fatto ed è perciò conoscibile dalla scienza «empirica» del diritto, e quelle norme che, come il diritto positivo e a differenza dei principi morali, si riferiscono egualmente solo all'agire esterno e socialmente efficace e non alle motivazioni, la cui origine invece non si ritrova in una disposizione statale, ma nella loro necessità razionale. A questi principi di un diritto razionale naturale di libertà Kant attribuisce una particolare modalità di validità o obbligatorietà definita sulla dimensione dello sviluppo temporale: essi sarebbero un diritto presunto o provvisorio che si realizza statualmente nell'inarrestabile processo dell'illuminismo (*supra*, § 1, II). Infine, la filosofia del futuro (quasi) compiuto è con Hegel il pensiero sullo Stato e il diritto: ciò che è reale è o diviene razionale, e ciò che è razionale è o diviene reale (*infra*, § 28). Dopo più di centocinquant'anni viviamo la fine di questo futuro nello sgomento generale. Se in passato il futuro appariva come lo spazio prospettico dell'organizzazione di una volontà comune, sostenuta da un forte «sentimento del noi» da parte degli spiriti illuminati, nella società dell'individualismo quasi compiuto l'orizzonte del futuro per la realizzazione di idee di trasformazione e di miglioramento dei rapporti esistenti[19] si restringe a quello del singolo. Il resto è un'oscurità minacciosa, di fronte alla quale ci si aggrappa a ciò che si ha.

§ 26. LIBERTÀ DI AUTODETERMINAZIONE ORGANIZZATA IN COMUNE INVECE DI GIUSTIZIA DETERMINATA DAL DOMINIO ALTRUI

I. *Due concetti giuridici di autodeterminazione*

Secondo i presupposti dell'individualismo metodologico – di questa quintessenza delle esperienze positive e negative di una nuova libertà – il diritto, quello prometeico, deve soddisfare cinque condizioni: deve essere universale, certo, affidabile, deve per di più essere flessibile e deve dare forma alla libertà, dalla quale esso stesso deriva, nell'ordinamento civile. Il postulato dell'universalità scaturisce dall'accettazione dell'uguaglianza di principio che nasce dalla negazione della gerarchia cetuale, della gran quantità di privilegi tramandati e di tutti gli ordinamenti sociali esistenti in modo rigido. Il diritto deve essere certo, deve cioè essere stabilito in un modo senz'altro conoscibile da tutti, affinché adempia il suo compito di valido orientamento dell'agire socialmente rilevante e di integrazione e stabilizzazione della prassi sociale. La sicurezza del diritto fornisce la garanzia necessaria, ma esige il sanzionamento attraverso la coazione. Solo se il diritto è flessibile e può essere modificato, esso riesce a soddisfare il cambiamento delle domande e l'aumento delle funzioni, soprattutto là dove si tratta dell'organizzazione del futuro. Dalla funzione di garanzia della libertà dipende infine la giustificazione del diritto statuale nella teoria dello Stato di natura. Si sposta così il baricentro del sistema teorico. La questione circa il buon ordine naturale e il giusto diritto viene sostituita dalla domanda di un ordine sicuro e di una giusta legislazione. In questo modo, il problema della giustezza del diritto si fonde con il problema dell'ordinamento del potere giusto o legittimo e il suo segno caratteristico, sia teorico che politico, non è più la decisione del re su una materia contenziosa, ma – come sua forma quasi universalizzata – la legislazione. Essa costituisce il nocciolo della nuova dominante «sovranità».

La sua costruzione concettuale, sviluppata da Hobbes, stava in una tensione tale, rispetto al punto di partenza teorico della libertà individuale, che necessitava addirittura di correzioni e modifiche per rinforzare quell'idea di libertà. Tutti i classici della moderna filosofia politica e del diritto hanno assunto questa sfida assolutistica, rispondendo certo in modo diverso: Locke in modo liberale, Rousseau democratico, Kant e infine, in maniera ancora diversa, Hegel con lo Stato di diritto, ciascuno dei due nel proprio modo. Le differenze e le contrapposizioni tra queste posizioni teoriche sono o appaiono talmente chiare che le affinità e le concordanze strutturali passano per lo più in secondo piano. Un quadro adeguatamente differenziato delle relazioni, delle analogie e delle contrapposizioni teoriche si delinea solo attraverso l'analisi di alcuni concetti fondamentali della moderna filosofia politica e del diritto: ad esempio, lo Stato di natura, la libertà naturale, i diritti naturali dell'individuo, il contratto sociale, la legge naturale e statale, la Costituzione, la divisione dei poteri o il diritto di resistenza. Al riguardo si deve inoltre tenere presente la diversa luce nella quale tutti questi classici appaiono a partire da impostazioni interpretative moderne sostanzialmente diverse o addirittura contrapposte. Si è già parlato della discussione riguardante Hobbes (*supra*, § 23, II). Simile è la controversia fra gli interpreti per quanto riguarda i *Due trattati sul governo* di John Locke. C'è rottura tra la sua filosofia della conoscenza e i *Trattati*? Locke fu solo un bravo tradizionalista o fu invece anche nella filosofia politica così come nella gnoseologia un innovatore teorico conseguente, anche se abilmente mascherato da tradizionalista? Per quanto riguarda Rousseau, la discussione ruota attorno a individualismo e collettivismo, cioè alla questione se lo Stato del *Contratto sociale* sia un nuovo Leviatano, addirittura l'inizio del moderno totalitarismo, oppure no. Riguardo a Kant, abbiamo appena considerato il problema fondamentale del carattere democratico o non-democratico della sua filosofia politica e del diritto. E le controversie su Hegel sono abbastanza note: la sua *Filosofia del diritto* è in fondo e propriamente rivoluzionaria o conservatrice? Oppure, il suo autore fu solo – come pensavano la maggior parte dei suoi contemporanei – un opportunista politico?

Per tutti i dettagli relativi a questa materia dobbiamo e possiamo accontentarci di quanto detto. Infatti incontestabilmente tutte queste filosofie hanno come loro concetto chiave la libertà individuale e la libertà del soggetto. Questa, in quanto arbitrio naturale del singolo, come dice Kant, costituisce di volta in volta il problema di partenza o l'elemento base. Tutte queste costruzioni filosofiche mirano ad afferrare e quindi a mediare questo momento soggettivo nel concetto della legge statale, rivolta al tutto – tradizionalmente al «bene comune» – e valida per tutti come qualcosa di universale. In breve, esse mirano a mettere in qualche modo d'accordo la volontà particolare e la volontà generale dello Stato. Un primo orientamento afferma con Hobbes che in mancanza di comunanze spirituali preesistenti nella concezione del buono e del giusto, non ci sono accordi «naturali» tra le volontà degli individui, e quindi neanche una volontà unitaria che semplicemente riconosca e articoli tali comunanze. L'unificazione delle volontà è piuttosto il prodotto di un processo politico: o sorge dal consenso di tutti, o si manifesta nelle disposizioni di un'autorità posta democraticamente al di sopra di tutti. Dati questi presupposti, la libertà individuale si deve realizzare attraverso misure istituzionali che garantiscano liberi spazi individuali, impediscano gli interventi e i soprusi dello Stato e provvedano a una formazione della volontà statale il più possibile equa e adattabile. Per il resto quindi ciascuno è artefice della sua propria fortuna. Ma secondo questa concezione il progresso sociale e il benessere generale poggiano contemporaneamente proprio su questa autodeterminazione dell'aspirazione alla fortuna privata e sul continuo sforzo di ognuno per il miglioramento delle proprie condizioni di vita.

L'altro orientamento invece si aspetta questo risultato a partire da una volontà razionale generale o comune, cioè, concretamente, dalla legislazione razionale di una società autonoma. Ciò presuppone la fede nella conoscibilità di un interesse generale al quale ogni singolo partecipa. La realizzazione della libertà individuale viene compresa nelle condizioni della vita sociale, soprattutto come partecipazione alla formazione della volontà generale intesa come un processo di accoglimento e purificazione del particolare, nonché di conoscenza e formazione dell'universale. L'autodeterminazione viene progressivamente collettivizzata e mediata attraverso l'osservanza della legge universale.

II. *Garanzia giuridica dello spazio vitale dell'individuo: John Locke*

Hobbes aveva semplicemente affermato l'accordo delle volontà dei singoli con la volontà generale in forza della subordinazione di tutti alla volontà del sovrano. Nel *Leviatano* non è previsto alcun tipo di istituzione o di procedura per controllare o regolare questo accordo. Completamente diverso è invece il discorso nel secondo dei *Due trattati sul governo* (1690) di Locke. Come Hobbes, anche Locke inizia con un illimitato diritto naturale di ciascuno a disporre di se stesso. Ma nel prosieguo della sua riflessione appare subito una differenza fondamentale. Poiché Locke estende il diritto su se stessi al diritto sul proprio corpo, e quindi sulla propria forza lavoro e su quanto ci si appropria per mezzo di essa (II, par. 27), con la sua teoria della proprietà egli reclama per i singoli, in quanto proprietari, uno *status* giuridico pre-statale. Infatti, a differenza di Grozio e Hobbes, essi non devono il loro diritto di proprietà solo alla legislazione statale. Formulato in termini generali: mentre la libertà originaria in Hobbes deriva solo dalla mancanza di un potere che tenga tutti in scacco e l'uguaglianza degli individui viene meramente fondata sulla pressoché eguale capacità di minaccia, e quindi naturalisticamente, libertà e uguaglianza si presentano in Locke come diritti innati (II, par. 87):

L'uomo nasce con pieno titolo a una perfetta libertà e all'illimitato godimento di tutti i diritti e privilegi della legge di natura, alla pari di qualsiasi altro individuo [...]. Egli ha dunque per natura il potere non solo di conservare la sua proprietà – cioè la vita, la libertà e i beni – contro le offese e gli attentati degli altri uomini, ma anche di giudicare e punire le altrui infrazioni a quella legge.

Da questa impostazione normativa segue che il fine dell'unione statale – e questa è la seconda grande differenza rispetto al *Leviatano* – non è posto genericamente nella pace e nella sicurezza, ma viene precisamente individuato nella difesa della proprietà (II, parr. 123 sgg.) intesa nei tre sensi accennati (vita, libertà, possesso). Gli individui non si sottomettono quindi in modo illimitato, ma cedono solo determinati diritti di difesa della proprietà. Ne segue che l'esercizio del potere statale è legittimo solo in questo ambito. Sul versante opposto, i cittadini trattengono una parte dei loro diritti naturali di fronte al detentore del potere governativo, che è sin dall'inizio limitato. Inoltre – ed è questo il terzo punto fondamentale di distinzione – essi non si sottomettono a un sovrano, cioè non si sottomettono a una o più persone determinate. Essi trasferiscono piuttosto i loro diritti alla società o comunità (*community*), cioè concretamente all'organizzazione del tutto messa in atto attraverso l'istituzione di certi *poteri d'ufficio* (II, par. 131). Il carattere impersonale o istituzionale del destinatario del trasferimento dei diritti permette di distinguere più nettamente tra i poteri dello Stato e il personale che li esercita, tra gli uffici e i titolari dell'ufficio. Mettendo insieme tutto questo con la sostanziale limitazione della cessione del diritto, emerge una quarta differenza fondamentale rispetto al modello argomentativo hobbesiano: secondo Locke, e proprio sulla base dell'originario contratto di unione, sono in tal modo possibili il controllo e la critica dell'attività dello Stato fino alla resistenza aperta. Fintanto che la stabilità istituzionale di un potere supremo comune – in Locke il legislativo – non è in discussione, la resistenza contro il momentaneo titolare della funzione pubblica non comporta alcuna rottura del contratto di unione e quindi nessuna ricaduta nello Stato di natura:

> Ma se [...] per la loro cattiva condotta, coloro che erano autorizzati a esercitarlo [*sc.* il potere supremo] lo perdono, allora, nell'atto in cui lo perdono, esso *torna alla società*, e il popolo ha il diritto di agire in modo sovrano e di esercitare il legislativo in proprio, oppure di istituire una nuova forma, o di trasferirlo nella vecchia forma in nuove mani, come meglio crede (II, par. 243).

La quinta differenza fondamentale consiste nell'introduzione da parte di Locke dell'elemento decisivo di ogni ordinamento dello Stato costituzionale o di diritto, assolutamente impensabile nel *Leviatano*: la versione moderna della *divisione dei poteri*, che egli sviluppa a partire dagli «inconvenienti» dello Stato di natura. Come accennato, egli ravvisava questi inconvenienti nel difetto di uno stabile ordinamento legale, nella mancanza di un giudice riconosciuto e imparziale e nell'assenza di un potere esecutivo capace di imporsi. Se deve essere posto un rimedio duraturo a queste mancanze, è necessario che lo Stato disponga delle relative autorità istituzionali indipendentemente dalle persone che le esercitano. La loro specializzazione viene perciò innanzitutto descritta semplicemente come una differenziazione di fatto dei compiti specifici del potere statale (II, parr. 143 sgg.). Successivamente, Locke postula però una gerarchia dei poteri e pone il legislativo al vertice (II, parr. 149 sgg.). È chiaro che questa supremazia del legislativo ha soprattutto la funzione di sottomettere alle limitazioni della legge i reali mezzi del potere statale (l'esercito, l'autorità penale, la polizia, l'amministrazione fiscale) concentrati nel cosiddetto potere esecutivo. Questa concezione non è certo nuova. Già gli antichi distinguevano tra una forma statale buona e una cattiva a seconda che il governo seguisse o meno le leggi. Ma nuovo, addirittura epocale, è qualcosa d'altro. I poteri non vengono cioè distinti solo come funzioni dello Stato, la separazione tra il legislativo e l'esecutivo non viene solo considerata – secondo l'antica tradizione – come una misura di *diritto oggettivo* contro gli abusi del potere. La divisione dei poteri è piuttosto concepita in rapporto all'idea dell'autolegislazione collettiva come un mezzo della garanzia della libertà individuale: solo la separazione e la supremazia del legislativo garantiscono un governo secondo «leggi certe», e solo un governo conforme a tali regole, che in forza dell'elezione popolare dei legislatori vengono sostenute dal consenso dei singoli uniti nella società civile, garantisce la sicurezza della proprietà privata (II, parr. 134, 136 sg.). Ma a tale scopo devono essere tracciati certi limiti giuridici (parola chiave è il diritto di resistenza) anche al legislativo in quanto «potere sovrano». Ritorneremo su questo argomento.

Tutelata in tal modo, la libertà individuale di appropriarsi dei beni con il lavoro porta, secondo Locke, al benessere materiale non solo del singolo, ma dell'intera società: poiché gli indiani non hanno trasformato con il lavoro il suolo oltremodo fruttuoso della loro terra, essi non possiedono neanche la centesima parte delle comodità di cui godono gli inglesi. «Il sovrano d'un ampio e fertile territorio mangia, alloggia e veste peggio d'un bracciante inglese» (II, par. 41). Come conseguenza del perseguimento naturale di tutti gli interessi individuali in Locke, diversamente da Hobbes, non appare lo spettro di una guerra suicida di tutti contro tutti, ma essenzialmente un accrescimento della fortuna individuale, del benessere particolare e generale per mezzo di una pacifica concorrenza. Certo i menzionati «inconvenienti» di uno stato insicuro di concorrenza danneggiano il miglioramento delle condizioni sia particolari che generali. Su questo sfondo sembra plausibile la supposizione di Locke che per risolvere i contrasti dello Stato di natura non sarebbe necessario alcun potere assoluto nel senso del *Leviatano* di Hobbes, ma basterebbe un potere limitato giuridicamente. Infatti uno stato di guerra sorgerebbe solo dove fosse realmente impiegato il potere o fosse dichiarata l'intenzione di usarlo. Si troverebbero invece in un «autentico stato di natura» gli uomini che «vivono insieme secondo ragione, senza un sovrano comune sulla terra, col potere di giudicarsi fra loro» (II, par. 19). Con ciò si chiude l'ambito di questa considerazione. Infatti la controversia di principio fra gli interpreti di Locke accennata all'inizio trova qui il proprio fondamento: come poteva Locke, che nella sua principale opera teorica (*An Essay concerning Human Understanding*, 1671) nega decisamente contro Cartesio l'esistenza delle idee innate, sia teoriche sia etiche, e che aveva riconosciuto come fonte della conoscenza solo la percezione sensibile e l'autoriflessione, come poteva dunque accettare nella filosofia pratica del *Treatise* che gli uomini potessero vivere assieme senza un potere coattivo ma secondo una legge naturale e universale della ragione – impressa nel loro cuore (II, par. 11) –

invece di entrare in conflitto a causa degli interessi individuali che ciascuno persegue? Ma su questa polemica basti quanto detto, come anche sulla ristrettezza storica della concezione borghese della proprietà nella filosofia pratica di Locke. Opinioni di tal genere passano in seconda linea se si pensa alle ripercussioni cosmico-storiche di questa bibbia del liberalismo.

Si è già parlato (*supra*, § 7, II) della influenza del pensiero di Locke sulla Dichiarazione di indipendenza americana. La dottrina dei diritti innati di libertà e di uguaglianza in Francia agì in maniera più radicale. Qui essa non costituì solo la base di un cambiamento di governo, ma legittimò anche il sovvertimento dell'ordine sociale. Il faro della *Déclaration des droits de l'homme et du citoyen* del 1789 – vale a dire la dichiarazione dei diritti innati dell'uomo in quanto uomo e dei diritti naturali dell'uomo in quanto cittadino – era già stato preceduto dalla «notte di San Bartolomeo dei privilegi», nella quale l'assemblea nazionale rivoluzionaria aveva eliminato una quantità appena immaginabile di privilegi e di diritti particolari dell'antica società cetuale. La filosofia individualistica liberale di Locke offrì lo strumento attraverso il quale poteva essere completamente ripensata la tradizione veteroeuropea dei documenti feudali delle libertà, come ad esempio si mostra in Inghilterra nella *Magna Charta Libertatum* (1215) attraverso la *Petition of Right* (1628) fino al *Bill of rights* (1689). Abbiamo già parlato in un altro contesto delle quattro caratteristiche del catalogo dei diritti umani che sorge da questo processo in Nord America e in Francia (*supra*, § 7, III). Qui è solo il caso di menzionare ancora una volta il nucleo di questa novità: l'istituzionalizzazione giuridica dell'autodeterminazione dell'individuo, il quale non richiede solo la giustizia del potere e la protezione dai soprusi, ma dichiara soprattutto il suo diritto a costruirsi il proprio mondo. Le sue attuazioni, in particolare con la libertà di fede, di coscienza e di opinione, eccedono di gran lunga ciò che Locke aveva preconizzato secondo il modello economico del possesso borghese.

III. *Dominio della legge universale*
  come autodeterminazione collettiva: Rousseau

Con Hobbes si presentò l'idea che si obbedisce a se stessi quando si segue la legge alla quale si è dato il proprio consenso. In un modo

che può apparire piuttosto cinico, si potrebbe dire che chi si sotto-
mette a un sovrano, a partire da quel momento fa propri senza differenza tutti i suoi atti – nella buona e nella cattiva sorte. In quanto
teorico contrattualista, anche Locke considera il potere statale come
«il potere congiunto di ciascun membro della società» (II, par. 135)
e «nessuno può avere il potere di legiferare se non in grazia del suo
[*sc.* della società] consenso e dell'autorità da essa ricevuta»; su questa
sta base ognuno è dunque soggetto a tutte le leggi di questo potere
supremo (II, par. 134). Ma in Locke tutto ciò è subordinato alla fondamentale condizione di difendere lo scopo dell'unione statale e vale perciò solo fino a quando il legislativo, in quanto potere supremo,
rispetta i limiti che scaturiscono da quell'unione (II, par. 131). I piccoli io non si elevano qui al grande io del *Leviatano*. Essi danno al
potere supremo solo un mandato e ripongono in esso una certa fiducia – un'idea che ritorna sempre in Locke. In questo quadro essi si
obbligano all'obbedienza, ma solo se non è illimitata e non prevede
la restrizione del diritto di resistenza. Essi obbediscono dunque alla
loro propria decisione, mantenendo però al tempo stesso una certa
distanza; essi non si identificano né con il legislatore né con i suoi comandi. Secondo Locke, è in forza della volontà generale che il Parlamento fa le leggi e che si obbedisce ad esse. La singola legge, invece, non è volontà generale e non ha perciò qui la sua forza. Secondo
Locke, essa deriva solo dalla fiducia (revocabile) nel legislatore.

Rousseau ha invece accolto nel suo *Contratto sociale* (*Contrat social*, 1762) quella concezione hobbesiana dell'identità tra il grande e
il piccolo io, volgendola democraticamente e innalzandola idealisti-
camente. Lo sfondo è costituito dalla critica di Rousseau alla civilizzazione nei suoi due *Discorsi*. Il suo tema quindi non è né il sovvertimento politico né un'anarchia paradisiaca, il ritorno alla natura, ma
riguarda la domanda relativa a che cosa potrebbe essere l'uomo. Più
esattamente, il suo tema è come può l'uomo, estraniatosi nella civilizzazione, riconquistare (in un modo necessariamente nuovo) l'integrità umana nelle attuali condizioni della sua miserabile esistenza
sociale e politica. Egli considera questa condizione miserevole come
la conseguenza di un allontanamento dell'uomo dalla natura in seguito alla civilizzazione e di uno sdoppiamento della sua esistenza in
una privata-interiore e una esterna-pubblica, ad opera del cristianesimo. La doppia natura sensibile-razionale dell'uomo e la sua – certo senza alcun fine – plasmabilità costituiscono per Rousseau i pre-

supposti di uno sviluppo che corrompe il buon uomo di natura. Passando attraverso la divisione del lavoro, l'agricoltura, la proprietà, il dominio, la legge, la miseria e il crimine, esso porta infine all'assurda uguaglianza dei sudditi che obbediscono ciecamente.

Il primo che, dopo aver recintato un terreno, pensò di dire *questo è mio*, e trovò altri tanto ingenui da credergli, fu il vero fondatore della società civile. Quanti crimini, conflitti, omicidii, quante miserie e quanti orrori avrebbe risparmiato al genere umano colui che, strappando i paletti o colmando il fossato, avesse gridato ai suoi simili: «Guardatevi dal dare ascolto a questo impostore; siete perduti se dimenticate che i frutti sono di tutti e la terra non è di nessuno»[20].

Questa storia della civiltà corrisponde al processo di autoestraniamento dell'uomo: in seguito alla distruzione dell'antica totalità della vita spirituale, religiosa, sociale e politica idealizzata nel modello spartano, dall'uomo di natura totalmente autosufficiente sarebbe sorto il *bourgeois* scisso tra un'esistenza privata e l'ordinamento borghese, nel quale l'amore naturale di sé (*amour de soi*) si sarebbe trasformato in egoismo dissoluto (*amour propre*). Nel suo sviluppo, questo profondo processo dialettico di intristimento e sdoppiamento appare irreversibile. Diversamente da Hobbes e Locke lo stato civile non è quindi in Rousseau uno Stato di natura ottimizzato. Di conseguenza, la mera garanzia statale delle appropriazioni private non è più in grado di dare soluzione alla questione del benessere, e la condotta naturale non può più costituire il fondamento del diritto civile. Una base completamente nuova, una nuova uguaglianza giuridica devono perciò essere fondate in un *Contrat social*. La natura – trasfigurata in modo corrispondente alla mentalità francese del tempo – funge ancora solo da ideale lontano e non più raggiungibile. Ciò che resta è da un lato una soluzione individuale: il tentativo di eliminare nell'*Emile* quella scissione attraverso un'artificiosissima educazione «conforme alla natura». L'altra possibilità è quella sociale ed è riposta nell'appello morale a superare l'autoestraniazione dell'uomo in comunità piccole e ancor poco sviluppate per diventare il *citoyen* di una nuova totalità politico-morale sorta da un vasto contratto sociale. Si tratta dunque, attraverso «l'alienazione totale di ogni associato, con tutti i suoi diritti a tutta la comunità» (*Contratto sociale*, I, 6), di trasformare l'individuo, attraverso il mutamento morale della sua natura, «in una parte di un tutto più grande» (II, 7), per ottenere così una nuova totalità di vita. L'originaria libertà dell'uomo viene fatta rinascere nell'assenza di limiti del potere statale di un nuovo Leviatano così costruito (I, 8): «l'obbedienza alla legge che ci siamo prescritta è libertà». Il singolo può ancora esercitarla solo in quanto ha parte al tutto, cioè come membro del sovrano. Così il naturale amore di sé rivive senza rovesciarsi in egoismo e prosegue nella forma collettiva del patriottismo.

In Rousseau non vi sono diritti naturali di libertà dell'individuo che garantiscano che la sovranità del popolo fondata come indivisibile e irrappresentabile non si rovesci nel dispotismo della maggioranza. Ciò sarebbe assolutamente inconciliabile con il presupposto superamento dello Stato di natura attraverso la condizione civile. La soluzione «repubblicana» di Rousseau è costituita dal comando *legale* dello Stato (II, 6), che limita le immediate manifestazioni della sovranità popolare nella volontà collettiva all'emanazione di norme generali e astratte. La legge non è quindi nient'altro che l'espressione della volontà generale, «l'expression de la volonté générale». Così reciterà più tardi, seguendo l'autore del *Contratto sociale* (III, 14), l'art. 6, primo comma, della rivoluzionaria *Dichiarazione dei diritti dell'uomo e del cittadino* del 1789. Il dominio del popolo è impersonale dominio della legge, nella misura in cui l'esecuzione è separata dalla legiferazione (III, 1, 4, 15, 16) e, nella legge, riunisce «l'universalità della volontà e quella dell'oggetto» (II, 6, 4). Per universalità dell'oggetto della legislazione si deve intendere che la legge «considera i sudditi come corpo collettivo e le azioni astrattamente, mai un uomo come individuo né un'azione particolare» (II, 6) – perciò Rousseau considera inammissibili le leggi retroattive. Generalità e astrattezza delle leggi appaiono i presupposti necessari perché possa essere chiesto il voto letteralmente a tutti in quanto parti integranti di un tutto, cioè in quanto veri cittadini. Questi infatti solo se non vengono coinvolti in modo particolare e personale dall'oggetto da regolamentare, e quindi non sono distratti dai sentimenti da esso suscitati, possono dare una risposta per così dire non deformata circa l'utilità o meno delle leggi approvate per il bene comune. La generalità della legge, nel senso del suo carattere impersonale, gioca dunque un ruolo simile al «velo d'ignoranza» della certamente più raffinata teoria della giustizia di Rawls (*supra*, § 13, II). La deliberazione dell'assemblea dei liberi ed eguali sui casi singoli equivale, secondo Rousseau, a non prendere in considerazione i voti di quelli che sono direttamente coinvolti e che perciò non possono curare nient'altro che il proprio interesse. Ma l'effettiva esclusione anche di un solo singolo toglie l'obbligatorietà universale – per quanto il contenuto della legge sia ancora formulato in termini generali (II, 2). Kant ha ripreso nel trattato sulla *Pace perpetua* e ha definito come «dispotismo» il caso in cui «tutti deliberano sopra uno ed eventualmente anche contro uno (che dunque non è d'accordo con loro), e quindi tutti deliberano anche se non sono tutti»; ciò sarebbe infatti «una contraddizione della volontà generale con se stessa e con la libertà» (primo articolo definitivo). Ma chi sono i «tutti»? L'impersonalità del dominio della legge, che esprime la volontà generale, risolve l'elemento personale del dominio nell'assemblea dei cittadini. Ma questa è utopica in un doppio senso: come incontro di tutti è di fatto irrealizzabile; secondo le premesse teoriche, l'accesso ad essa è inoltre totalmente aperto e indeterminato, poiché ciascuno può aderire al contratto sociale. Così quell'elemento personale di dominio si aggancia alla *nazione*. Ed essa – anche con la più grande liberalità nella questione della naturalizzazione – è essenzialmente una comunità definita attraverso la discendenza o il luogo di nascita e non una libera associazione. Quelle comunità, separate soprattutto secondo caratteri oggettivi, saranno in futuro i supporti della sovranità: «le principe de toute souveraineté», proclamano i rivoluzionari del 1789 nell'articolo 3 della loro *Dichiarazione*, «réside essentiellement dans la nation».

L'unificazione dell'«universalità della volontà e quella dell'oggetto» non è certo l'unico presupposto perché anche una mera decisione della maggioranza produca non solo una somma di singoli voti (*volonté de tous*), ma l'identità della volontà del singolo e della volontà comune nella *volonté générale*. Sono necessarie anche le virtù del cittadino e – ora si giunge completamente nell'utopico – l'esclusione di ogni formazione e legame di gruppo e fazione (II, 3; IV, 1). Infatti essi rendono impossibile quel processo di chiarificazione che avviene attraverso confronti individuali, nei quali tutto ciò che è meramente individuale si annulla reciprocamente. Essi trasformano invece la votazione in una concorrenza di volontà generali particolari, impedendo così che chi viene sconfitto nella votazione riconosca la sua volontà in quella della maggioranza, in quanto, come dice Rousseau, si era semplicemente sbagliato su quale fosse il vero interesse comune

(IV, 2). Al di là dell'assoggettamento totale del singolo alla volontà del sovrano, come avviene in Hobbes, l'identità tra la volontà del singolo e la volontà generale non è evidentemente costruibile senza l'arricchimento del concetto di volontà con elementi cognitivi. La modifica necessaria è questa: come buon cittadino voglio il bene comune e in questo caso lo riconosco (secondo scienza e coscienza, ma potendo anche sbagliare) in questa o quella opzione (IV, 1, 2).

IV. *L'autonomia kantiana dell'uomo nell'ordinamento coattivo dello Stato*

Diversamente da Locke, anche Kant, d'accordo con Rousseau, pensa il «contratto originario» non come un mezzo per il miglioramento dello Stato di natura attraverso la garanzia dei diritti naturali, ma come il completo superamento della «libertà selvaggia e senza leggi» (*MdC*, p. 145). Tuttavia, lo sfondo kantiano è completamente diverso da quello di Rousseau. Contrariamente al suo pessimismo riguardante la filosofia della storia, Kant rende omaggio a una straordinaria fede ottimistica in un inarrestabile progresso sociale verso una «pace perpetua» sotto leggi giuridiche[21], e ciò proprio a causa dei conflitti, e non a dispetto di essi. Inoltre, in Kant, non si tratta della riunificazione dell'esistenza privata e di quella pubblica sul piano superiore della formazione di una comunità politica, ma dell'esplicazione, nella filosofia politica e del diritto, della sua specifica concezione dell'autolegislazione privata e politica (*autonomia*) dell'uomo (la cui realizzazione, come si mostrerà subito, soffre tuttavia per l'esistenza di un'autorità monarchica, sulla quale Kant ha portato il suo contributo di riflessione). Secondo Kant, l'uomo domina la natura esteriore in forza dei suoi concetti intellettuali che la costituiscono innanzitutto come un oggetto di conoscenza, e domina la sua natura interna attraverso l'autolegislazione morale e l'«autodisciplina». L'autolegislazione dimostra la propria qualità etica nel rispetto dell'«imperativo categorico», cioè in modo puramente formale attraverso la sua capacità di universalizzazione. Questa potenziale validità per tutti postula la loro uguaglianza; la mera forma della conformità al dovere e alla legge (il dover essere) implica la loro libertà (il poter fare). Il soggetto di questo dover essere e poter fare non è, come già detto, né l'uomo empirico né il cittadino virtuoso di Rousseau, ma la personalità etica: un «substrato sovrasensibile dell'uomo nell'uomo» (E. Bloch). Riguardo ai «rapporti esterni degli uomini», che certo «non possono fare a meno di entrare in uno stato di reciproca influenza»[22], l'autonomia richiede uno stato di libertà esterna che non sia disturbata dagli altri e che, nella ricerca della propria felicità, non disturbi gli altri. Conformemente a ciò, lo stato civile, che deve essere fondato sul contratto originario, non ha altro scopo se non quello di portare gli uomini, che vivono in rapporti esterni carichi di conflitti, sotto una legge coattiva eguale per tutti, conformemente ai principi razionali *a priori* della libertà. L'ordinamento giuridico non deve essere etico, ma deve consentire l'eticità. La definizione di diritto si restringe perciò alla «limitazione della libertà di ciascuno alla condizione ch'essa si accordi con la libertà di ogni altro nella misura in cui ciò è possibile secondo una legge universale»[23]. Ma poiché «ogni diritto dipende da leggi»[24], ne deriva, per il legislativo, l'affermazione seguente:

Una legge pubblica, che determina per tutti ciò che a loro deve essere giuridicamente lecito o illecito, è l'atto di una volontà pubblica da cui deriva tutto il diritto, e che quindi non deve poter fare torto a nessuno. Ma ciò non è possibile ad altra volontà che non sia quella del popolo intero (in cui tutti deliberano su tutti e quindi ognuno sopra se stesso), poiché solo a se stessi non è possibile fare torto. Ma se si tratta non di sé, bensì di un altro, la semplice volontà di persona da lui diversa non può nulla deliberare a suo riguardo che non possa essere ingiusto: quindi la legge stabilita da tale persona avrebbe ancora bisogno di un'altra legge che limitasse la sua legislazione, e pertanto nessuna volontà particolare può esercitare il potere legislativo sul corpo comune.

Per la partecipazione a questo legislativo, oltre ai principi costituzionali della libertà dell'uomo e dell'eguale sottomissione alla legge, Kant pone un ulteriore principio: quello dell'indipendenza del cittadino. Dalla combinazione di libertà e uguaglianza, intesa come eguale libertà, deve seguire che può prendere parte al legislativo solo chi è «padrone di sé», e cioè chi non dipende da nessun'altra persona (privata), come invece accade nel caso del lavoratore salariato o di un precettore, a differenza di un insegnante pubblico. Con questa, come ammette lo stesso Kant, difficile (e decisamente non democratica) distinzione, egli ha sfidato la critica diventando anche oggetto di scherno.

Le principali obiezioni contro la concezione kantiana della legislazione del popolo sono però di principio. Abbiamo già detto (*supra*, § 13, I) che Kant ha definito il «contratto originario» un'«idea della ragione». La legislazione attraverso la «volontà collettiva di tutti» sembra quindi essere un «ideale platonico»[25]. Queste sono certamente delle idee necessarie della ragione per «rappresentare l'ordinamento coattivo dello Stato come conforme al diritto», ma proprio perciò sono solo una parte della logica trascendentale della filosofia del diritto. Anche il repubblicanesimo di Kant rimane, in ultima istanza, una teoria del «come se». Kant ha sostenuto questo principio soprattutto nel suo scritto *Per la pace perpetua*, vale a dire per una pace *strutturalmente* durevole, in un «progetto filosofico» dunque il cui concetto rappresenta il tentativo di prefigurare una realtà possibile a partire da principi di ragione cogenti. Per repubblicanesimo si intende «il principio politico della separazione del potere esecutivo (governo) dal potere legislativo», in contrapposizione al dispotismo in cui il reggente porta a esecuzione le leggi che egli stesso ha dato; in cui la volontà dello Stato, in altre parole, viene usata alla stregua della «volontà privata» del sovrano (primo articolo definitivo). Il modo di governo repubblicano della separazione dei poteri, che si distingue dalle forme di potere (monarchia, aristocrazia, democrazia), viene definito da Kant anche «rappresentativo». Infatti, con la separazione dei poteri sorge un sistema di competenze – «dignità» con determinate «funzioni», come dice Kant (*MdC*, pp. 145 sgg.) –, che non possono più essere considerate come affari privati ma ormai solo secondo determinate regole della rappresentanza come impegni per il tutto. Ma un tale uso delle funzioni statali secondo il principio dell'ufficio sembra possibile anche nelle monarchie e nelle aristocrazie, purché il sovrano assuma una disposizione interiore adatta. Il detto di Federico II, secondo cui egli sarebbe solo il primo servitore dello Stato, serve a Kant come esempio per affermare che quelle forme di potere possono quanto meno essere accolte come «una forma di governo conforme allo *spirito* di un sistema rappresentativo». Perciò, nel primo articolo definitivo per la pace perpetua egli conclude:

Quanto più piccolo è il numero delle persone investite del potere dello Stato, e quanto più grande è di contro la loro rappresentatività, tanto più la costituzione dello Stato si accorda con la possibilità del repubblicanismo, e può sperare, attraverso graduali riforme, di elevarsi infine fino ad esso[26].

Con ciò nel suo trattato *Per la pace perpetua*, Kant, partendo dalla «Costituzione repubblicana» così come essa è «scaturita dalla pura fonte del concetto di diritto», arriva alla realtà della monarchia prussiana del proprio tempo com'è delineata nella *Metafisica dei costumi*. Qui il diritto statuale inizia con l'idea del potere legislativo del popolo, come esso deve essere secondo i principi puri del diritto, per terminare con la legislazione del sovrano dello Stato, contro la quale non è ammessa alcuna resistenza, dal momento che questa eliminerebbe lo stato giuridico (*MdC*, pp. 148 sgg.). L'unica speranza appare la possibilità di una riforma dall'alto (*MdC*, pp. 151 sgg.). La concezione fondamentale della libertà del singolo nell'ordinamento coattivo dello Stato, che «scaturisce dalla sua propria volontà legislatrice» (*MdC*, p. 145), resta per la prassi un «come se» e un criterio di giudizio non molto significativo. Quell'idea di ragione «vincola» il legislatore solo moralmente

a fare le leggi come se esse avessero *potuto* derivare dalla volontà comune di tutto un popolo e di considerare ogni suddito, in quanto vuole essere cittadino, come se egli avesse dato il suo consenso ad una tale volontà. Questa infatti è la pietra di paragone della legittimità di qualsiasi legge pubblica. In altre parole, se questa legge è fatta in modo che *sarebbe impossibile* il consenso di tutto un popolo ad essa (come, ad esempio, una legge secondo cui una certa classe di *sudditi* dovesse godere per diritto ereditario il privilegio *nobiliare*), allora tale legge non è giusta. Ma se è *solo possibile* che un popolo consenta a tale legge, allora si ha il dovere di ritenerla giusta, anche se al momento il popolo si trovasse in una tale situazione o in un tale stato d'animo che, se fosse su ciò interpellato, probabilmente negherebbe il proprio assenso[27].

Questa teoria della rappresentazione vale del resto solo per la «legislazione puramente giuridica». Essa non riguarda i «provvedimenti» e le «disposizioni» della «politica», e neppure le leggi che servono al bene pubblico (alla «felicità»), le quali decidono in modo sempre mutevole su casi particolari, sono pertanto questioni di governo e possono chiamarsi solo disposizioni o decreti. Perciò non si può dare «alcun principio universalmente valido per fare leggi»[28].

La ragione *a priori* le può concepire e giustificare solo come un mezzo al servizio della costituzione giuridica. Emerge così che i «decreti», i quali mirano «solo al meccanismo della amministrazione del diritto» – o, come diremmo noi oggi, le norme organizzative e procedurali –, devono essere ricavati soltanto dalle «esperienze degli uomini» e, per quanto riguardo il loro scopo, devono sempre essere conformi al diritto. Per ogni intervento dello Stato nell'organizzazione sociale – al riguardo Kant parla di «provvedimenti» legali – vale che, secondo le pure leggi della ragione, essi possano essere giustificati solo come un «mezzo per *garantire* lo *stato giuridico*, specialmente contro i nemici esterni del popolo». Kant illustra questo punto sottolineando che il «benessere del popolo» rafforza anche la forza di resistenza dello Stato. Corrispondono invece immediatamente all'idea del diritto solo quelle leggi che garantiscono libertà e uguaglianza. Solo dove si tratta della limitazione della libertà del singolo in rapporto alla libertà dell'altro, o meglio del «normale obbligo reciproco» (o tutt'al più di certi fenomeni di giustizia distributiva), sono dunque in gioco questioni pure della ragione relative al diritto. Poiché solo queste leggi pure del diritto, cioè leggi necessarie *a priori*, toccano direttamente l'autonomia di ogni singolo, in linea di principio si deve postulare solo nel loro caso l'accordo del singolo e quindi una legiferazione prodotta unicamente dalla volontà collettiva del popolo. Infatti, secondo il principio dell'eguale libertà di tutti, l'arbitrio di uno può essere unificato con quello di un altro solo attraverso le leggi coattive («pubbliche») dello Stato, le quali, nonostante il loro carattere coattivo, non contraddicono il principio della libertà come eguale libertà di tutti. Esse limitano infatti la libertà solo in vista della libertà, e cioè in un modo plausibile per la ragione umana e quindi in modo coattivo e universalmente valido. La definizione kantiana del diritto come ordinamento universale della coesistenza delle libertà individuali sottende dunque non solo la «forma dell'universalità» nel senso della generalità e dell'astrattezza di una regola impersonale, ma presuppone anche intrinsecamente una incondizionata, oggettiva e quindi universalmente valida necessità di limitare la libertà in vista della libertà. Il punto su cui concorda la volontà legislativa di tutti non è dunque in Kant, com'era per Rousseau, il patriottismo repubblicano dei cittadini virtuosi, ma – conformemente alla trasformazione del problema morale in cognitivo – l'esame di ciò che è necessario per la ragione. E poiché ciò non può comunque mai essere facilmente ottenuto, la legislazione statale soddisfa in ultima istanza il postulato di universalità anche quando non ci sia il consenso della totalità dei cittadini, della maggioranza di essi o quantomeno della maggioranza di un'assemblea rappresentativa, né la necessità di ragione sia dimostrata secondo il principio della libertà, ma semplicemente quando non appaia alcuna contraddizione eclatante rispetto ai principi razionali della libertà e dell'uguaglianza.

§ 27. DAL GOVERNO VIRTUOSO AL LEGISLATORE COSTITUZIONALE

I. *Spostamento del baricentro*

Una delle pietre miliari dello sviluppo del pensiero politico moderno è il libretto sul *Principe* (1513, prima edizione 1532) del celebre e ancor più denigrato Niccolò Machiavelli. Il politico fiorentino, destituito dal suo incarico, abbandona, già nella prima frase della sua opera, la tradizionale ripartizione della dottrina delle forme di dominio: «Tutti gli stati [...] sono o repubbliche o principati». Questo «realismo» politico incline ai principati e alle loro tecniche di dominio ha addirittura cancellato la corrispettiva bipartizione valida nell'antichità, cioè la distinzione etica tra governo buono e cattivo. Secondo il criterio etico della fedeltà verso la legge e i costumi dei padri, Platone aveva diviso la monarchia dalla tirannide, l'aristocrazia dall'oligarchia e la democrazia dal dominio della plebe (oclocrazia) (*Politico*, 301 a sgg., 302 b sgg.). Questa distinzione tra governi buoni e cattivi, in quanto giusti o ingiusti nella loro prassi – con ciò riprendiamo le nostre osservazioni sviluppate nel § 26, I –, non mette in questione il potere di comando come tale, non problematizza l'unità naturale fra società politica e comando, fra testa e membra, e non ha nulla a che fare con la fondazione e la legittimazione del dominio in sé. Quando Platone e Aristotele rispondono con la loro filosofia politica alla «crisi di legittimità» aperta dalla sofistica nell'antica *polis*, si tratta di uno scossone all'*ethos* dei costumi dei padri e quindi di una crisi nell'orientamento del potere politico di guida; ma il dominio politico in quanto tale non era con ciò messo in discussione e non aveva certo bisogno di fondazione e legittimazione.

L'antica naturalità del dominio appare ancora in Tommaso d'Aquino come la necessità naturale di un potere di guida unitario in tutto ciò che è composto di parti molteplici. In questa forma esplicita egli ha trasmesso quella concezione della teologia politica medievale già possibile come conoscenza della ragione naturale (*De regimine principum*, I, 1). E come nei modelli antichi, anche in Tommaso la questione del diritto riguarda solo la prassi del dominio: il governo è giusto quando il suo agire è orientato al bene comune, mentre è ingiusto quando non lo è. La questione di stabilire il governo rimane però una questione di interpretazione metafisica e teologica del mondo e un tema di mitologia. Solo l'autoconstatazione da parte dell'uomo di essere nell'orizzonte della mondanità post-cristiana e post-metafisica, l'autoriflessione del singolo, il quale non trae più la propria origine dalla totalità della *polis*, solo ciò costituisce la base a partire dalla quale, al di qua di miti, leggende, dogmi e metafore, può essere indagata in modo sistematico la fondazione e la legittimazione del dominio. E proprio per la dinamica potenzialmente autodistruttiva del nuovo concetto di libertà, tale fondazione non solo può, ma deve anche essere necessariamente indagata (*supra*, § 25, II).

In linea di principio, il potere pubblico diventa teoricamente bisognoso di legittimazione anche per un'altra ragione, che ha a che fare con la nascita dello Stato moderno. L'elemento caratteristico per il sorgere di questa forma onnicomprensiva e oggettiva del dominio politico dai mutamenti sociali ed economici del tardo Medioevo (come ad esempio l'aumento della popolazione), dal tramonto dell'impero, dai tumulti sanguinosi delle guerre civili confessionali e dalla conquista dei possedimenti d'oltremare è il diritto di sovranità del signore territoriale. Viene così – nella formulazione data nel 1576 dal teorico francese della monarchia sovrana Jean Bodin (*De la République*, I, 8) – preteso su tutti i sudditi il potere supremo e libero da ogni vincolo legale. Nelle intenzioni, ciò significa anche l'esclusione o l'assorbimento di tutti gli altri diritti signorili sul territorio del principe. È sorta così l'idea di un unico potere statale unitario e indivisibile che Hobbes, come nessun altro, ha elaborato in un modello (*supra*, §§ 24, II e 26, I). Esso implica l'idea che ogni questione relativa alla convivenza in questo nuovo e relativamente ampio mondo politico debba essere decisa in ultima istanza a partire da un unico punto centrale e che ciò – almeno nelle intenzioni – debba essere fatto in modo sistematico e universale. Il diritto del legislativo diventa il criterio della sovranità. La concezione del principe legislatore sostituisce il vecchio modello del re giudice. Questa pretesa a una totale giurisdizione centrale fa saltare non solo le misure e i rapporti dell'antica città-Stato, ma anche il mondo degli ordinamenti policentrici e gerarchici del feudalesimo. Anche per questo furono necessarie nuove costruzioni teoriche. La «questione della legittimità» nella fondazione del potere si può perciò anche comprendere come il «lato interno della questione della sovranità»[29]. Tuttavia, questo lato interno non fu elaborato solo contrattualisticamente. Con la versione assolutistica del contratto politico di Hobbes concorre la teologia politica barocca della grazia divina, che – lontana dalla formula di umiltà medievale «per grazia di Dio...» – afferma in modo non meno radicale il carattere esclusivo e irresistibile di ogni potere statale in quanto emissario della maestà divina. Come in Hobbes l'auto-obbligazione contrattuale fonda, accanto all'alienazione individuale del potere, l'incondizionata validità degli ordini del «dio mortale», vale a dire del «Leviatano», qui, ad esempio in Jacques Bénigne Bossuet, il teologo di corte di Luigi XIV, è la «religione della seconda maestà» che divinizza ecclesiasticamente lo Stato francese e che, sul principio dell'obbedienza a Dio, garantisce a ogni atto di potere del sovrano una categorica obbligatorietà[30]. Contrariamente a tutti i diritti partecipativi cetuali, l'assolutismo cattolico e protestante pone il signore in un diritto originario di decisione unilaterale. Inoltre entrambe le versioni teoriche del dominio assolutistico «sgravano» la prassi di governo, se non dalle questioni di coscienza individuale, certamente dall'interrogativo pubblico e politico se essa sia eticamente buona e se il diritto posto sovranamente – nella formulazione kantiana della questione (*supra*, § 1) – sia anche «giusto». Il problema sostanziale della giustizia del diritto si riduce a una questione formale di validità all'interno del sistema legittimato o teologicamente o secondo la teoria del contratto.

In contrapposizione a questa radicale soluzione assolutista, le concezioni del contratto originario liberali, democratiche e legate allo Stato di diritto cercano di conservare l'idea della giustificazione attraverso l'unione delle volontà, del consenso – che quindi rappresenta il principio di una legislazione universale (*supra*, § 26) capace di mediare nella collettività l'autodeterminazione individuale – non solo in quell'atto originario, ma anche all'interno del sistema giuridico che ne risulta. E finché questi tentativi persistono, le dottrine della giustificazione del potere e le teorie della validità del diritto restano in uno stato confuso. Solo la formulazione definitiva dell'idea dello Stato costituzionale e il teorema del potere costituente del popolo producono nuovamente una divisione, se non netta, in ogni caso estesa. L'idea rivoluzionaria della seconda metà del XVIII secolo di fondare gli Stati su un'unica legge come una sorta di costruzione politica e di progetto di vita collettivo[31] volge la questione della giustificazione del potere statale verso la produzione di questa legge fondamentale, e quindi verso il potere costituente e il suo soggetto, e ancora verso i principi strutturali di questi progetti di architettura politica. Conformemente all'idea centrale della libertà e al postulato del legislativo derivante dalla volontà collettiva del popolo, le garanzie di libertà individuale, e quindi i diritti fondamentali, la rappresentanza popolare e la divisione dei poteri apparivano come gli elementi più importanti. Infine, con la realizzazione di costituzioni completamente corrispondenti alla dottrina rappresentativa liberaldemocratica, la legittimità dell'istanza legiferante – rinnovata periodicamente attraverso elezioni con il suffragio universale – è assolutamente fuori discussione. Per quanto riguarda ciò che istanze così legittimate producono come diritto in un processo costituzionale aperto e conformemente ai diritti umani, si può ora abbastanza tranquillamente affermare che esso vale come diritto perché di regola sarà quanto meno accettabile anche moralmente e, in questo senso specifico, giusto[32]; in ogni caso, potrà comunque sempre essere corretto e migliorato. E proprio ciò fornisce delle buone ragioni per quel riconoscimento riflessivo e social-rappresentativo della Costituzione, quale massimo criterio del giusto, il solo che possa fondare una qualche obbligatorietà dell'ordinamento giuridico (*supra*, § 11, II).

Ma nella misura in cui la postulata unità dello Stato, la sua supposta soggettività, si frange nella prassi politica di una società pluralista – nella misura in cui la legislazione di un sistema politico che appare nuovamente piuttosto policentrico riprende i tratti di un'«unificazione» corporativa dei diversi gruppi di potere –, nella stessa misura perde forza l'idea che le questioni relative alla giustezza e al carattere vincolante del diritto statuale siano già risolte per il fatto che gli individui hanno costituito un potere omogeneo in un ordinamento fondamentale legittimo. È come se, contro l'idea di un potere centrale, che procede in vista del diritto, prima deputato a decidere indipendentemente, risorgesse il principio cetuale del consenso, secondo il quale

le decisioni hanno sempre bisogno dell'approvazione degli interessati o dei loro rappresentanti[33]. E al ritorno di soluzioni negoziali sembra corrispondere la rinascita della filosofia della giustizia (*infra*, §§
30 sgg.). Forse con ciò muta anche il concetto di unità politica: al posto del dispiegamento di tutte le differenze da un solo principio, (ora)
potrebbe subentrare la correlatività di ciò che è diverso. Ma questo
non è più un problema interno allo Stato o alla dottrina dello Stato.
Da noi la questione dell'unità politica si pone già da molto tempo a un
livello europeo. Secondo la giurisprudenza del tribunale europeo,
l'Unione europea relativizza l'unità statuale dei suoi membri attraverso ciò che in passato era il loro specifico fondamento giuridico,
cioè una Costituzione comune, senza però essere uno Stato. La Corte costituzionale federale ha definito questa unione, in modo voluta-
mente confuso, un «*collegamento* di Stati (*Staatenverbund*)» (sentenza 89, 155/188) – un'espressione che proviene dalla tecnica e dal sistema delle comunicazioni. Non è certo un caso.

II. *Garanzia della libertà attraverso la divisione dei poteri*

Diverse concezioni dell'unità contraddistinguono anche la trattazione dell'elemento principale della concezione di uno Stato di diritto
che garantisca la libertà: la dottrina della cosiddetta divisione dei poteri. Locke, come abbiamo detto (*supra*, § 26, II), ha introdotto questo principio contro il *Leviatano* di Hobbes. Il nucleo della sua dottrina, esposta nel *Secondo trattato sul governo* (II, parr. 134 sgg.), è
la distinzione tra il legislativo e l'esecutivo. Si trattava fondamentalmente di subordinare i reali mezzi di potere dello Stato, come mero
apparato esecutivo, alla volontà della legge del Parlamento. L'idea di
contenere gli strumenti coattivi dello Stato vincolandoli alle decisioni di un'istituzione separata, il cui potere decisionale a sua volta è
privo di ogni mezzo coercitivo, costituisce una vecchia ricetta per la
limitazione del potere politico. Per la sua applicazione nella direzione opposta – tenere lontane le casate concorrenti nel consiglio legislativo da tutti i mezzi di potere offerti da un esecutivo estraneo e in-
gaggiato solo temporaneamente – le costituzioni dei podestà nei Comuni italiani medievali offrono esempi che arrivano fino al grotte-
sco. In questo modello il potere giudiziario non appare come un potere autonomo, ma come una parte dell'esecuzione della legge. An-

che in Locke subentra, come terzo, un altro potere, cioè quello che lui chiama il «potere federativo» sulla guerra, sulla pace e sulle alleanze. Questo «potere degli affari esteri», come diciamo oggi, in verità è per Locke una parte dell'esecutivo non vincolata al legislativo. Come contrappunto al legislativo inteso come potere «supremo» (limitato però dal diritto di resistenza del popolo), al potere esecutivo vengono inoltre attribuite (anche se non in nome di un potere proprio) alcune competenze supplementari riguardanti lo stato di emergenza («prerogative»).

Ma Locke non ebbe particolare successo con questa dottrina della divisione dei poteri poco chiara. Diventò famoso un suo successore, Montesquieu – già solo per la magia del numero tre e grazie ad alcuni fraintendimenti. L'autore dello *Spirito delle leggi* all'inizio del celebre capitolo sulla Costituzione inglese (XI, cap. 6) effettivamente indica la classica tripartizione dei poteri formata dal legislativo, dall'esecutivo e dal giudiziario. Ma questo modello fondamentale delle funzioni dello Stato era noto da tempo. Dal tardo XIII secolo erano disponibili le traduzioni latine delle relative parti della *Politica* di Aristotele (IV, 14-16). Montesquieu inoltre non sviluppa certo la sua dottrina della divisione dei poteri da questa distinzione. Egli disconosce anzi nuovamente al potere giudiziario l'autonomia istituzionale e funzionale: le corti di giustizia non dovrebbero essere delle istituzioni permanenti e i loro giudizi non dovrebbero essere niente di più che «un preciso testo di legge». La sua definizione del giudice come mera «bocca che pronuncia le parole della legge» ha ottenuto la notorietà di uno slogan. Invece di riferirsi al legislativo, all'esecutivo e al giudiziario, abbastanza improvvisamente il discorso fa riferimento ad altri tre poteri:

Ecco dunque la costituzione fondamentale del governo di cui stiamo parlando. Il corpo legislativo essendo composto di due parti, l'una terrà legata l'altra con la mutua facoltà d'impedire. Tutte e due saranno vincolate dal potere esecutivo, che lo sarà a sua volta da quello legislativo.

Questi tre poteri [*sic!*] dovrebbero rimanere in stato di riposo, o di inazione. Ma siccome, per il necessario movimento delle cose, sono costretti ad andare avanti, saranno costretti ad andare avanti in concerto.

Lo scopo della limitazione reciproca di questa costruzione è la libertà come impedimento della supremazia attraverso il bilancia-

mento delle posizioni di potere. La libertà non è qui né solo postulata in modo programmatico né pensata e coniata nei singoli diritti
individuali, ma viene rappresentata come un prodotto e una funzione di una saggia organizzazione dello Stato. E questa organizzazione non consiste tanto in una divisione del potere dello Stato ma in
un incrocio dei poteri, cioè in una integrazione dei poteri politici esistenti che impedisca ogni loro procedere isolato, sia della regalità, sia
della nobiltà con i suoi privilegi quale si presenta nella camera alta,
sia delle cittadinanze che costituiscono con i loro deputati una seconda camera legislativa. Montesquieu accentua e idealizza nel senso della contemporanea opposizione inglese il caso storico e reale di
un intreccio di poteri, già preso a modello da Locke. E sebbene non
sia pensato secondo l'individualismo possessivo, l'intreccio di poteri, secondo Montesquieu, si accorda in maniera più chiara che in
Locke all'idea della libertà, perché il sistema rappresenta una situazione di autoregolazione in forza dell'equilibrio dinamico di azione
e reazione, distinguendosi più chiaramente e in maniera più attraen-
te dal tipo tradizionale di ordinamento prodotto in modo unilaterale e autoritario unicamente attraverso il comando, la coazione e l'obbedienza. Proprio a ciò si deve il successo dell'autore; fin dalla fisica di Newton, questa immagine del bilanciamento dell'equilibrio
delle forze affascinò per generazioni gli spiriti anche in ambito economico e politico. Montesquieu riattualizzò così la dottrina della
Costituzione mista dello storiografo stoico Polibio (201-120 a.C.),
vale a dire la dottrina dell'ordinamento del dominio stabilizzato e
moderato attraverso la combinazione di elementi monarchici, aristocratici e democratici. In questo modello di equilibrio, la legge assume il carattere di un patto politico o di un compromesso tra i poteri. Essa non vincola l'esecutivo attraverso la sua particolare qualità
normativa, ma attraverso l'obbligazione volontaria dell'esecutivo
monarchico in quanto partecipe del legislativo. Allo stesso tempo la
Costituzione, come cornice o progetto di costruzione dell'intero, ottiene quasi inevitabilmente una certa preminenza – soprattutto nel
caso in cui i poteri dello Stato, diversamente che nel tradizionale *re-*
gimen mixtum inglese, non si siano sviluppati storicamente, ma debbano essere costituiti, legittimati e coordinati l'un l'altro. Ciò è accaduto nella fondazione degli Stati Uniti. Così i ribelli nord-americani poterono ricavare una nuova dottrina a proprio uso dall'opera
del barone francese favorevole all'opposizione cetuale della nobiltà

contro la monarchia assoluta: il legislativo, l'esecutivo e il giudiziario devono essere rigorosamente divisi e resi indipendenti, la competenza legislativa deve inoltre essere divisa e il tutto deve essere compreso come un sistema di *checks and balances*.

Dinanzi a questo modello «americano» della dottrina illuminista della divisione dei poteri compare un «modello francese», che i rivoluzionari borghesi della Francia devono, accanto a Locke, soprattutto a un cittadino di Ginevra, Rousseau, e al suo «dominio repubblicano della legge». Le due versioni corrispondono, del resto, ai due diversi concetti di libertà e di autodeterminazione unitamente alle due diverse concezioni dei principi del progresso sociale sui quali ci siamo già soffermati (*supra*, § 26, I). Nel sincretismo dell'odierna dottrina tedesca del diritto statale, questi due modelli si fondono di solito in modo consapevole.

Il dominio rousseauiano della legge, contrariamente al sistema dell'equilibrio di Montesquieu, ha come fine una gerarchia di poteri statali divisi in forza della razionale autodeterminazione collettiva dei singoli. Nella sua applicazione pratica durante la Rivoluzione francese, ciò significa che il nuovo legislativo, essenzialmente unitario e fondato sul suffragio universale, è superiore al tradizionale potere esecutivo della monarchia. Questo modello gerarchico del dominio della legge riceve la propria giustificazione dalla supposta qualità normativa della legge: essa vincola gli altri poteri dello Stato in quanto espressione della volontà generale. Viene perciò presupposta 1) la capacità dell'individuo di giudicare in modo razionale, vale a dire libero da ogni particolare interesse individuale, le questioni che riguardano tutti; 2) la possibilità istituzionale di rendere collettiva l'autodeterminazione individuale per mezzo della partecipazione reale o virtuale alla regolazione delle questioni che riguardano tutti; 3) la fiducia comune in un ordinamento conforme a norme astratte. Con questi presupposti, le leggi universali forniscono sempre agli altri poteri dello Stato anche parte di quella giustificazione di tutti gli atti statali che deriva dall'unificazione della volontà di tutti.

In questa concezione dell'ordinamento domina ciò che Max Weber ha definito il «razionalismo occidentale»: il fatto che ragione e ordine vengono identificati con criteri del pensiero, del giudizio e dell'azione sempre anteriori e indipendenti dalle situazioni e dalle persone e, in questo senso, generali e astratti. Al tempo stesso, l'universalità della legge è perciò necessariamente la barriera interna della vera legislazione che delimita la legittimità. Dal punto di vista del diritto costituzionale, il postulato di universalità non può e non deve però essere fissato, poiché in questo modello gerarchico il legislativo funge anche da suprema istanza politica di decisione. E ancora: a causa di questa priorità del potere legislativo democratico, a questo modello – cosa che non costituisce alcuna difficoltà sostanziale nel progetto di un sistema di *balances* – è fondamentalmente estranea la possibilità di un controllo della costituzionalità delle leggi da parte di corti costituzionali. Il culto francese della legge ha quindi ostacolato a lungo un tale potere giudiziario sull'assemblea nazionale e lo ha intralciato fino a oggi. Secondo quali criteri un'autorità giudiziaria dovrebbe controllare le leggi se queste sono l'espressione reale della volontà sovrana della nazione? D'altra parte, il legislatore costituzionale di un sistema repubblicano non è in realtà il sovrano e non può esserlo. Anch'esso è soggetto alla divisione dei poteri e alla loro limitazione prescritte dalla Costituzione. Ma la Costituzione può fungere da ordinamento stabile «solo se trasfigura la rivoluzione in un lontano mito delle origini»[34]. Di conseguenza, il fondamento che sorregge il legislativo, e cioè l'intero sistema gerarchico, deve, in nome della sovranità popolare e del potere costituente del popolo (*pouvoir constituant*), essere dislocato in quanto potenzialmente rivoluzionario al di fuori dei poteri costituiti (*pouvoirs constitués*), nell'ambito del virtuale, cioè di ciò che non è in atto anche se, per forza e possibilità, è durevolmente presente. Altrimenti si perderebbe la divisione dei poteri, quanto meno come limitazione e razionalizzazione del potere.

Kant, per concludere, ha relativizzato entrambi i modelli di divisione dei poteri. Nella *Metafisica dei costumi* egli aveva accolto lo schema tripartito di Aristotele e Montesquieu (*MdC*, p. 142). Il primo articolo definitivo per la pace perpetua, con la separazione repubblicana dell'esecuzione dalla legislazione, segue chiaramente Rousseau. Ma il principio della separazione istituzionale delle funzioni statali viene in un modo o nell'altro messo in equilibrio, «nello spirito» della divisione dei poteri, per mezzo dell'idea del «come se» (*als ob*) dell'agire rappresentativo (*supra*, § 26, IV). Heinrich von Kleist ha contribuito a dare evidenza scenica al tentativo di una rappresentazione senza divisione istituzionale dei poteri con la figura del grande principe elettore nel suo dramma *Il principe di Homburg*[35], che si risolve però ancora in modo solo fantastico.

Capitolo terzo
Critica della filosofia del diritto basata sulla libertà astratta-individuale

§ 28. HEGEL: LO STATO COME REALTÀ DELLA LIBERTÀ CONCRETA

I. *Ancora una volta: la questione della divisione dei poteri*

Anche Hegel incontrò le sue difficoltà con la dottrina della divisione dei poteri[36]. Esse sono dovute alla critica filosofico-politica, per Hegel centrale, dell'individualismo implicato nella fondazione contrattualistica dello Stato e del diritto. Tale fondazione sembrava a Hegel un'assolutizzazione della libertà particolare con conseguenze distruttive per l'unità dello Stato e, al tempo stesso, una svalutazione del suo carattere etico, legato alla vita buona e giusta all'interno di una comunità avvolgente, in quanto tale unità veniva intesa come un prodotto dei calcoli di utilità dei privati. Diversamente dalla società civile, nello Stato hegeliano il fine ultimo dell'associazione non è «l'interesse degli individui in quanto tali». Esso non può dunque nemmeno essere visto nella difesa della proprietà e della libertà personale. Concependo gli individui come meri momenti dell'autocoscienza realizzata nello Stato, Hegel riformula l'antica concezione aristotelica della priorità logica della *polis* rispetto al singolo. Ma se l'individuo ha «verità» solo come «membro» della spiritualità dello Stato, allora l'appartenenza ad esso non può essere una questione di piacere soggettivo e lo Stato non può essere il prodotto della stipulazione arbitraria di un contratto da parte dei singoli per degli scopi individuali (*Lineamenti di filosofia del diritto*, parr. 75 e 258 con le aggiunte). Tuttavia, l'essenza dello Stato moderno consiste nel tenere assieme «l'universale [...] con la piena libertà della particolarità e con il benessere degli individui». Solo la fusione di questi momenti fa apparire lo

Stato come «veramente organizzato» (*Lineamenti*, par. 260 agg.). Dal punto di vista della necessaria unità della compenetrazione reciproca di universalità e particolarità, che si volge contro il supposto meccanismo disintegrativo e totalmente esteriore delle parti indipendenti, in Hegel la dottrina della divisione dei poteri assume anche o proprio per questo un significato centrale e critico.

In accordo con Montesquieu, anche il suo ammiratore Hegel esclude il potere giudiziario dalla cerchia dei poteri autonomi dello Stato. In quanto mera funzione esteriore dello Stato, cioè in quanto «applicazione della legge sul singolo caso» per la protezione della proprietà, dei diritti personali e della legge penale, egli lo inserisce nell'ambito della «società civile», cioè in un sistema di formazione e di perseguimento degli interessi individuali distinto dallo Stato (*Lineamenti*, parr. 182 sgg., 219 sgg.). Ridotti a mera attività di sussunzione, i compiti dell'amministrazione della giustizia sono subordinati al «potere governativo» e in esso inseriti; in altri termini: in quanto compimento dell'esecuzione della legge, l'amministrazione della giustizia è subordinata alla volontà dello Stato (*Lineamenti*, par. 287). Ciò corrisponde a una tradizione che, dal nostro attuale punto di vista, è tanto antica quanto insostenibile (*supra*, § 5, III). Ma nonostante questa riduzione, anche Hegel opera con *tre* poteri dello Stato «politico» [*sic*!], che nella sua forma pienamente sviluppata deve essere, secondo una pretesa necessità concettuale, la monarchia costituzionale. I suoi elementi non sono però determinati sociologicamente, come fa Montesquieu indicando casa reale, nobiltà e borghesia, ma in un senso più decisamente costituzionale, cioè funzionale e istituzionale, come:

a) il potere di determinare e di stabilire l'universale – il potere *legislativo*,

b) la sussunzione delle sfere particolari e dei casi singoli sotto l'universale – il potere governativo,

c) la soggettività intesa come la decisione ultima di volontà, il potere del principe – potere nel quale i distinti poteri sono raccolti ad unità individuale. Che pertanto è il culmine e l'inizio dell'intero – cioè della monarchia costituzionale (*Lineamenti*, par. 273).

Nello spirito di Montesquieu, Hegel esalta la «necessaria divisione dei poteri» nel suo vero senso dell'organizzazione di una «unità vivente» in quanto «garanzia della libertà pubblica» (*Lineamenti*, par. 272), respinge il modello francese della subordinazione del potere esecutivo al legislativo e critica la concezione «astratta» dell'«assoluta indipendenza» dei poteri, e quindi anche la loro contrapposizione puramente negativa e il loro reciproco ostacolarsi. Conformemente a ciò, ogni potere deve sempre essere considerato in relazione all'intero ed essere esso stesso concepito come «totalità», in quanto «entro di sé ha attivi e contiene gli altri momenti» (*Lineamenti*, par. 272). Per quanto riguarda il potere governativo, che in quanto esecutivo media sempre tra l'universale e il particolare, l'esposizione non prosegue oltre. Nel potere legislativo, analogamente a Montesquieu, per Hegel i tre momenti si intrecciano in una unità dinamica che comprende anche l'esecutivo. Certo qui il discorso non riguarda il monarca, la nobiltà e la borghesia, ma il monarca, il governo e la rappresentanza cetuale, che media tra la molteplicità del popolo e il governo (*Lineamenti*, par. 300). Sembra al riguardo che il «potere governativo», come burocrazia informata e informante, si sposti improvvisamente oltre l'esecuzione, al centro della costruzione statale:

> Nel potere legislativo come totalità sono attivi anzitutto gli altri due momenti – il *monarchico*, come quello cui competa la decisione suprema –, *il potere governativo* inteso come il momento consultivo con la concreta cognizione e prospettiva dell'intero nei suoi molteplici lati e nei principi reali divenuti stabili in esso, così come con la cognizione dei bisogni del potere dello Stato in particolare – infine l'elemento *cetuale*[37].

Per mezzo dell'«elemento cetuale», la formazione della volontà dello Stato deve essere mediata con le «vedute e i pensieri dei molti», con gli «interessi delle cerchie particolari e dei singoli» (*Lineamenti*, parr. 301 sg.). Ma conformemente all'idea dell'organizzazione organica dello Stato, ciò può accadere solo in modo articolato, e precisamente attraverso il ceto degli agricoltori, degli artigiani, degli addetti alle fabbriche, dei commercianti e del cosiddetto ceto «universale» che, secondo Hegel, «ha per sua occupazione gli interessi universali della situazione sociale» (*Lineamenti*, parr. 303, 202-205), cioè i funzionari dello Stato, gli uomini di scienza e quelli dediti all'arte. In questa organizzazione un ruolo particolare deve spettare ai grandi possidenti fondiari che stanno accanto al potere del principe; ne segue che l'elemento cetuale si divide in una camera signorile, al-

la quale si appartiene per via ereditaria, e in una camera dei deputati (*Lineamenti*, parr. 305 sgg.). I deputati «rappresentano» in «un
senso organicamente razionale» il «lato mobile della società civile»,
la sua «sfera essenziale» e i «grandi interessi». In altre parole, essi
non rappresentano i singoli, e proprio per questo Hegel tiene in poco conto il suffragio universale (*Lineamenti*, parr. 308 e 311). In questa forma, tale concezione è legata al proprio tempo e interessa solo
da un punto di vista storico. Ma resta certamente il tema della mediazione del singolo e del particolare nell'unità politica.

Invece, oggi come allora è (anche) filosoficamente scandalosa la
tesi metafisica di Hegel del potere del monarca come inizio e culmine
dell'intero. Si tratta più precisamente dell'affermazione che la realtà
essenziale della sovranità e della personalità dello Stato risiede nella
persona del monarca in quanto «culmine separato per sé, innalzato
sopra ogni particolarizzazione e condizione» (*Lineamenti*, par. 279
annotazione). Hegel sapeva bene quanto fosse contestabile l'identificazione dell'idea dello Stato come compiuta e sovrana autodeterminazione terrena dell'uomo, questo grande «io voglio», con una persona determinata. L'irrazionale accidentalità di questo nesso tra nascita e ufficio, la possibile incapacità del monarca e il dare carta bian-
ca al suo arbitrio, erano le critiche dalle quali egli cercò di difendere
la sua architettura statale. Per Hegel ciò non dipendeva né dalla qualità particolare del carattere del monarca né dal suo potere. In una so-
lida costituzione e in una compiuta organizzazione, specialmente del
legislativo, è necessario che solo un uomo dica «sì», che sottoscriva
con il proprio nome, «metta il punto sulla i» e segni così il culmine,
l'insuperabilità della decisione ultima (*Lineamenti*, parr. 279 agg. e
280 agg.). Per la necessità razionale del passaggio dalla concezione
della «pura autodeterminazione» dell'uomo nello Stato all'immedia-
tezza dell'esistenza fisica di un determinato singolo uomo, Hegel mo-
bilita addirittura il parallelo con l'antica prova ontologica dell'esistenza di Dio (di Anselmo di Canterbury), secondo la quale la massima perfezione di un'essenza si rovescia necessariamente nella sua esistenza, perché senza di essa non sarebbe perfetta (*Lineamenti*, par.
280). Ma queste stravaganze occultano il nocciolo della questione: la
persona di un monarca in quanto personificazione del potere princi-
pesco appare a Hegel irrinunciabile perché essa contiene idealmente
in sé, come figura dell'autodeterminazione sovrana e di un'assoluta
autofinalità, tutti i momenti del potere dello Stato che – considerati

filosoficamente – scaturiscono da essa e in essa ritornano (*Lineamenti*, par. 275; *Enciclopedia delle scienze filosofiche*, par. 542). Di conseguenza, quella personificazione gli garantisce «la pienezza di anima e il principio vivente dell'intero» (*Lineamenti*, parr. 275 agg., 270 agg., 272), la «reale unità dello Stato» (*Lineamenti*, par. 281). Il discorso di Hegel sul principe e i poteri dello Stato è qui simile a quello che nel 1442 il politico ecclesiastico e filosofo tedesco di impronta mistica Nicolò Cusano fece sul rapporto tra il papa e il potere della Chiesa, tra creatore e creazione: *omnis potestas, quae est explicata in ecclesia, est in papa ut in principio causali complicatorie*. Ciò significa[38] che ogni potere sviluppato con ordine nella Chiesa è concentrato in modo indifferenziato nel papa, quale sua prima causa al vertice.

II. *Diritto, moralità, eticità*

Come già detto, lo Stato hegeliano non può essere scambiato con la società civile. Altrimenti la mera garanzia e la protezione della proprietà, e quindi gli interessi dei singoli, apparirebbero come lo scopo dell'unione. Ma in Hegel per Stato si intende

l'*unione* come tale [...] il verace contenuto e fine, e la destinazione degli individui è di condurre una vita universale; l'ulteriore loro particolare appagamento, attività, modo del comportamento ha per suo punto di partenza e risultato questo elemento sostanziale e universalmente valido. – La razionalità consiste, considerata astrattamente, in genere nella compenetrantesi unità dell'universalità e dell'individualità, e qui concretamente secondo il contenuto nell'unità della libertà oggettiva cioè dell'universale volontà sostanziale e della libertà soggettiva come di sapere individuale e della di lui volontà ricercante fini particolari – e pertanto secondo la forma in un agire determinantesi secondo principi e leggi *pensate*, cioè *universali* (*Lineamenti*, par. 258).

Hegel non si stancherà mai di descrivere lo Stato come «la realtà della libertà concreta» attraverso l'unità della compenetrazione reciproca di particolarità e universalità:

Il principio degli Stati moderni ha questa enorme forza e profondità, di lasciare il principio della soggettività compiersi fino all'*estremo autonomo* della particolarità personale, e in pari tempo di *ricondurre* esso nell'*unità sostanziale* e così di mantener questa in esso medesimo (*Lineamenti*, par. 260).

Questo ricondurre significa che, in questo Stato, gli affari universali diventano di diritto le faccende particolari del singolo. E precisamente in modo tale che l'adempimento dei doveri individuali dei sudditi e il disbrigo dei propri affari siano accompagnati dalla coscienza e dal sentimento, rafforzati dalle istituzioni razionali della libertà pubblica, «d'esser membro di questo intero» e diventino spontaneamente o scientemente attività per lo Stato, che è da parte sua il prodotto di queste attività (*Lineamenti*, parr. 260 sgg.). La compenetrazione reciproca di oggettivo e soggettivo, di diritto e morale in una comunità concreta che Hegel chiama eticità e che definisce come «il concetto della libertà divenuto mondo sussistente e natura dell'autocoscienza» (*Lineamenti*, par. 142), contraddistingue il terzo e più alto livello dello sviluppo, nel quale la libera volontà, in quanto principio spirituale dell'autodeterminazione, sviluppa la propria libertà nell'esistenza.

La presentazione di questo terzo punto di vista, in base al quale la libera volontà concepisce le istituzioni della famiglia, della società civile e dello Stato come forme reciprocamente integrantesi della realizzazione della sua propria libertà, costituisce dunque la terza, ultima e di gran lunga più estesa parte della filosofia del diritto di Hegel. Le due parti precedenti (in sé a loro volta – quasi obbligatamente – tripartite) mostrano quello sviluppo della libertà che deve essere percorso fino al suo compimento nel punto di vista dell'eticità (la migliore panoramica la offre l'aggiunta al par. 33 dei *Lineamenti*). Quello sviluppo comprende i due livelli del diritto astratto e della moralità, mentre l'eticità appare come la loro superiore unità e verità. Al primo livello del diritto formale o astratto da ogni determinatezza del concreto, la volontà trova la propria libertà come persona giuridica, direttamente nell'esserci di una cosa che le appartiene, oppure nell'acquisizione e nella cessione per contratto. Il punto di vista morale dell'autoriflessione e dell'autodeterminazione secondo l'idea del bene determina la persona giuridica come soggetto morale (che si realizzerà più tardi come cittadino al livello dell'eticità). Questo schema non è però equilibrato. La prima parte contiene sì una dottrina del diritto e la terza una dottrina dello Stato, ma la seconda non contiene, come ci si aspetterebbe, un'elaborata dottrina delle virtù o un'etica, ma solo una sezione (certo voluminosa) sull'idea del bene e sulla coscienza; del resto con il «proponimento», la «responsabilità» e l'«intenzione», cioè con le questioni che riguardano la disposizione d'animo, si intende per così dire il mero lato interno del diritto, che dal XVIII secolo fu tradizionalmente assegnato alla morale.

Bisogna inoltre osservare che la triade dialettica hegeliana di tesi, antitesi e sintesi si comprende come sviluppo speculativo del concetto alla luce della considerazione filosofica, e non come una specie di storia del diritto o della Costituzione. Hegel cerca piuttosto un concetto astorico («razionale») di diritto e di Costituzione, che non si mescoli giuridicamente ed empiricamente con la variopinta molteplicità delle organizzazioni storiche del diritto, e nemmeno sorvoli alla maniera astratta del diritto naturale il «presente e il reale» in un ragionamento unilaterale, ma che invece superi ogni «elemento temporale e transeunte» attraverso l'assunzione della storicità nell'idea del diritto come sviluppo spirituale (*Lineamenti*, Prefazione)[39]. Quindi il diritto e la sua filosofia si compiono nella comprensione della razionalità dello Stato e della sua Costituzione nel livello più alto dello sviluppo del molteplice. Questa conseguenza può dunque essere letta in termini di teoria delle istituzioni o di filosofia della storia. Il notissimo passaggio della Prefazione alla filosofia del diritto, la celebre e famigerata doppia affermazione sul rapporto tra ragione e realtà, consente entrambe le versioni. L'edizione pubblicata nel 1821 fonda il tentativo «di comprendere e di esporre lo Stato come qualcosa entro di sé razionale» e le sue «istituzioni come realizzazione della libertà» sulla provocatoria dichiarazione: «Ciò che è razionale è reale; e ciò che è reale è razionale». Nella sua *Enciclopedia delle scienze filosofiche* (par. 6) a propria difesa Hegel ha rinviato alla distinzione tra mera apparenza ed esistenza da una parte, e «ciò che in sé merita veramente il nome di realtà» dall'altra (si vedano anche i *Lineamenti*, par. 270 agg.). In questa differenza diventa visibile quell'idea di sviluppo che Hegel ha esposto ai suoi uditori nel 1819-20 con una formulazione in termini di filosofia della storia di quella duplice affermazione: «ciò che è razionale diviene [*sic!*] reale, e ciò che è reale diviene [*sic!*] razionale»[40].

Una (reciproca) antipatia accomunava Hegel al suo celebre collega dell'Università di Berlino Friedrich Carl von Savigny, il grande sistematico del diritto romano e fondatore della «scuola storica del diritto», che, in nome di una giurisprudenza storica della pacifica crescita organica del diritto dallo spirito del popolo, aveva respinto il progetto di un «Codice civile universale per la Germania». Infatti, nella teoria hegeliana dello sviluppo giocava un ruolo centrale proprio la legislazione universale (contro il rimanere fermi alle memorie storiche da parte dei romanisti: *Lineamenti*, par. 211 agg.). Ciò che in sé è diritto, deve diventare oggetto della coscienza come legge (*Lineamenti*, parr. 210 sgg.) e può diventarlo – e precisamente in una società con una sviluppata cultura giuridica:

> Negare a una nazione civile o al ceto giuridico della medesima la capacità di fare un codice – giacché non può trattarsi di fare un sistema di leggi *nuove* quanto al loro *contenuto*, bensì di conoscere nella sua universalità determinata il contenuto legale sussistente, cioè coglierlo *pensando* – con l'aggiunta dell'applicazione al particolare –, sarebbe uno dei più grandi affronti che potrebbe esser fatto a una nazione o a quel ceto (*Lineamenti*, par. 211 agg.).

Poiché nell'attività legislativa possono sempre entrare elementi accidentali, bizzarrie, e addirittura violenza e tirannia, in ogni legge resta sempre un dubbio circa la sua razionalità – una sorta di «domanda filosofica in contraddittorio» di fronte alla «scienza storica» dei giuspositivisti (*Lineamenti*, parr. 3, 29, 212).

III. *Critica della critica: statalizzazione della soggettività?*

Lo Stato hegeliano appare come una potenza etica nella quale tutte le contrapposizioni, soprattutto quella tra soggettività e oggettività e fra particolarità personale e universalità sostanziale, sono «conciliate», sono cioè, nel noto doppio significato del termine, superate (*aufgehoben*), vale a dire negate e conservate al tempo stesso. Hegel indica questo movimento come un ricondurre all'unità sostanziale (*Lineamenti*, par. 260), la quale è fondamentalmente mediata dal sentimento di essere membri dell'intero (*Lineamenti*, par. 261). Che questo costituisca un contrappeso sufficiente al fagocitamento della soggettività da parte della personalità dello Stato realizzata nel monarca (*Lineamenti*, par. 279) è tanto più discutibile quanto più gli individui diventano indifferenti dal punto di vista della storia del mondo intesa come storia di Stati[41]. Infatti, anche se si dice che «lo Stato è il mondo che lo spirito si è fatto» (*Lineamenti*, par. 272 agg.), nel quale ha luogo ogni «conciliazione» (*Lineamenti*, par. 360), la trattazione del «diritto statuale esterno» (= diritto delle genti) conduce inevitabilmente nella reale pluralità del mondo degli Stati. Ma ora il discorso riguarda direttamente lo spirito, che «si dà la propria realtà nel processo della storia del mondo» e che funge da giudice degli Stati individuali (*Lineamenti*, par. 259 e agg.).

I principi degli *spiriti del popolo* a cagione della loro particolarità, nella quale essi hanno la loro realtà oggettiva e la loro autocoscienza come individui *esistenti*, sono limitati in genere, e i loro destini e fatti nel loro rapporto dell'uno all'altro sono la dialettica apparente della finità di questi spiriti, dalla quale lo spirito *universale*, lo *spirito del mondo*, in tanto si produce come illimitato, in quanto è esso che esercita il suo diritto – e il suo diritto è tra tutti il supremo – su di essi nella *storia del mondo*, come in *tribunale del mondo* (*Lineamenti*, par. 340).

In questa prospettiva, con la piena mediazione dell'individualità personale attraverso l'individualità degli Stati, ogni conciliazione si riduce al sacrificio della proprietà e della vita in favore dell'«individualità dello Stato» (*Lineamenti*, parr. 324 sg.).

Che l'individuo sia, è indifferente all'eticità oggettiva, la quale sola è ciò che permane e il potere mediante il quale viene governata la vita degli individui (*Lineamenti*, par. 145 agg.).

§ 29. LA CRITICA ANTROPOLOGICA DELL'ATOMISMO ETICO: LA COSTITUZIONE SOCIALE DELL'INDIVIDUO

Con la sua filosofia politica e del diritto Hegel criticava l'astratto individualismo delle scienze sociali della moderna dottrina del diritto e dello Stato in quanto «atomismo» etico, come lo definiva egli stesso. Tutte le teorie contrattualiste, da Hobbes a Kant, condividono di fatto la premessa degli individui isolati, pensati al di fuori di ogni relazione sociale (*supra*, §§ 22 sgg.). A partire da Hobbes, essi si presentano come egoisti razionali che, come singoli, cioè in solitaria sovranità, decidono sui loro fini pratici e li realizzano con la loro ragione strumentale. Il problema politico centrale riguarda il modo in

cui l'arbitrio di ognuno può coesistere con quello degli altri e come
questa coesistenza possa durare. Tutte le soluzioni teoriche pongono
dunque quelle qualità del soggetto agente come assolute e come già
da sempre compiute, astraendo così completamente dall'autocomprensione degli uomini mediata dal mondo della vita. Hegel cercò
invece di mostrare che l'autonomia individuale si può formare completamente solo in rapporto al tutto e a partire dal tutto, nel processo
graduale di una spiritualità oggettiva, non monologica, che si estende agli individui. Anche non seguendo più questa metafisica idealistica e questa speculazione storica, si deve comunque riflettere sulla
struttura della sua argomentazione. Il modello è antichissimo. Lo
stesso Hegel ha indicato il proprio modello dell'eticità antica come
«seconda natura» dell'uomo. In conseguenza di ciò, l'eticità dell'agire non era nient'altro che il suo essere conforme al *nomos* e all'*ethos*
della *polis*. Infatti, in quanto tutto, aveva insegnato Aristotele (*Politica*, I, 2), lo Stato precede logicamente le sue parti, i cittadini. A questo essere-partecipe mira la designazione dell'uomo come «animale
politico» (*zoon politikòn*). In modo specificamente umano, l'uomo è
ciò in quanto *zoon logon echon* (*ibid.*), animale che ha la parola:

> La parola è fatta per esprimere ciò che è giovevole e ciò che è nocivo e,
> di conseguenza, il giusto e l'ingiusto: questo è, infatti, proprio dell'uomo
> rispetto agli altri animali, di avere, egli solo, la percezione del bene e del
> male, del giusto e dell'ingiusto e altro ancora: il possesso comune di questi
> costituisce l'ambito della casa e l'unione politica (*Politica*, 1253 a 15).

La questione è se questa concezione non possa e non debba essere rinnovata in senso antropologico e di filosofia del linguaggio al
di là della metafisica della natura aristotelica e della ricostruzione in
termini di filosofia della storia da parte di Hegel. Non è forse vero
che l'uomo – un essere parziale, dotato di parola, fatto per lo scambio di idee e da esso dipendente – solo nelle relazioni comunicative
e nelle interazioni linguistiche è in grado di costruirsi un'identità
personale, di articolare i propri interessi e di far valere le proprie esigenze? Al posto dell'arbitrio del singolo non devono allora essere
posti al centro dell'etica, della dottrina del diritto e dello Stato quei
rapporti, la loro cura e la loro conservazione?
Nella nostra panoramica sui possibili principi di una fondazione
delle norme abbiamo già incontrato una conseguenza moderna del-

la critica dell'atomismo etico, cioè il «proceduralismo della teoria dell'intersoggettività» (A. Honneth) proprio della teoria del discorso (*supra*, § 12). Essa costruisce, con pretesa universale in forza della ragione comunicativa, una sempre nuova fondazione delle norme e una loro critica in un processo democratico senza fine.

Un'altra possibilità è quella di rinunciare fin dall'inizio a ogni pretesa e a ogni teoria universalistica e di comprendere in funzione riflessiva il contesto comunicativo di un concreto mondo umano a partire dalla sua tradizione concependolo come fondamento costitutivo per l'eticità e l'autocomprensione etica dell'uomo. Abbiamo così indicato la direzione nella quale oggi si muovono specialmente alcuni critici nord-americani del liberalismo. Per via della loro tesi (anti-universalistica-«contestualistica») sul significato fondamentale delle comunità solidali e sulle convinzioni collettive dei valori, essi vengono designati come *communitarians*, cioè comunitaristi[42]. Da menzionare sono Michael Sandel, Alasdair MacIntyre, Michael Walzer[43] e Charles Taylor, la cui critica tanto chiara quanto problematica al concetto negativo di libertà di Hobbes e di molti liberali è qui di particolare interesse. Taylor contrappone alla concezione negativa della libertà come mera assenza di impedimenti una concezione positiva come realizzazione dei propri scopi, secondo cui la libertà è tanto maggiore quanto più importanti sono i fini che io voglio perseguire[44]. Si può dunque definire come libertà la libertà nelle cose importanti e nelle questioni fondamentali, ad esempio la libertà nelle faccende che riguardano la fede e la coscienza, ma non la libertà nel traffico stradale. Ma la plausibilità di questa attribuzione di importanza dipende chiaramente da una collettiva «comprensione di fondo» culturale, e non è una questione di scelta individuale. Per essere realmente libero, io devo – oltre all'assenza di impedimenti esterni – sviluppare un'autocomprensione che mi permetta di fare adeguatamente quella distinzione e superare o neutralizzare anche motivi contrapposti di scarso valore. Senza dubbio ciò coglie la concezione della libertà di una élite, che dà forma a ogni società. La questione è solo se a una tale teoria positiva della libertà e quindi della relativizzazione etica dell'autorità del soggetto non segua in un secondo momento – Taylor scorge senz'altro questo pericolo – una teoria politica che non riconosce al soggetto la competenza di formulare i propri bisogni e che quindi, in nome della «vera» libertà, giustifichi continue coazioni.

Parte quarta

Il bisogno delle masse:
il ritorno della questione della giustizia

Capitolo primo

Una nuova parola d'ordine: giustizia sociale

§ 30. SOLIDARIETÀ E GIUSTIZIA SOCIALE

Nel 1848, l'anno delle rivoluzioni europee, Karl Marx e Friedrich Engels predissero per i proletari di tutti i paesi, nella tradizione dell'idealismo tedesco, il regno della libertà. Nel *Manifesto comunista* essi non parlano di giustizia. La sua frase centrale è piuttosto: «Alla vecchia società borghese, con le sue classi e i suoi antagonismi di classe, subentrerà una associazione, nella quale il libero sviluppo di ciascuno sarà la condizione del libero sviluppo di tutti». I movimenti di massa dell'epoca industriale vennero infatti ben presto influenzati da nuove parole d'ordine politiche di altro tipo e provenienza[1].

Benché il principio della *fraternità* inizi già dal 1792 a integrare il postulato della libertà e dell'uguaglianza della Rivoluzione francese, solo la Seconda Repubblica francese del 1848 ha proclamato come suo motto ufficiale *liberté, égalité, fraternité*. Alimentato da radici stoiche e cristiane (*supra*, § 18), il moderno *concetto-disposizione d'animo* della fraternità indica un sentimento collettivo di affinità, di vicinanza naturale e di origine comune. Sullo sfondo dei disordini sociali di questa prima rivoluzione del proletariato, la proclamazione della fraternità intende appianare, attraverso il richiamo a un sentimento di comune appartenenza, le tensioni da tempo venute alla luce tra i postulati della libertà e dell'uguaglianza. *Solidarietà* è invece originariamente un concetto giuridico che indica la responsabilità collettiva dell'associazione per la colpa di un singolo. Questo dovere asimmetrico della garanzia dei molti per uno viene sostituito, nelle riforme sociali avvenute sulla scorta del conte Saint-Simon (1760-1825) e di Charles Fourier (1772-1837), dall'obbligazione simmetrica e solidaristica di tutti di fronte a tutti nel senso dell'amore cristiano per il prossimo. Il concetto riceve un significato politico-conflittuale nel socialista democratico Louis Blanc (1811-1882), che volle eliminare le storture dell'ordine sociale capitalistico attraverso associazioni di produzione dei lavoratori sostenute dallo Stato, e in Pierre-Joseph Proudhon (1809-1865), uno dei fondatori del movimento anarchico. Egli, ritenendo un «furto» la «proprietà» derivata dall'interesse e dalla rendita fondiaria, esigeva l'eliminazione «dei due despoti denaro e interesse», in modo che le libere associazioni convivessero armonicamente nella giustizia e nella reciprocità («mutualismo»), conformemente alla sua «filosofia del lavoro». Nelle battaglie della rivoluzione del 1848 la parola d'ordine «solidarietà» fece la sua comparsa accanto a quella della fraternità e, sotto l'influenza di Marx, la sostituì progressivamente nei proclami dell'Associazione internazionale dei lavoratori. Grazie ai discorsi dell'oppositore di classe tedesco Ferdinand Lassalle (1825-1864), il termine solidarietà diventa un'idea centrale soprattutto nel movimento tedesco dei lavoratori. Da una parte il concetto di solidarietà descrive l'uguaglianza di certi interessi e la reciproca dipendenza nel loro soddisfacimento, dall'altra esso richiede un agire normativamente comune nel superamento del deficit causato dall'isolamento e dalle disuguaglianze sociali, e necessita perciò anche di disciplina. «All'interno del movimento operaio», scrive Bernstein nel 1910[2], «nessun principio, nessuna idea ha maggiore forza [...] del riconoscimento della necessità dell'*esercizio della solidarietà*. Ad essa non tiene testa nessuno degli altri grandi principi normativi del diritto sociale – né il principio dell'uguaglianza né quello della libertà». Questo concetto riceve un'impronta social-liberale, nel senso di una giustizia sociale distributiva, verso la fine del XIX secolo nel movimento francese del cosiddetto solidarismo. Com'è facile immaginare, qui si incontrano i «socialisti radicali» e i «cattolici sociali» francesi. Da ultimo, la polacca *Solidarnosc* ha dimostrato ancora potentemente questa connessione oggettiva.

«Giustizia sociale» fu un lemma assolutamente nuovo. Per quanto vecchia sia anche la filosofia della giustizia, si iniziò a parlare di giustizia *sociale* solo a partire dalla metà del XIX secolo. Durante le rivoluzioni europee del 1848, mentre nella Paulskirche di Francoforte venivano proclamati i «diritti fondamentali del popolo tedesco» (e non dei tedeschi), a Londra Marx ed Engels predicevano la liberazione del proletariato e l'Assemblea nazionale francese proclamava il principio costituzionale della fraternità, un sacerdote italiano, il filosofo e patriota conte Antonio Rosmini-Serbati (1797-1855), pubblicava a Milano un progetto costituzionale di giustizia sociale: *Progetto di costituzione secondo la giustizia sociale*. Benché il testo fosse stato immediatamente messo all'indice dalla curia romana, fosse stato cioè inserito nella lista dei libri proibiti, l'idea di giustizia sociale trovò sempre maggiore diffusione nel e per mezzo del cosiddetto cattolicesimo sociale, specialmente in Francia. Dal punto di vista della tradizione aristotelica e tomista della filosofia sociale cattolica, la nuova declinazione del concetto sembrava adatta, meglio della vecchia *iustitia universalis* (= *legalis*) aristotelica (*supra*, § 19, I) che da molto tempo non era più correttamente compresa, a raccogliere le sfide della «questione sociale». Anche questo progresso del concetto non è dovuto a un automovimento del pensiero filosofico, ma a una dura esperienza: al bisogno delle masse e alla miseria della classe senza proprietà («proletariato») dell'epoca industriale. Sulla spinta di questa situazione e impressionato dai socialisti francesi, anche John Stuart Mill (1806-1873), il grande difensore vittoriano della libertà individuale (*On Liberty*, 1859)[3], nei suoi *Principi di economia politica* – sempre nel 1848 – ruppe con la dottrina estremamente liberale di Manchester: solo le leggi della produzione corrispondono a leggi naturali, mentre quelle della distribuzione sono opera dell'uomo e bisognose di riforma. Di conseguenza, il conflitto di classe può essere integralmente risolto attraverso una nuova regolamentazione della distribuzione sociale della ricchezza che salvaguardi la proprietà privata e la struttura produttiva capitalistica. Ma l'autore si aspettava un ancora maggiore «avvicinamento alla piena giustizia sociale»[4] anche attraverso un'organizzazione cooperativa della vita economica intesa come unificazione di giustizia e autodeterminazione, che si sarebbe realizzata qualora i lavoratori fossero diventati per così dire i capitalisti di se stessi. Come «principio superiore» della «giustizia sociale o distributiva, verso cui dovrebbero essere orientate nel massimo grado possibile tutte le istituzioni sociali e le fatiche dei cittadini retti», nel suo già menzionato saggio sull'utilitarismo (*supra*, § 15) Mill ha posto l'esigenza «che la società debba trattare egualmente bene chiunque si sia reso parimenti benemerito verso essa».

In Germania già nel 1848 il protestantesimo aveva reagito con la fondazione dell'organizzazione Innere Mission al «pauperismo» del

Vormärz, vale a dire all'impoverimento e all'immiserimento nascenti dall'eliminazione dell'ordinamento cetuale delle corporazioni, dall'incremento della popolazione e dall'esodo dalle campagne; l'opera di diaconato di questa organizzazione ne fece in seguito la più grande e più importante lega di beneficenza dell'Impero tedesco. Dal 1873 il Verein für Sozialpolitik, composto dai «socialisti della cattedra», come furono all'inizio ironicamente definiti, iniziò a riflettere sui bisogni dei lavoratori, in particolare «sui gravi inconvenienti dovuti alla crescente ineguaglianza dei patrimoni e dei redditi», richiedendo un maggiore controllo statale sulla vita economica e sul lavoro, accanto a una migliore assistenza statale per l'educazione, la formazione e la situazione abitativa della classe lavoratrice. In forza di una «teoria della giustizia distributiva come principio guida delle riforme sociali»[5] si levò, contro l'ortodosso ottimismo economico del «partito del libero scambio», una critica economica, eticamente motivata, della situazione esistente. Nel suo discorso inaugurale al congresso preparatorio di Eisenach del 1872, l'economista Gustav Schmoller (1838-1917) indicò come causa principale del male attuale il fatto che in tutte le attività economiche viene ricercato solo l'incremento della produzione, ma non vengono considerate le conseguenze sugli uomini.

Nel mezzo della crisi economica mondiale e di una disoccupazione di massa dalle proporzioni in precedenza sconosciute, provocata dal crollo della borsa di New York nel «venerdì nero» dell'ottobre 1929, anche la Chiesa cattolica approvò ufficialmente il nuovo fondamentale concetto della filosofia sociale. Nell'enciclica sociale del 1931 *Quadragesimo anno* di papa Pio XI, diretta da un lato contro il liberalismo e dall'altro contro il socialismo, la giustizia sociale viene evocata non meno di sei volte[6]. Ma la politica mondiale aveva già fatto proprio quel concetto. Nel 1919, nel contesto della Società delle Nazioni, venne fondata l'Organizzazione internazionale del lavoro, con sede a Ginevra. Il suo fine era favorire la pace mondiale attraverso la giustizia sociale[7]. Così declamava il preambolo dello statuto dell'organizzazione – ben centoventi anni dopo che Kant, considerando l'esito della rivoluzione borghese in Francia, aveva sviluppato a partire dal concetto di libertà il suo progetto filosofico di un durevole ordine della pace mondiale (*Per la pace perpetua*, 1795), senza utilizzare la parola giustizia altrimenti che come un'appendice ed essenzialmente solo nel senso della giurisdizione statale[8].

§ 31. LO STATO SOCIALE DI DIRITTO

Durante la ricostruzione dello Stato tedesco, dopo la catastrofica fine del regime nazionalsocialista, la maggior parte dei *Länder*, e quindi anche la nuova Repubblica federale tedesca, nelle loro costituzioni si sono esplicitamente denominati «sociali». L'importante art. 20, primo comma, della Costituzione di Bonn del 1949 definisce la Repubblica federale uno «Stato sociale federale» e l'art. 28, primo comma, parla di «Stato sociale di diritto». Si trattava di una novità nella storia costituzionale. Non c'era al riguardo alcun modello di testo di legge costituzionale, come non ce n'era per la dichiarazione di «giustizia sociale» contenuta nell'art. 65 della Costituzione di Brema del 1947. Comunque queste proclamazioni apparvero ovunque chiare. La ragione si può facilmente capire: crisi generalizzata, ma distribuzione ineguale delle conseguenze della bancarotta statale. Nel 1951 la Corte costituzionale federale chiarì questo nesso nella sua prima sentenza sul significato del «principio dello Stato sociale» nella Legge fondamentale (Sentenza 1, 97/105): il legislatore dello Stato sociale è obbligato a svolgere un'«attività sociale, in particolare al fine di ottenere un compromesso accettabile tra interessi contrastanti e la creazione di condizioni di vita accettabili per tutti quelli che, in conseguenza del regime hitleriano, sono venuti a trovarsi in una situazione di bisogno».

In una situazione simile a quella dell'assemblea nazionale di Weimar dopo la rivoluzione del 1918, il Consiglio parlamentare di Bonn, con il principio dello Stato sociale, accolse anche una tradizione che nella Costituzione di Weimar aveva trovato la propria espressione nei diritti sociali fondamentali all'istruzione, alla casa e al lavoro (artt. 143, I, 155, I, 163, II). Ma per ragioni estrinseche essi non vennero inclusi in questa forma nella Legge fondamentale: il piccolo Consiglio parlamentare che lavorava alla Costituzione, ma che non era ancora direttamente eletto dal popolo, non era sufficientemente rappresentativo dal punto di vista sociale e aveva poco tempo per discutere problemi sociali piuttosto complessi. Inoltre, dopo gli orrori del periodo nazista la garanzia dei diritti di libertà giustiziabili, cioè esigibili in via giudiziale dall'interessato, sembrava più importante che indicare dei fini al legislatore attraverso diritti sociali fondamentali, che comunque non avrebbero reso immediatamente esigibili beni come l'istruzione, la casa e il lavoro[9].

Alle spalle della tradizione di Weimar c'è un concetto di Stato che, sulla base della filosofia hegeliana, il celebre scienziato dello Stato Lorenz von Stein (1815-1890) aveva per primo concepito nella forma della sua teoria della «monarchia sociale». Diversamente dalla filosofia della libertà di Locke (*supra*, § 26), indifferente rispetto alle differenze sociali, quella di Hegel era assolutamente sensibile al sociale. «Come si debba porre rimedio alla povertà» è per Hegel un'importante questione «che muove e tormenta in modo particolare le società moderne» (*Lineamenti*, par. 244 agg.). Il problema viene compreso da un lato come qualcosa di individuale, la cui soluzione (*Lineamenti*, parr. 237 sgg.) viene lasciata alla previdenza dell'amministrazione («polizia») e alla carità personale («moralità»). Dall'altro lato, sull'esempio dell'Inghilterra, Hegel vede nella contrapposizione tra l'unilaterale «accumulazione delle ricchezze» e la «dipendenza e ristrettezza» della classe lavoratrice, che genera la «plebe», una «dialettica» della società civile (*Lineamenti*, parr. 243 sgg.). Essa viene così «spinta oltre sé» – nel commercio internazionale, specificamente oltre mare e nella colonizzazione per mezzo dei suoi emigranti. Il problema non si manifesta però sul piano dello Stato «politico». Com'è noto, Marx riteneva questo Stato non riformabile e si aspettava la liquidazione definitiva del problema dalla liberazione reale, completa e definitiva dell'uomo attraverso la rivoluzione del proletariato nella società senza classi, liberata dalla proprietà privata dei mezzi di produzione, secondo la massima «a ciascuno secondo i suoi bisogni». Di contro, von Stein contava sulle riforme statali. Egli riconosce con Hegel la libertà come il principio dello Stato di fronte alla società, «secondo il quale *ogni* membro della società deve raggiungere il massimo grado del suo sviluppo»[10]. Nella società sussisterebbe invece l'illibertà, vale a dire la dipendenza dal possesso. Poiché attraverso il suo potere sociale e la partecipazione al potere statale raggiunta per mezzo di esso la classe dominante tiene quella subalterna in uno stato di costante dipendenza, quest'ultima non trova «né nella società né nello Stato un organo per migliorare le proprie condizioni e per progredire verso la libertà». Contro la concezione hegeliana secondo la quale l'idea di Stato è rappresentata staticamente dalla monarchia, quest'ultima dovrebbe diventare un organo mobile della riforma sociale: «D'ora innanzi ogni monarchia diviene o una pallida ombra, o un dispotismo, oppure tramonta nella repubblica, qualora non abbia il superiore coraggio etico di diventare una monarchia della riforma sociale».

Successivamente Stein ha riformulato il problema nei termini della teoria generale dello Stato, determinandolo come l'integrazione dello Stato di diritto per mezzo del principio dello Stato sociale[11]: come Stato di diritto, il potere dello Stato dovrebbe impedire che dalle differenze sociali ed economiche di classe sorgano privilegi di qualsiasi tipo e quindi «classi di diritto»; esso dovrebbe garantire «l'assoluta uguaglianza del diritto» per le «singole personalità autodeterminate». Spetta inoltre allo Stato anche favorire con il suo potere «il progresso economico e sociale *di tutti* i suoi membri». A tale riguardo «parliamo di Stato *sociale*». A porre in una relazione sostanziale lo Stato sociale con la democrazia sono stati prima l'eminente giurista, politico e pubblicista austriaco Julius Ofner[12] e, durante il periodo della Costituzione di Weimar, in particolare Hermann Heller[13]. Nell'«idea sociale» egli scorgeva l'evoluzione della democrazia politica nella democrazia economica. Come la democrazia politica aveva eliminato i ceti, così la democrazia economica si rivolgeva contro le classi economiche. Si tratterebbe della trasformazione del mero Stato di diritto nello «Stato democratico-sociale del benessere». Al posto dell'«anarchia della produzione» dovrebbe subentrare «un giusto ordine della vita economica». Ciò era stato richiesto anche dalla Costituzione di Weimar nell'art. 51, primo comma: «L'ordinamento della vita economica deve esprimere i principi della giustizia al fine di garantire un'esistenza umana dignitosa a tutti».

Già nell'impero guglielmino alla teoria erano seguite delle conseguenze pratiche. Ma non fu tanto il «superiore coraggio etico» di Stein, quanto piuttosto il calcolo di potere che portò Bismarck a tentare di conquistare allo Stato i lavoratori attraverso una legislazione sociale che mirava alla copertura assicurativa – «il socialismo di Stato», com'egli lo definiva; le leggi sull'assicurazione contro le malattie (1883) e gli infortuni (1884) e la legge di assicurazione di invalidità e vecchiaia del 1891 erano in un modo o nell'altro fondamentali ed esemplari atti legislativi. L'assicurazione sociale è davvero l'«invenzione istituzionale più significativa dello Stato sociale» (G.A. Ritter). Anche nella Legge fondamentale tedesca la sua cura rientra tra i compiti tipici dello Stato sociale (si veda la sentenza della Corte costituzionale federale 21, 362/375). Tra i suoi fini ci sono – al riguardo c'è consenso: assistenza contro il bisogno e la povertà; un minimo di esistenza dignitosamente umana per ciascuno; assistenza per i soggetti socialmente deboli, vale a dire potenziamento dell'uguaglianza sociale attraverso la riduzione del dislivello di benessere e il controllo dei rapporti di dipendenza; infine, incremento e diffusione del benessere attraverso il sostegno della crescita economica. Che cosa tutto ciò significhi nello specifico è naturalmente oggetto di controversie politiche e scientifiche che in linea di principio non devono essere bloccate: in quanto momento del progresso democratico, si tratta di un processo aperto[14]. Il suo fine è stato inizialmente definito dalla Corte costituzionale federale come «giustizia sociale», in seguito e più frequentemente come «un giusto ordinamento sociale» (sentenze 22, 180/204; 59, 231/263; 69, 272/314). La riforma delle pensioni del 1957 costituisce un'importante pietra miliare che, attraverso la dinamizzazione delle rendite, permette ai beneficiari di partecipare alla crescita economica.

Accanto al ramificato sistema di garanzie «microsociali» per i singoli e all'incremento «macrosociale» del benessere generale, c'è ancora qualcos'altro che rientra fra gli elementi dello Stato sociale. Lorenz von Stein aveva fatto riferimento a questa seconda colonna con la «parola d'ordine della democrazia sociale»[15]: autoregolazione dei conflitti sociali tra lavoro e capitale attraverso gli interessi che vi hanno parte, e quindi i datori di lavoro o le loro associazioni e i sindacati – senza alcuna strumentalizzazione unilaterale del potere statale a favore di una delle due parti in lotta, le quali, per effetto dell'alleanza tra i lavoratori, sono ormai della stessa grandezza. Questa cosiddetta autonomia contrattuale delle «parti sociali» non compare però esplicitamente nella Costituzione tedesca. Essa è regolata dalla legge sul contratto collettivo di lavoro del 9 aprile 1949, che succede al decreto tariffario del 1918; nel diritto costituzionale viene piuttosto trascurata e viene considerata solo come un'appendice alla libertà di coalizione tra datori di lavoro e lavoratori garantita dall'art. 9, terzo comma, della Costituzione tedesca (si veda la serie delle sentenze della Corte costituzionale federale da E 20, 312/317 fino al E 84, 212/224). Ma ciò non cambia nulla riguardo al fatto che abbia un significato fondamentale per lo Stato sociale.

§ 32. ECONOMIA SOCIALE DI MERCATO

Secondo l'obiettivo di un ordinamento sociale giusto sembra ovvio, in termini di economia politica, identificare il principio dello Stato sociale con la cosiddetta economia sociale di mercato. Che una tale identificazione non si sia mai data nella letteratura di diritto costituzionale è dovuto a un equivoco e a una propensione della dogmatica giuridica ad adempiere il proprio compito di garanzia della stabilità e della continuità (*supra*, § 2, II) per mezzo di un'acritica ripetizione di formule. Diciamo subito qualcosa di più al riguardo.

Come il liberalismo economico, di fronte alla «questione sociale», aveva subito una prima correzione per mezzo della «politica sociale» dei «socialisti della cattedra» (*supra*, § 30), così ci fu una seconda correzione, dovuta alla crisi economica mondiale seguita alla prima guerra mondiale, a opera dell'*Ordoliberalismus* della «scuola di Friburgo», legato soprattutto ai nomi di Walter Eucken[16] e Wilhelm Röpke[17]. L'esperienza dell'autodistruzione dell'economia di mercato, cioè della distruzione del regime di concorrenza attraverso l'abuso del potere di mercato, della concentrazione delle imprese, della formazione di monopoli e di cartelli, porta al rafforzamento della politica statale relativa alla concorrenza. Secondo la teoria dell'ordinamento dualistico dell'*Ordoliberalismus*, uno «Stato forte» deve creare quell'ordine economico che colloca il processo dell'economia di mercato nell'ordinamento sociale complessivo dei suoi valori e delle sue norme. La cosa più importante è la costituzione di un ordinamento concorrenziale attraverso un efficiente sistema dei prezzi. A tal fine, lo Stato deve mantenere la moneta stabile e i mercati aperti, deve garantire la proprietà privata e la libertà contrattuale e, contro la tendenza a limitare le responsabilità, deve provvedere alla loro regolazione. Nel quadro di questi cosiddetti «principi costitutivi» e nella misura in cui i monopoli non possono essere sciolti, la vita economica deve inoltre essere regolata attraverso il loro controllo. Come ulteriori «principi regolativi», Eucken stabilisce la correzione della distribuzione dei redditi attraverso la tassazione progressiva, la limitazione della libertà di pianificazione delle imprese considerandone gli effetti esterni indesiderati e la tutela dei lavoratori fino alla determinazione dei minimi salariali.

Dopo il 1945 questa diventò una delle fonti dalla quale attingeva il nuovo modello dell'«economia sociale di mercato». Dopo un inizio molto prudente in una situazione piuttosto confusa (legge sui principi per il contingentamento e la politica dei prezzi dopo la riforma monetaria del 24 giugno 1948), nel 1957, dopo sette anni di confronto – cioè nell'anno della riforma delle pensioni –, venne emanata una legge contro la limitazione della concorrenza: la «legge fondamentale dell'economia sociale di mercato», come viene spesso chiamata. Questa idea trasse però la sua forza anche dalle tradizioni della dottrina sociale cattolica, dell'etica protestante dell'economia e del socialismo liberaldemocratico. Il fine comune era quello di conciliare, in una terza via tra il vecchio capitalismo e il vecchio socialismo dell'economia pianificata, le forze del libero mercato con il compito dell'equilibrio sociale, trovando così un consenso tra i gruppi sociali (le vecchie classi antagoniste)[18]. Ciò significava da un lato riconoscere la necessità dell'intervento statale nell'economia, e dall'altro vincolare quanto più possibile gli interventi statali ai mezzi conformi al mercato, così come si trattava soprattutto di tenere in alta considerazione la guida politico-economica attraverso appelli morali del governo («Siate moderati!»).

Poiché questo «sia... sia...» alquanto pragmatico dell'economia sociale di mercato corrisponde al «sia... sia...» normativo con cui la Costituzione si vincola allo Stato sociale di diritto, non è giusto concludere che la Costituzione non debba contenere alcun «ordinamento economico» e debba essere «neutrale in materia di politica economica». Questa favola nasce da un fraintendimento della cosiddetta «sentenza sugli aiuti agli investimenti» della Corte costituzionale federale del 1954, sentenza che riguardava la costituzionalità della legge sugli aiuti agli investimenti del 1952 a favore dell'industria del carbone, metallurgica e della produzione di energia elettrica (sentenza 4, 7). A questa legge si obiettò che essa, in quanto intervento di politica economica dello Stato attraverso mezzi non conformi al mercato, era in contraddizione con la Costituzione. Se la Corte lasciò passare questo intervento statale con l'argomento centrale della «neutralità della Costituzione in materia di politica economica», ciò significava solo che per essa il legislatore, attraverso la Costituzione, non era vincolato a un canone determinato di provvedimenti di politica economica corrispondenti a un certo modello economico, e inoltre non considerava vietati in modo assoluto gli interventi non «diretti al mercato». La tesi centrale della sentenza è che il legislatore, all'interno della Costituzione, sarebbe libero di gestire ogni politica economica compatibile con le sue norme, cioè con le definizioni delle competenze e con i diritti fondamentali. Questa tesi significa due cose: che le indicazioni della legge costituzionale rendono costituzionalmente impossibile un'economia centrale pianificata dallo Stato, ma anche che l'economia di mercato garantita dai diritti fondamentali e dallo Stato di diritto rimane subordinata alla politica dello Stato sociale. Nel restante ambito giuridico, lo Stato può e deve dunque eventualmente intervenire – in un modo o nell'altro.

Dopo la prima grande crisi economica della vecchia Repubblica federale nel 1966-67, l'economia di mercato sociale si è trovata sempre più in difficoltà per le eccessive pretese dello Stato e dell'economia. Ciò ha riportato in vita i vecchi fronti ideologici che avrebbero dovuto essere superati. «Più mercato, meno Stato» fu il motto che dominò inizialmente. Dopo record sempre più alti nei dati della disoccupazione potrebbe seguire una certa rinascita dell'idea di Stato sociale in nome della giustizia sociale. Non è un caso che recentemente, con Amartya Sen, sia stato insignito del premio Nobel un economista che ha indagato a fondo proprio il lato oscuro del libero mercato[19].

Capitolo secondo

Il ritorno della questione di un giusto ordine nella filosofia accademica

§ 33. NUOVE TEORIE DELLA GIUSTA RIPARTIZIONE DEI BENI SOCIALI

I. *Sfere di distribuzione e principi di distribuzione*

Anche se, a causa degli effetti dell'odierna economia di mercato, il problema della ripartizione è ormai da molto tempo all'ordine del giorno della politica come *la* questione della giustizia delle società moderne, questo tema ha trovato solo con grande ritardo la dovuta attenzione nella filosofia accademica. L'impulso a una vasta e prolungata discussione teorica venne nel 1971 con *A Theory of Justice* del professore di Harvard John Rawls[20]. Nel frattempo, al posto della sua idea di un principio unitario di giustizia per la ripartizione di tutti i beni sociali, sono subentrate teorie della giustizia distributiva più differenziate e concrete. David Miller[21] caratterizza la giustizia sociale come il prodotto di elementi concettuali diversi e non riconducibili l'uno all'altro, elementi il cui aumento percentuale cambia inoltre da società a società. L'importanza del postulato della giustizia sociale, che risulterebbe da un certo livello dello sviluppo dell'economia di mercato, sarebbe in genere comprensibile e accettabile solo in un ben determinato contesto culturale. Più tardi Michael Walzer già con il titolo del suo libro *Spheres of Justice, a Defense of Pluralism and Equality* (1983) ha difeso il riconoscimento di una molteplicità di sfere autonome di distribuzione e una particolare «uguaglianza» degli uomini nella ripartizione dei diversi beni sociali. Questa «concezione pluralistica dei beni»[22] differenzia gli ambiti della sicurezza e del benessere, delle merci e delle cariche, del duro lavoro e del tempo libero, dell'educazione e della formazione, del potere politico ecc. non solo concettualmente, ma postulando la loro separazione. La giustizia dovrebbe provvedere innanzitutto alla separazione di questi ambiti (p. 318), per impedire che la disponibilità ai beni di uno degli ambiti porti automaticamente con sé anche un vantaggio in ambiti diversi: dal denaro il potere e dal potere anche denaro. Per rendere giustizia alla pluralità dei beni sociali dovrebbero essere introdotti – con peso di volta in volta diverso – tre differenti criteri di distribuzione: il libero scambio, il merito e il bisogno (pp. 31-32)[23]. Il risultato di una tale autonomia delle sfere di distribuzione è una società che, per uomini diversi in sfere diverse, presenta «risultati differenti» e proprio perciò è «giusta» (p. 319).

In questa forma astratta ciò è poco convincente. Perché dovrebbe essere ingiusto subordinare il conferimento delle cariche a un certo livello di formazione, oppure spendere denaro per una migliore assistenza medica invece che per comprare merci? Ma non si intende questo. Il nocciolo essenziale di questa concezione, anche se non ineccepibile, è che la disposizione di certi beni sociali non deve mettere nessuno nella condizione di esercitare un potere su altri uomini. «Gli esseri umani sono eguali (sotto tutti gli aspetti morali e politici importanti) quando nessuno possiede o controlla gli strumenti che gli consentano di dominare gli altri» (p. 9). Questa società è dunque giusta se e perché è egualitaria e, in un senso sociale, libera dal dominio (p. 18). Ma questa è solo una determinazione anarchico-negativa, apparentemente assoluta e del tutto astratta, dell'«uguaglianza complessa». In senso positivo, riferendosi alla società di volta in volta esistente, essa è invece assolutamente concreta: considerata in questo modo, infatti, una società esistente è giusta «se i suoi aspetti essenziali sono vissuti in [...] modo fedele alle concezioni collettive dei suoi membri (relativamente al significato dei beni sociali e della loro distribuzione)» (p. 312). Nella sua struttura, la filosofia della giustizia ritorna dunque conseguentemente a un modello di armonia sociale (*supra*, § 23, II)[24]. Al riguardo cambia poco l'aggiunta di Walzer secondo cui, quando c'è dissenso tra i membri della società sul significato dei beni sociali, la società, per amor di giustizia, deve tener conto di queste differenze sia attraverso i «canali istituzionali per esprimerli», sia attraverso tecniche di ripartizione e forme di distribuzione alternative (p. 313). Ed è proprio questo il punto saliente.

A partire da quell'ideale di armonia sociale, la formulazione negativa, astratta e assoluta della giustizia sociale può essere intesa come un correttivo concreto della reale società nord-americana. Esplicitamente l'autore auspica anche per gli Stati Uniti

gli assetti [...] di un socialismo democratico decentrato: uno Stato assistenziale forte gestito, almeno in parte, da funzionari locali e volontari, un mercato vincolato, un pubblico impiego aperto e demistificato, scuole pubbliche indipendenti, la condivisione del lavoro duro e del tempo libero, la protezione della vita religiosa e familiare, un sistema pubblico per onorare e disonorare, esente da ogni considerazione di ceto o di classe, il controllo operaio delle fabbriche e delle aziende, una politica basata su partiti, movimenti, riunioni e dibattiti pubblici (pp. 317-18).

Questa concezione di una «uguaglianza complessa» non pretende di essere unitaria e di avere valore universale. Essa è multiforme e si fonda su determinate comunanze storiche di natura «locale». Non è un accordo omofono, ma polifonico, comunque fondato sull'armonia in una società esistente.

II. *I principi di giustizia di Rawls*

La rinascita accademica della filosofia della giusta ripartizione dei beni è però iniziata, come già detto, con la teoria rawlsiana della giustizia e la sua pretesa di validità universale. Una ragione sostanziale della sua straordinaria eco fu la pretesa di Rawls, provocatoria specialmente nei confronti degli europei, «di universalizzare le tradizionali teorie del contratto sociale di Locke, Rousseau e Kant e di elevarle a un superiore livello di astrazione». Nel § 13 ci siamo già occupati di questo aspetto «neo-contrattualistico» della sua opera. Da questo punto di vista, si tratta di un modello di fondazione soggettiva di regole, norme o principi oggettivi «giusti» validi per tutti. Come appare evidente, questo modello ha però poco in comune con la tradizione classica del contratto sociale e del contratto politico. Per Rawls si tratta invece, in primo luogo, di definire una situazione di partenza universalmente accettata come *fair* al di là di ogni ordinamento esistente, ma sulla base di convinzioni morali universalmente condivise, per far sì – ed è questo il secondo aspetto – che i soggetti potenzialmente interessati scelgano in una situazione decisionale fittizia i principi di un ordinamento giusto. Alle molte obiezioni Rawls ha concesso che la concezione classica del contratto sarebbe qui un semplice mezzo di raffigurazione oppure fungerebbe da strumento di verifica dell'accordo. A Nozick e altri critici spetta il merito di avere messo in rilievo che, dietro l'aggancio neo-contrattualistico a una tradizione filosofica veteroeuropea, l'opera pone una questione politica attuale. È stato proprio questo impeto, che ha provocato, in ultima istanza, le resistenze sia dei vecchi liberali sia degli utilitaristi e che ha dato alla teoria rawlsiana della giustizia quel significato sintomatico, ad aver fatto epoca. Al cuore di questa teoria della giustizia c'è dunque il problema di individuare i principi in base ai quali può essere fondata, in un sistema liberaldemocratico, una politica sociale dell'equilibrio che garantisca anche la libertà – oltre Kant ma in modo altrettanto rigoroso («categorico») e in sintonia con certe posizioni kantiane, soprattutto con il suo postulato della libertà. È certo questo il senso del richiamo a quella tradizione. Lo stesso Rawls spiega il proprio richiamo a Kant con il proposito di dare sostegno (*Teoria della giustizia*, par. 40) alla propria teoria intesa come un controprogetto rispetto alla filosofia empirico-pragmatica dell'utilitarismo dominante nell'area anglofona (*supra*, § 15). Come Kant respingeva, contro Jeremy Bentham (1748-1832)[25], l'equiparazione morale tra bene e utile e quindi la massimizzazione del bene comune («the greatest possible quantity of happiness») come criterio dell'eticità, così pure Rawls si rivolge contro il riconoscimento, comune a Bentham e John Stuart Mill (1806-1873)[26], della «più grande felicità per il maggior numero»[27] come metro di misura della giustizia. Contrariamente a ciò, egli cerca come Kant una fondazione specificamente morale a partire dall'autonomia dell'uomo e dalla libertà del singolo – ma pretendendo di farlo senza una metafisica. E ciò significa senza violare l'interesse personale in quanto ultimo fattore determinante (cosa che però, come abbiamo visto alla fine del § 13, II, non avviene). E come Kant nella sua dottrina del diritto diede forma istituzionale alla filosofia della libertà, allo stesso modo anche Rawls intende la sua teoria della giustizia in modo non personale, non riferita a persone e azioni, ma politicamente e in termini di diritto statale, cioè regolata sulle istituzioni. Tuttavia, non è possibile definirlo un teorico dello Stato sociale. Il suo modello infatti, il cui fine è la stipulazione dell'accordo, resta limitato alla comunità che coopera per la convenienza reciproca[28]. L'aiuto al bisognoso che cade fuori da questo rapporto non ha qui – diversamente da Walzer – alcuno spazio.

In base a quanto detto, non deve stupire se sia il primo principio rawlsiano di giustizia, sia le relative regole principali, ricordano molto la dottrina kantiana del diritto (*supra*, § 26, IV). Questi principi, come dicevamo, sono scelti in quella «equa situazione di partenza», l'*original position*, che rappresenta una forma drammatizzata del test di universalizzazione noto come «imperativo categorico». Conformemente a ciò, la decisione pretende di sottostare al diktat di quella costrizione che procede dalla ragione; così, ciò che è capace di consenso forma e chiarisce il consenso stesso, ma in quanto razionale statuisce anche in modo ambivalente ciò che è dovuto, le norme della giustizia. La prima norma recita (par. 11; cfr. par. 46): «Ogni persona ha un eguale diritto alla più estesa libertà fondamentalmente compatibile con una simile libertà per gli altri».

La corrispettiva regola principale stabilisce (n. 46) la priorità della libertà: di conseguenza, le libertà fondamentali possono essere limitate solo per la libertà e non per qualche fine collettivo, presupposto che *a*) la limitazione della libertà rinforzi il sistema complessivo delle libertà per tutti e che *b*) la limitazione sia accettabile dagli interessati. Le difficoltà vere e proprie iniziano con il secondo principio rawlsiano della giustizia, il cosiddetto principio della differenza. Considerata l'impossibilità della giustizia distributiva in un senso rigorosamente aristotelico (*supra*, § 19, III), questo principio prescrive (par. 13; cfr. par. 46): «Le ineguaglianze sociali ed economiche devono essere cambiate in modo da essere *a*) ragionevolmente previste a vantaggio di ciascuno; *b*) collegate a cariche e posizioni aperte a tutti».

Che questo principio costituisca l'esplicito tentativo di tener fede teoricamente anche nella loro terza parte agli ideali della Rivoluzione francese di libertà, uguaglianza, fraternità appare ancora più evidente dalla seconda regola principale. Questa infatti fissa normativamente il punto di vista di chi è socialmente meno fortunato. A tal fine il secondo principio di giustizia quindi, riguardante la giustificazione delle disuguaglianze a partire dalla prospettiva dei soggetti meno favoriti, ha la precedenza sia sul principio della ricompensa delle prestazioni sia sul punto di vista utilitaristico dell'aumento del beneficio complessivo. Inoltre, in questo senso è specialmente l'equa uguaglianza delle opportunità a essere addirittura superiore, anche per i soggetti svantaggiati, al possibile beneficio generale, in modo tale che un'ineguaglianza delle opportunità deve migliorare le opportunità dei meno avvantaggiati (par. 46). Al principio della differenza i critici hanno obiettato che la scelta di tale principio di giustizia sarebbe espressione della paura di fronte al rischio e darebbe luogo a una costituzione per delle persone che non si fidano di nulla. Chiaramente non è possibile formulare dei limiti della giustizia per l'acquisto di beni senza provocare la contraddizione, per la quale già il sofista Callicle aveva coniato il malvagio motto: considerare ingiusti i vantaggi degli altri non è che l'espressione del risentimento dei deboli (*supra*, § 16, II).

Ma questa e altre critiche si sono esaurite nella misura in cui Rawls ha relativizzato la sua posizione. Così la sua teoria, nel corso del suo sviluppo, dell'interpretazione e della modificazione compiuta dall'autore[29], finisce per ricollegarsi alla distinzione, introdotta da Rousseau, tra un livello costituzionale dell'organizzazione dello Stato e un livello operativo della legislazione. Il primo principio di giustizia della libertà viene ora riferito agli orientamenti essenziali della Costituzione; il secondo – il cosiddetto principio della differenza – viene interpretato in modo più forte come principio regolativo della semplice legislazione. Il principio della libertà costituzionale giustifica così provvisoriamente i risultati ottenuti attraverso una corretta procedura decisionale, senza reclamare al riguardo alcun consenso generale – con il principio della differenza inteso come criterio di controllo materiale. A causa della complessità delle circostanze economiche, sono al riguardo sempre possibili differenze razionali di opinione. Con l'esplicito riconoscimento del pluralismo delle concezioni del mondo, l'ambito di applicazione della teoria consensuale della giustizia si riduce alle istituzioni dello Stato costituzionale liberaldemocratico e alla cultura delle sue società. Nel frattempo, Rawls ha concesso o messo in chiaro – come si vuole – che questo è soltanto il quadro, e non una concezione filosofica globale come in Hobbes, né un'ampia filosofia della società e della storia fondata su una determinata antropologia come in Rousseau, e nemmeno una filosofia pratica unitaria o una dottrina morale come in Kant. In forte contrapposizione rispetto a Kant c'è anche il fatto che la teoria di Rawls non solleva (più) alcuna pretesa di universalità. La nuova concezione del contratto termina qui con il tentativo di una sistematizzazione immanente morale-normativa dei dati di fatto mentali e istituzionali della società occidentale, in forza del riconoscimento reciproco delle persone libere ed eguali e della formulazione di un meccanismo compensativo, che integri e comprenda tutte le differenziazioni pluralistiche. Così, al costituzionalista dello Stato sociale liberaldemocratico della vecchia Europa sembra abbastanza familiare il risultato finale

che la cooperazione sociale [...] quantomeno nel caso in cui siano toccati contenuti costituzionali essenziali, abbia luogo per quanto possibile sotto condizioni che siano evidenti e accettabili per tutti i cittadini in quanto persone razionali e ragionevoli. La cosa migliore è che queste condizioni siano formulate in relazione a valori politici e costituzionali fondamentali (che vengono a loro volta articolati da una concezione politica della giustizia), cosicché anche al cospetto di una molteplicità di dottrine molto sviluppate ci si possa razionalmente attendere che tutti diano il loro consenso (cioè un consenso per sovrapposizione di punti di vista eterogenei [H. Hofmann])[30].

La funzione di una «concezione politica della giustizia», che secondo Rawls formula per tutti «valori politici e costituzionali fondamentali», viene assicurata, in una Repubblica federale tedesca regolata dalla Costituzione, dalla dogmatica del diritto costituzionale in generale (soprattutto in considerazione del principio dello Stato sociale) e da quella dei diritti fondamentali in particolare. Infatti, sotto l'influsso decisivo della Corte costituzionale federale le dottrine straordinariamente differenziate dei diritti fondamentali hanno superato il punto di vista della difesa dall'ingerenza statale negli ambiti individuali di libertà[31]. I diritti fondamentali non fungono solo da diritti di difesa, di prestazione, di parità di trattamento e di partecipazione, ma anche da «ordinamento di valori» per ogni questione di interpretazione; essi «si diffondono» così in ogni ambito giuridico, diventano doveri dello Stato di difendere i beni del diritto fondamentale minacciati e servono da criterio per tutte le strutture organizzative e procedurali, che devono effettivamente attuare la difesa dei diritti fondamentali. Questo «sviluppo dinamico dei diritti fondamentali» è inoltre un processo aperto. A partire dall'individuo si sviluppa qui qualcosa di simile a una dottrina della giustizia e delle finalità dello Stato. Al tempo stesso, questa complessa dogmatica sulla teoria dei limiti del diritto costituzionale compensa di rimando, almeno in parte, l'inevitabile evoluzione verso un pluralismo centrifugo prodotta dalla garanzia delle libertà fondamentali.

Inoltre, la ricerca social-liberale dei principi dell'equilibrio e di un consenso esteso porta coerentemente alla tesi che il politico, in quanto campo di questi sforzi, rappresenta «un ambito particolare»[32] e non indica, come sostiene Carl Schmitt nel suo infausto *Concetto del politico*, solo il grado massimo di intensità di una qualunque contrapposizione[33].

§ 34. GIUSTIZIA SOCIALE: SOLO UNA NUOVA ILLUSIONE?

A causa della difficoltà, se non addirittura dell'impossibilità, di una precisa determinazione concettuale, sembra facile, come è già avvenuto con l'antico e semplice concetto di giustizia, «smascherare» la giustizia sociale come una «formula vuota». Con il drastico titolo *Il miraggio della giustizia sociale*[34] l'influente[35] neoliberale britannico di origine austriaca Friedrich August von Hayek (1899-1992) fornisce tutta una serie di caratterizzazioni relative alla formula della giustizia sociale. «Nonsenso», «fatua» e «superstizione quasi religiosa» appaiono al riguardo epiteti ancora piuttosto clementi[36]. Ma si parla anche di «mistificazione» in una lotta di potere organizzata, della «minaccia più grande nei confronti della maggior parte degli altri valori di una civiltà libera» e addirittura di un «cavallo di Troia del totalitarismo» (pp. 268 e 346). Per chi, con giustizia sociale, pensa soprattutto all'assicurazione sociale, alla legislazione sul lavoro e all'aiuto sociale, tali eccessi devono sembrare parecchio tronfi. Non si può però contestare che, nel confronto tra interessi organizzati, la necessità della giustizia sociale venga molto spesso reclamata per affermare desideri di parte (così come, al contrario, si nascondono potenziali di potere dietro «l'eguale libertà di tutti»[37]). Ma ancora più importante è il fatto che la polemica politica di Hayek possiede un nucleo teorico molto forte. È infatti corretto sostenere che l'evoluzione impersonale del mercato, con il suo ordine «spontaneo», soddisfa i bisogni umani in misura di gran lunga maggiore di quanto potrebbe mai fare qualsiasi organizzazione umana orientata a quel fine. E i particolari benefici, i vantaggi e le opportunità del mercato non sono frutto di una distribuzione personale, cosciente e voluta da parte di un soggetto competente per premiare i meriti personali, ma sono invece effetti inintenzionali del sistema. Essi sviluppano il loro

enorme effetto proprio come semplici segnali dello stato di valorizzazione delle risorse e quindi come dati di orientamento e di previ-
sione per azioni che abbiano successo. Perciò nessuno può essere
personalmente responsabile dei concreti esiti negativi dell'evoluzione del mercato. È quindi di fatto inadeguato pretendere da quel processo che si ordina da sé, che si pieghi ai precetti morali dell'agire individuale (pp. 262-63). Al contrario, non vi sono princìpi di comportamento individuale che, se osservati, possano produrre un modello di ordinamento della giusta ripartizione dei beni (p. 288). Ogni
tentativo di prescrivere agli uomini come dovrebbero attuare la giustizia sociale per mezzo del loro agire personale distrugge il mercato e deve terminare in un qualche tipo di totalitarismo. A partire da
ciò, von Hayek sostiene che il concetto di giustizia sociale può avere un significato «soltanto nel caso di un'economia amministrata o
sottoposta a 'comandi'», cioè in un'economia socialista pianificata
(p. 271) – ma solo nel senso della giustizia di una «superstizione quasi religiosa» ufficiale (p. 268).

Siamo così al cuore di questa polemica, ancora totalmente segnata dalla guerra fredda, contro il socialismo sovietico, nel frattempo non più esistente. Teoricamente, questa fissazione esclusiva
nasce da un ostinato uso linguistico da parte di von Hayek: giusto e
ingiusto, insiste al riguardo, può essere denominato solo l'agire umano individuale e il suo risultato intenzionale. Perciò la giustizia richiede che

nel «trattamento» di una o più persone, ad esempio per azioni intenzio-
nali che possano danneggiare il benessere di altri, si osservino certe regole di condotta eguali per tutti. Ovviamente ciò non ha alcuna applicazione al modo in cui il processo impersonale del mercato distribuisce il
dominio su beni e servizi a determinate persone: ciò non è né giusto né
ingiusto, poiché i risultati non sono né voluti né previsti e dipendono da
una moltitudine di circostanze che nella loro totalità non sono note ad alcuno. La condotta degli individui in quel processo può benissimo essere
giusta o ingiusta; ma poiché le loro azioni completamente giuste hanno
per altri conseguenze che non erano state né volute né previste, queste
conseguenze non possono diventare giuste o ingiuste (p. 272).

Dal «fondamento del gioco economico» può ben conseguire che
«può essere giusta soltanto la condotta dei giocatori ma non il risul-

tato» (p. 272), ciò nonostante permangono quanto meno le questioni relative alla giustizia delle regole del gioco, alla valutazione dei risultati per quelli che non possono partecipare al gioco o possono parteciparvi solo in modo limitato e al soddisfacimento di interessi non «commercializzabili». Già qui non si capisce perché, in accordo con la tradizione classica (*supra*, § 19, I), non debba poter essere trattata ragionevolmente la questione della giustizia di una norma o di un ordinamento in quanto tale e perché questo aspetto della giustizia non debba poter essere indicato come giustizia «sociale»[38]. Evidentemente ciò ha a che fare con il timore di von Hayek che le concessioni terminologiche in questo campo minino il principio della libertà individuale e l'evoluzione del mercato così costituitasi. Infatti, l'autore non ha nulla contro gli aiuti sociali «fuori dal mercato»: ciò «non porta ad una restrizione della libertà, o ad un conflitto con il primato del diritto» (p. 293). Il suo risultato non si distingue sostanzialmente da quello di Rawls (p. 341), al quale egli rimprovera solamente l'uso del termine giustizia «sociale» (p. 306).

Esiste dunque – al di là della libertà del mercato – un criterio della giustizia (sociale)? Contro Kelsen (*supra*, § 2, III), la cui critica alla filosofia platonica della giustizia accompagnò tutta la sua vita e uscì postuma nel 1985 con il titolo *L'illusione della giustizia*, von Hayek risponde affermativamente a questa domanda. Il positivismo giuridico era riuscito a dimostrare che non ci sarebbero criteri positivi della giustizia, concludendo così che *tutte* le questioni relative alla giustizia «erano unicamente una questione di volontà, d'interesse o emozioni» (p. 237). Ma in sostanziale accordo con la concezione sviluppata sopra (§§ 5, II; 14; 15), egli riteneva sbagliato il presupposto tacitamente ammesso secondo cui i criteri oggettivi della giustizia dovrebbero essere le premesse a partire dalle quali dedurre un sistema completo di regole giuste. Restava però la possibilità di un esame negativo, di un esame dell'ingiustizia. E questa – benché suscitata dal sentimento di uno scandalo – non è necessariamente solo una questione di sentimento, ma riguarda la compatibilità con i principi riconosciuti e ha a che fare con l'argomentazione discorsiva. Se il loro riconoscimento non è di fatto universale e la loro validità non è cogente come una necessità di ragione, quei principi però, in quanto *ethos* di un ordinamento, costituiscono una realtà oggettiva, che non è arbitrariamente disponibile: «Il fatto che esistano diverse opinioni su ciò che è giusto, non esclude la possibilità che il test negativo d'ingiustizia possa essere un test oggettivo soddisfatto da numerosi sistemi di norme, ma non da tutti» (p. 251). E questo è un «criterio adeguato [...] per sviluppare un sistema esistente al fine di renderlo più giusto» (p. 235).

Al riguardo si deve ancora osservare che il problema della ripartizione ha ormai una dimensione internazionale[39]. Le nostre fatiche per un giusto sistema del diritto da non molto non sono più limitate, quasi naturalmente, all'ambito interno dello Stato e nemmeno alla sfera di autorità degli organismi interstatali o all'ambito di comunità sovrastatuali come l'Unione europea. La questione della giusta ripartizione dei beni si pone oggi in modo globale e mostra nel disequilibrio Nord-Sud il suo profilo marcato. Essa non può certo essere afferrata con una teoria universale della giustizia distributiva. La diffusione dello Stato di diritto e della democrazia in tutto il mondo con l'aiuto degli Stati sviluppati e delle organizzazioni internazionali, così come un po' più di correttezza nel commercio mondiale, costituiscono i postulati migliori. Per aspirare a un tale equilibrio «non è necessario che cadano dal cielo filosofi re e non serve nemmeno che gli sciocchi diventino saggi»[40].

Note

Parte prima

[1] I. Kant, *La metafisica dei costumi* (d'ora in avanti *MdC*), Laterza, Roma-Bari 1996[4], pp. 33-34.

[2] Al riguardo, R. Dreier, *Recht-Staat-Vernunft*, Suhrkamp, Frankfurt am Main 1991, pp. 108 sgg.

[3] I. Kant, *Il conflitto delle facoltà* (1798), in *Scritti di filosofia della religione*, a cura di G. Riconda, Mursia, Milano 1989, p. 242.

[4] Sul doppio significato del termine *Recht*, F. Somló, *Juristische Grundlehre*, Meiner, Leipzig 1927[2], pp. 121 sgg., parzialmente ripreso in W. Maihofer (a cura di), *Begriff und Wesen des Rechts*, Wissenschaftliche Buchgesellschaft, Darmstadt 1973, pp. 421-57.

[5] Al riguardo, G. Lind, J. Raschert (a cura di), *Moralische Urteilsfähigkeit*, Beltz, Weinheim 1987, pp. 25 sgg.

[6] *MdC*, Introduzione, IV, pp. 23 sgg.; al riguardo, J. von Kempski, *Recht und Politik. Studien zur Einheit der Sozialwissenschaft*, Kohlhammer, Stuttgart 1965, p. 13.

[7] Al riguardo, W. Schneiders, *Naturrecht und Liebesethik*, Olms, Hildesheim 1971, pp. 239 sgg., 265 sgg., 277 sgg.

[8] Cfr. soprattutto D. Hume, *Ricerche sull'intelletto umano e sui principi della morale* (1748), Rusconi, Milano 1980.

[9] I. Kant, *Fondazione della metafisica dei costumi* (1785), Laterza, Roma-Bari 1993[4], p. 32.

[10] Id., *Critica della ragion pura* (1787), Laterza, Roma-Bari 1993[7], p. 355.

[11] Al riguardo, U. Wolf, *Das Problem des moralischen Sollens*, de Gruyter, Berlin 1984.

[12] Al riguardo, R.M. Hare, *Il linguaggio della morale* (1952), Ubaldini, Roma 1968, pp. 40 sgg.

[13] Al riguardo, H. Hofmann, *Legittimità contro legalità. La filosofia politica di Carl Schmitt* (1964), ESI, Napoli 1999, p. 76.

[14] Th. Schlapp, *Theoriestrukturen und Rechtsdogmatik. Ansätze zu einer strukturalistischen Sicht juristischer Theoriebildung*, Duncker & Humblot, Berlin 1989, pp. 71 sgg.

[15] R. Haller, *Neopositivismus. Eine historische Einführung in die Philosophie des Wiener Kreises*, Wissenschaftliche Buchgesellschaft, Darmstadt 1993.

[16] Su quanto segue A. Carrino, *L'ordine delle norme. Stato e diritto in Hans Kelsen*, ESI, Napoli 1992³.

[17] H. Kelsen, *La dottrina pura del diritto*, Einaudi, Torino 1975³, p. 222 (trad. it. modificata).

[18] «Juristische Wochenschrift», 1929, p. 1726.

[19] Al riguardo, H.-H. Vogel, *Der skandinavische Rechtsrealismus*, Metzner, Frankfurt am Main 1972; M. Martin, *Legal Realism. American and Scandinavian*, Lang, New York-Berlin 1997.

[20] «The prophecies of what do in fact, and nothing more pretentious, are what I mean by law»: O.W. Holmes, *The Path of Law*, in «Harvard Law Review», 10, 1897, pp. 457-78 (in particolare p. 457).

[21] M. Weber, *Economia e società* (1922), vol. I, Edizioni di Comunità, Milano 1995, p. 31.

[22] T. Geiger, *Vorstudien zu einer Soziologie des Rechts*, Luchterhand, Neuwied am Rhein 1964², p. 371.

[23] Al riguardo, H. Albert, *Rechtswissenschaft als Realwissenschaft*, Nomos Verlag-Gesellschaft, Baden-Baden 1993.

[24] Al riguardo, H.J. Berman, *Recht und Revolution*, Suhrkamp, Frankfurt am Main 1991², pp. 114 sgg.

[25] K. Olivecrona, *Gesetz und Staat*, Munksgaard, Kobenhavn 1940, pp. 11 sg.

[26] E. Ehrlich, *Grundlegung der Soziologie des Rechts* (1913), Duncker & Humblot, Berlin 1989⁴, pp. 131 sgg. Al riguardo, M. Rehbinder, *Die Begründung der Rechtssoziologie durch Eugen Ehrlich*, Duncker & Humblot, Berlin 1986².

[27] Al riguardo, T. Raiser, *Das lebende Recht*, Nomos Verlag-Gesellschaft, Baden-Baden 1995², pp. 106 sg., 120 sg., 205 sgg.; sul concetto e sulle tipologie di sanzioni, pp. 243 sgg.

[28] Geiger, *Vorstudien* cit., p. 339.

[29] Al riguardo, con documentazione, K. Seelmann, *Rechtsphilosophie*, Beck, München 1994, pp. 71 sg.

[30] Cfr. G. Dux, *Rechtssoziologie*, Kohlhammer, Stuttgart-Berlin-Köln-Mainz 1978, p. 131.

[31] Al riguardo, H.O. Freitag, *Gewohnheitsrecht und Rechtssystem*, Duncker & Humblot, Berlin 1976, pp. 38 sg.; K. Larenz, *Allgemeiner Teil des Bürgerlichen Rechts*, Beck, München 1997⁸, pp. 64 sgg.; «Entscheidungen des Reichsgerichts in Zivilsachen», vol. 75, p. 41; «Entscheidungen des Bundesverfassungsgerichts», vol. 28, pp. 28 sg. Su quanto segue H. Hofmann, *Das Recht des Rechts, das Recht der Herrschaft und die Einheit der Verfassung*, Duncker & Humblot, Berlin 1998, pp. 31 sg.

[32] N. Luhmann, *Das Recht der Gesellschaft*, Suhrkamp, Frankfurt am Main 1993, pp. 60 sg., 67 sgg.

[33] G. Brand, *Lebenswelt*, de Gruyter, Berlin 1971, pp. 249 sgg., 264 sgg.

[34] M. Heidegger, *Essere e tempo* (1927), a cura di P. Chiodi, Longanesi, Milano 1976, cap. 1, pp. 17-19.

[35] Kelsen, *La dottrina pura del diritto*, cit., pp. 53 sg., 22 sg.; Id., *Il problema della giustizia*, a cura di M.G. Losano, Einaudi, Torino 1998², pp. 123-24. Al riguardo, H. Dreier, *Rechtslehre, Staatssoziologie und Demokratietheorie bei Hans Kelsen*, Nomos Verlag-Gesellschaft, Baden-Baden 1990², pp. 183 sgg.

[36] K.-L. Kunz, *Die analytische Rechtstheorie, eine «Rechts»-theorie ohne Recht?*, Duncker & Humblot, Berlin 1977, pp. 40 sg., 76 sg.

[37] Si veda il classico H.-G. Gadamer, *Verità e metodo* (1960), Bompiani, Milano 1995[10].

[38] Al riguardo, Hofmann, *Das Recht des Rechts* cit., pp. 18 sg., 30 sgg.

[39] F. Bydlinski, *Fundamentale Rechtsgrundsätze*, Springen, Wien 1988, pp. 51 sgg.

[40] G.W.F. Hegel, *Lineamenti di filosofia del diritto. Diritto naturale e scienza dello Stato* (1821), a cura di G. Marini, Laterza, Roma-Bari 1993, Prefazione, p. 13. Al riguardo, H. Hofmann, *Rechtsdogmatik, Rechtsphilosophie und Rechtstheorie*, in R. Stober (a cura di), *Festschrift für G. Roellecke zum 70. Geburtstag*, Kohlhammer, Stuttgart-Berlin-Köln 1997, p. 123.

[41] Al riguardo, O. Höffe, *Giustizia politica: fondamenti di una filosofia critica del diritto e dello Stato* (1987), Il Mulino, Bologna 1994, pp. 22-23.

[42] R. Dworkin, *I diritti presi sul serio* (1977), Il Mulino, Bologna 1982, pp. 203 sgg.; cfr. anche pp. 172 sgg., 216 sgg., 374 sgg., 413 sg.

[43] H.L.A. Hart, *Il concetto di diritto* (1961), Einaudi, Torino 1991[2].

[44] Dworkin, *I diritti* cit., p. 231.

[45] Hart, *Il concetto di diritto*, cit., pp. 118 sgg., 183 sgg.

[46] Dworkin, *I diritti* cit., p. 260.

[47] R. Alexy, *Theorie der Grundrechte*, Suhrkamp, Frankfurt am Main 1994[2], pp. 71 sgg.

[48] T. Viehweg, *Topik und Jurisprudenz: ein Beitrag zur rechtswissenschaftlichen Grundlagenforschung*, Beck, München 1974[5].

[49] F. Bydlinski, *Juristische Methodenlehre und Rechtsbegriff*, Springer, Wien 1991[2].

[50] Alexy, *Theorie der Grundrechte*, cit., p. 146.

[51] R. Stammler, *Richtiges Recht*, in Id., *Rechtsphilosophische Grundfragen*, Stämpfli, Bern 1928, pp. 123 sgg.; cfr. anche pp. 51 sgg.

[52] Al riguardo e su quanto segue, H. Hofmann, *Das Postulat der Allgemeinheit des Gesetzes*, in Id., *Verfassungsrechtliche Perspektiven. Aufsätze aus den Jahren 1980-1994*, Mohr, Tübingen 1995, pp. 260 sgg.; Id., *Das Recht des Rechts* cit., pp. 40 sgg.

[53] Sulle funzioni del diritto in *Allg. u. des Gesetzesrechts im Bes.*, in Raiser, *Das lebende Recht*, cit., pp. 210 sgg., 266 sgg., 309 sg.

[54] Al riguardo, H.-D. Horn, *Experimentelle Gesetzgebung unter dem Grundgesetz*, Duncker & Humblot, Berlin 1989; H. Schulze-Fielitz, *Zeitoffene Gesetzgebung*, in W. Hoffmann-Riem, E. Schmidt-Aßmann (a cura di), *Innovation und Flexibilität des Verwaltungshandelns*, Nomos Verlag-Gesellschaft, Baden-Baden 1994, pp. 151 sgg.

[55] BVerGE (*Sentenze della Corte costituzionale federale*), 36, 1.

[56] Qui *Staatsphilosophie*, termine che nelle traduzioni italiane viene abitualmente reso con *filosofia politica* [*N.d.T.*].

[57] Kant, *Critica della ragion pura*, cit., *Dottrina trascendentale del metodo*, I, 1, n. 1, p. 456.

[58] A. Hollerbach, *Rechtsethik*, in *Staatslexikon der Görres-Gesellschaft*, Herder, Freiburg im Breisgau 1988[7], vol. IV, p. 692.

[59] K. Larenz, *Richtiges Recht. Grundzüge einer Rechtsethik*, Beck, München 1979, p. 29.

[60] Al riguardo e su quanto segue, H. Hofmann, *Bilder des Friedens oder die vergessene Gerechtigkeit*, Privatdruck der Siemens Stiftung, München 1997.

[61] Al riguardo, N. Luhmann, *Sociologia del diritto*, Laterza, Roma-Bari 1977, pp. 137-38 e Dux, *Rechtssoziologie*, cit., pp. 32 sgg.

[62] *La Dichiarazione di indipendenza degli Stati Uniti d'America*, a cura di T. Bonazzi, Marsilio, Venezia 1999, pp. 69-71.

[63] G.W.F. Hegel, *Lezioni sulla filosofia della storia*, vol. IV, trad. it. di G. Calogero, C. Fatta, La Nuova Italia, Firenze 1963, p. 205.

[64] G. Radbruch, *Rechtsphilosophie*, Quelle & Meier, Leipzig 1963[6], p. 169.

[65] Al riguardo, Hofmann, *Bilder des Friedens* cit., pp. 65 sgg.

[66] S. Smid, *Einführung in die Philosophie des Rechts*, Beck, München 1991, p. 60.

[67] H. Albert, *Traktat über kritische Vernunft*, Mohr, Tübingen 1991[5], p. 13.

[68] U. Grozio, *Prolegomeni al diritto della guerra e della pace* (1625), Morano, Napoli 1979, Prol. 40, p. 54.

[69] Kelsen, *La dottrina pura del diritto*, cit., p. 19.

[70] R. Laun, *Recht und Sittlichkeit* (1924), Springer, Berlin 1934[3], p. 14.

[71] G. Jellinek, *Die rechtliche Natur der Staatenverträge*, Hoelder, Wien 1880, pp. 13, 16 sgg.

[72] I. Kant, *Reflexionen zur Moralphilosophie*, in *Gesammelte Schriften*, a cura della Preussischen Akademie der Wissenschaften, vol. XIX, de Gruyter, Berlin-Leipzig 1984, p. 123, n. 6645.

[73] Cfr. G. Geismann, *Ethik und Herrschaftsordnung*, Mohr, Tübingen 1974, pp. 43 sgg., 55 sgg., 89 sgg.

[74] Al riguardo, K.-O. Apel, *Zum Problem einer rationalen Begründung der Ethik im Zeitalter der Wissenschaft*, in M. Riedel (a cura di), *Rehabilitierung der praktischen Philosophie*, vol. II, Rombach, Freiburg 1974, pp. 28 sgg.

[75] Documentazioni in Hofmann, *Legittimità* cit., pp. 79 sgg.

[76] Hart, *Il concetto di diritto*, cit., pp. 101-102.

[77] J. Habermas, *Fatti e norme. Contributi ad una teoria discorsiva del diritto e della democrazia*, (1992), a cura di L. Ceppa, Guerini e Associati, Milano 1996, p. 12.

[78] *Ibid.*

[79] Al riguardo, Seelmann, *Rechtsphilosophie*, cit., p. 168, n. 20.

[80] N. Cusano, *La concordanza universale* (1433), in Id., *Opere religiose*, a cura di P. Gaia, UTET, Torino 1971, pp. 202, 203, 205.

[81] J. Habermas, *Moralbewusstsein und kommunikatives Handeln*, Suhrkamp, Frankfurt am Main 1983, pp. 75 sgg.

[82] Habermas, *Fatti e norme* cit., p. 13.

[83] J. Rawls, *Una teoria della giustizia* (1971), Feltrinelli, Milano 1999[7], pp. 13-14, 27 sgg.

[84] Al riguardo e su quanto segue, W. Kersting, *Die politische Philosophie des Gesellschaftsvertrags*, Wissenschaftliche Buchgesellschaft, Darmstadt 1994; H. Hofmann, *Die klassische Lehre vom Herrschaftsvertrag und der «Neo-Kontraktualismus»*, in Ch. Engel, M. Morlok (a cura di), *Öffentliches Recht als ein Gegenstand ökonomischer Forschung*, Mohr Siebeck, Tübingen 1998, p. 257.

[85] Grozio, *Prolegomeni al diritto* cit., Prol. 15, p. 40.

[86] Rawls, *Una teoria della giustizia*, cit., p. 28, n. 3.

[87] O. Höffe, *Kategorische Rechtsprinzipien*, Suhrkamp, Frankfurt am Main 1990, pp. 312 sg.

Parte seconda

[1] H.L.A. Hart, *Il concetto di diritto* (1961), Einaudi, Torino 1991[2], pp. 196 sg., 216 sgg., 224 sgg.

[2] R. Dworkin, *Gerechtigkeit und Rechte*, in Id., *Bürgerrechte ernstgenommene*, Suhrkamp, Frankfurt am Main 1984, p. 279.

[3] I. Kant, *Il conflitto delle facoltà* (1798), in *Scritti di filosofia della religione*, a cura di G. Riconda, Mursia, Milano 1989, p. 286.

[4] Al riguardo, H. Hofmann, *Die versprochene Menschenwürde*, in Id., *Verfassungsrechtliche Perspektiven. Aufsätze aus den Jahren 1980-1994*, Mohr, Tübingen 1995, pp. 104 sgg.

[5] P. Noll, *Diktate über Sterben und Tod*, Piper, München 1995[5], p. 231: «L'ingiustizia è l'elemento originario, la giustizia il risultato della critica e della riflessione. La giustizia dovrebbe quindi chiamarsi non-ingiustizia».

[6] A. Schopenhauer, *Il mondo come volontà e come rappresentazione* (1819), a cura di G. Riconda, Mursia, Milano 1969[4], p. 380; Id., *Memoria sul fondamento della morale*, in *I due problemi fondamentali dell'etica. 1. Sulla libertà del volere. 2. Sul fondamento della morale*, Boringhieri, Torino 1961, p. 298. Su quanto segue, H. Münkler, *Ein janusköpfiger Konservatismus*, in V. Spierling (a cura di), *Schopenhauer im Denken der Gegenwart*, Piper, München-Zürich 1987, p. 223.

[7] Schopenhauer, *Memoria sul fondamento* cit., p. 276.

[8] Id., *Il mondo* cit., p. 380.

[9] G. Radbruch, *Juristen – böse Christen*, in «Die Argonauten – eine Monatszeitschrift», 9, 1916, pp. 128 sg.

[10] Schopenhauer, *Memoria sul fondamento* cit., p. 299.

[11] Ivi, p. 298.

[12] U. Grozio, *De iure belli ac pacis* (1625), Scientia, Aalen 1993, I, 1, III, p. 31.

[13] Al riguardo, H. Hofmann, *Hugo Grotius*, in Id., *Recht-Politik-Verfassung. Studien zur Geschichte der politischen Philosophie*, Metzner, Frankfurt am Main 1986, pp. 46 sgg.

[14] I. Kant, *Sul detto comune: «ciò può essere giusto in teoria, ma non vale per la prassi»*, in Id., *Stato di diritto e società civile*, a cura di N. Merker, Editori Riuniti, Roma 1982, p. 160.

[15] Id., *Per la pace perpetua*, in Id., *Stato di diritto e società civile*, cit., p. 210.

[16] M. Scheler, *Il formalismo nell'etica e l'etica materiale dei valori. Nuovo tentativo di fondazione di un personalismo etico* (1913), San Paolo, Cinisello Balsamo (Milano) 1996, p. 261, n. 30.

[17] Schopenhauer, *Memoria sul fondamento* cit., p. 300.

[18] Ci si riferisce alla celebre opera di H. von Kleist, *Michele Kohlhaas*, a cura di R. Assunto, Einaudi, Torino 1946. [*N.d.T.*]

[19] W. Kaufmann, *Jenseits von Schuld und Gerechtigkeit*, Hoffmann und Campe, Hamburg 1974, p. 87.

[20] Al riguardo, J.-C. Wolf, *John Stuart Mills «Utilitarismus»*, Alber, München 1992, pp. 169 sgg.

[21] A. Schopenhauer, *Supplementi al Mondo come volontà e rappresentazione*, Laterza, Roma-Bari 1986.

[22] Id., *Memoria sul fondamento* cit., p. 301.

[23] Sofocle, *Antigone*, in C. Diano (a cura di), *Il teatro greco. Tutte le tragedie*, Sansoni, Firenze 1970, p. 177.

²⁴ G.W.F. Hegel, *Fenomenologia dello spirito* (1807), a cura di V. Cicero, Rusconi, Milano 1995, p. 615.

²⁵ Id., *Lezioni sulla filosofia della religione*, a cura di E. Oberti, G. Borruso, vol. II, Zanichelli, Bologna 1974, p. 141 [ci discostiamo qui dalla trad. it., *N.d.T.*].

²⁶ Al riguardo, R. Bultmann, *Polis und Hades in der Antigone des Sophokles*, in *Festschrift Karl Barth zum 70. Geburtstag am 10. Mai 1956*, Evangelischer Verlag, Zürich 1956, pp. 85 sgg.

²⁷ Hegel, *Fenomenologia dello spirito*, cit., p. 585.

²⁸ Al riguardo, G. Dux, *Die Logik der Weltbilder*, Suhrkamp, Frankfurt am Main 1982, pp. 266 sgg.

²⁹ Antifonte, fr. 44 I A, in A. Battegazzore, M. Untersteiner (a cura di), *Sofisti. Testimonianze e frammenti*, La Nuova Italia, Firenze 1961, pp. 73-77.

³⁰ B. Pascal, *Pensieri* (1670), Mondadori, Milano 1994, p. 224.

³¹ Protagora, in G. Giannantoni *et al.* (a cura di), *I Presocratici. Testimonianze e frammenti*, Laterza, Roma-Bari 1981, p. 881, fr. 80 A14.

³² Crisippo, *Etica*, in R. Radice (a cura di), *Stoici antichi. Tutti i frammenti*, Rusconi, Milano 1998, VI, fr. 323, p. 1127. Su quanto segue, A. Erskine, *The Hellenistic Stoa*, Duckworth, London 1990; M. Forschner, *Die stoische Ethik*, Wissenschaftliche Buchgesellschaft, Darmstadt 1995².

³³ Epitteto, *Diatribe. Manuale. Frammenti*, a cura di G. Reale, Rusconi, Milano 1982, III, 24, 10, p. 396; II, 10, 3, pp. 221-22.

³⁴ I. Kant, *Reflexionen zur Rechtsphilosophie* (1799), in *Gesammelte Schriften*, a cura della Preussischen Akademie der Wissenschaften, vol. XIX, de Gruyter, Berlin-Leipzig 1984, n. 8077, p. 605.

³⁵ Crisippo, *Etica*, cit., fr. 323, pp. 1127-29.

³⁶ Marco Aurelio, *Colloqui con se stesso*, Mondadori, Milano 2001, III, 11, p. 39.

³⁷ Ch.-L. de Montesquieu, *Lo spirito delle leggi* (1748), Rizzoli, Milano 1989, p. 152.

³⁸ Cicerone, *I termini estremi del bene e del male*, in *Opere politiche e filosofiche. I termini estremi del bene e del male. Discussioni Tuscolane*, a cura di N. Marinone, vol. II, UTET, Torino 1976², III, 19, 62 sgg., pp. 283 sgg.

³⁹ Crisippo, *Etica*, cit., fr. 352, p. 1141.

⁴⁰ Cicerone, *Le Tuscolane*, Mondadori, Milano 1996, I, 30 e 35, pp. 35 e 37. Al riguardo, H. Welzel, *Diritto naturale e giustizia materiale*, Giuffrè, Milano 1965.

⁴¹ Tommaso d'Aquino, *Somma Teologica*, Edizioni Studio Domenicano, Bologna 1996. Si cita la *Summa theologica* secondo le sue tre parti principali, della quali la seconda si articola nuovamente in due parti (I/II e II/II), e poi secondo le questioni (qu) e gli articoli (a).

⁴² Ivi, vol. I, I qu 96 a 4, pp. 870-71, qu 103 a 3, pp. 900-901; Id., *Il potere politico (De regimine principum)*, in *Scritti politici*, a cura di A. Passerin d'Entrèves, Massimo, Milano 1985, I, 1-6, pp. 83-87; I, 12-13, pp. 91-93.

⁴³ Id., *Somma contro i gentili*, UTET, Torino 1975, III, 81, pp. 749-51.

⁴⁴ J. Höffner, *Kolonialismus und Evangelium*, Paulinus-Verlag, Trier 1972³ (con il titolo *Christentum und Menschenwürde*, Paulinus-Verlag, Trier 1947¹), pp. 216 sgg.; cfr. anche pp. 74 sgg., 187 sg., e L. Hurbon, *La Chiesa e la schiavitù afroamericana*, in E. Dussel (a cura di), *La Chiesa in America Latina 1492-1992. Il rovescio della storia*, Cittadella, Assisi 1992, pp. 619 sgg.

⁴⁵ Il moderno tomismo ha cercato, sulla base di un criterio della gerarchia dei fini, di giustificare ciò come scelta del male minore di fronte alla rovina economica

delle imprese spagnole: G.M. Manser, *Angewandtes Naturrecht*, Paulusverlag, Freiburg in der Schweiz 1934, p. 66.

[46] Al riguardo, H. Nef, *Gerechtigkeit und Gleichheit*, Polygraphischer Verlag, Zürich 1941, pp. 69-79.

[47] Al riguardo, L. Montada, *Gerechtigkeitsansprüche und Ungerechtigkeitserleben in den neuen Bundesländern*, in W.R. Heinz, S.E. Hormuth (a cura di), *Arbeit und Gerechtigkeit im ostdeutschen Transformationsprozess*, Leske & Biedrich, Opladen 1997, pp. 231 sgg.

[48] G. Radbruch, *Gesamtausgabe*, vol. II, C.F. Müller juristischer Verlag, Heidelberg 1990, p. 258.

[49] Al riguardo, H. Hofmann, *Das Postulat der Allgemeinheit des Gesetzes*, in Id., *Verfassungsrechtliche Perspektiven* cit., p. 264.

[50] Al riguardo, K. Larenz, C.-W. Canaris, *Methodenlehre der Rechtswissenschaft*, Springer, Berlin-Heidelberg 1995[3], pp. 153 sgg., 210 sgg.

[51] Al riguardo, K. Günther, *Was heisst: «Jedem das Seine»? Zur Wiederentdeckung der distributiven Gerechtigkeit*, in G. Frankenberg (a cura di), *Auf der Suche nach der gerechten Gesellschaft*, Fischer, Frankfurt am Main 1994, pp. 155 sgg.

[52] Così K.F. Röhl, *Die Gerechtigkeitstheorie des Aristoteles aus der Sicht sozialpsychologischer Gerechtigkeitsforschung*, Nomos Verlag-Gesellschaft, Baden-Baden 1992, pp. 40 sgg.

[53] K. Engisch, *Auf der Suche nach der Gerechtigkeit*, Piper, München 1971, p. 167.

[54] A.Y. Vyshinsky, *The Law of the Soviet State*, Macmullen Company, New York 1954, p. 50.

[55] «Juristische Wochenschrift», 1934, p. 713.

[56] H. Hofmann, *Legittimità contro legalità. La filosofia politica di Carl Schmitt* (1964), ESI, Napoli 1999, pp. 209 sgg.

[57] «Deutsche Juristenzeitung», 1934, p. 945.

[58] R. Freisler, *Grundlegende Denkformen des Rechts im Wandel unserer Rechtserneuerung*, Schenck, Berlin 1941, p. 32.

[59] Sul problema del divieto di retroattività S. Jung, *Die Rechtsprobleme der Nürnberger Prozesse*, Mohr, Tübingen 1992, pp. 137 sgg.

[60] «Süddeutsche Juristenzeitung», 5, 1950, p. 207.

[61] «Süddeutsche Juristenzeitung», 1, 1946, pp. 105 sgg. = *Gesamtausgabe*, cit., vol. III, pp. 83 sgg.

[62] Al riguardo, B. Rüthers, *Die unbegrenzte Auslegung*, Müller, Heidelberg 1991[4].

[63] «Juristische Wochenschrift», 1933, p. 2793; «Deutsches Recht», 1933, p. 201.

[64] H. Dreier, *Gustav Radbruch und die Mauerschützen*, in «Juristenzeitung», 1997, pp. 421 sgg.

[65] G. Werle, *Menschenrechtsschutz durch Völkerstrafrecht*, in «Zeitschrift für die gesamte Strafrechtswissenschaft», 109, 1997, pp. 808 sgg.

[66] H.L.A. Hart, *Positivism and the Separation of Law and Morals*, in «Harvard Law Review», 71, 1958, pp. 593 sgg.

Parte terza

[1] J.S. Pütter, *Neuer Versuch einer Jurist. Encyclopädie und Methodologie* (1767), Olms, Hildesheim 1998, pp. 8 sgg.

[2] Al riguardo, G. Scholtz, *Rekonstruktion*, in J. Ritter, K. Gründer (a cura di), *Historisches Wörterbuch der Philosophie*, vol. VIII, Schwabe, Basel 1992, p. 570. Sulla vittoria del modello meccanicistico cfr. W. Pross, «*Natur*», *Naturrecht und Geschichte*, in «Internationales Archiv für Sozialgeschichte der deutschen Literatur», 3, 1978, pp. 55 sgg.

[3] Al riguardo, G. Duso, *Der Begriff der Repräsentation bei Hegel und das moderne Problem der politischen Einheit*, Nomos Verlag-Gesellschaft, Baden-Baden 1990.

[4] Th. Hobbes, *Leviatano*, trad. it. di A. Pacchi, Laterza, Roma-Bari 1989, cap. 39. Con il concetto di unità della persona rappresentativa Hobbes intende sempre sia un singolo uomo sia un'assemblea di uomini, che «in base alla maggioranza delle voci, possa ridurre tutte le loro volontà a un'unica volontà» (*Leviatano*, cap. 17; si veda anche il cap. 16).

[5] R. Descartes, *I principi di filosofia*, trad. it. di P. Cristofolini, Bollati Boringhieri, Torino 1992, p. 60.

[6] Al riguardo, A.J. Gurjewitsch, *Das Weltbild des mittelalterlichen Menschen*, Beck, München 1989[4], p. 239.

[7] Al riguardo, U. Steinvorth, *Stationen der politischen Theorie*, Reclam, Stuttgart 1983[2], pp. 25 sgg. Sulla dissoluzione della dottrina del giusto prezzo nella tarda scolastica, in particolare nel gesuita spagnolo Luis de Molina (1535-1600), cfr. J. Höffner, *Statik und Dynamik in der scholastischen Wirtschaftsethik*, Westdeutsch Verlag, Köln 1955, pp. 25 sgg.

[8] Ci discostiamo qui lievemente dalla trad. it. a cura di Pacchi. [*N.d.T.*]

[9] Cfr. Steinvorth, *Stationen der politischen Theorie*, cit., pp. 37 sgg.

[10] Al riguardo, H. Hofmann, *Repräsentation. Studien zur Wort- und Begriffsgeschichte von der Antike bis ins 19. Jahrhundert*, Duncker & Humblot, Berlin 1998[3], pp. 386 sgg.

[11] Al riguardo, Steinvorth, *Stationen der politischen Theorie*, cit., p. 49.

[12] Al riguardo, H. Dreier, *Hierarchische Verwaltung im demokratischen Staat*, Mohr, Tübingen 1991, pp. 277 sgg.; S. Breuer, *Der Staat*, Rowohlt, Reinbeck bei Hamburg 1998, pp. 291 sgg.

[13] A partire da presupposti cartesiani il filosofo olandese Arnold Geulincx (1624-1669), in *Metaphysica ad mentem Peripateticam* (1691), in Id., *Sämtliche Schriften*, a cura di H.J. de Vleeschauwer, vol. II, Frommann, Stuttgart-Bad Cannstatt 1968, pp. 199 sgg., muove una critica fondamentale dei «genera, species, tota, partes, entia, modi, substantiae, accidentia, etc.» scolastici. Al riguardo, B.G. Kuznecov, *Philosophie – Mathematik – Physik* (1974), Akademie-Verlag, Berlin 1981.

[14] Cfr. M. Walzer, *Sfere di giustizia* (1983), trad. it. di G. Rigamonti, Feltrinelli, Milano 1987, pp. 93-94.

[15] Su quanto segue, H. Hofmann, *Natur und Naturschutz im Spiegel des Verfassungsrechts*, in Id., *Verfassungsrechtliche Perspektiven. Aufsätze aus den Jahren 1980-1994*, Mohr, Tübingen 1995, pp. 411 sgg., con la relativa documentazione.

[16] Al riguardo, K. Demmer, *Naturrecht IV*, in *Staatslexikon der Görres-Gesellschaft*, Herder, Freiburg im Breisgau 1988[7], vol. IV, pp. 1308 sgg.

[17] D. Willoweit, *Deutsche Verfassungsgeschichte*, Beck, München 1997[3], par. 18, II, 2.

¹⁸ Al riguardo, F. Rapp, *Fortschritt*, Wissenschaftliche Buchgesellschaft, Darmstadt 1992, in particolare pp. 126 sgg., 158 sgg.; sulla concezione del tempo medievale cfr. invece Gurjewitsch, *Das Weltbild* cit., pp. 33 sgg., 174 sgg.

¹⁹ Al riguardo, H. Hofmann, *Gebot, Vertrag, Sitte. Die Urformen der Begründung von Rechtsverbindlichkeit*, Nomos Verlag-Gesellschaft, Baden-Baden 1993, pp. 31 sgg.

²⁰ J.-J. Rousseau, *Sull'origine e i fondamenti della ineguaglianza* (1755), in Id., *Scritti politici*, a cura di P. Alatri, UTET, Torino 1970, inizio della Parte seconda.

²¹ Cfr. *Per la pace perpetua*, Primo supplemento agli articoli definitivi. Per ulteriori indicazioni, cfr. H. Hofmann, *Bilder des Friedens oder die vergessene Gerechtigkeit*, Privatdruck der Siemens Stiftung, München 1997, pp. 69 sg.

²² I. Kant, *Sul detto comune: «ciò può essere giusto in teoria, ma non vale per la prassi» II. Del rapporto della teoria con la prassi nel diritto pubblico (Contro Hobbes)*, in Id., *Stato di diritto e società civile*, a cura di N. Merker, Editori Riuniti, Roma 1982, p. 153.

²³ Ivi, pp. 153-54; cfr. *Metafisica dei costumi, Introduzione alla Dottrina del diritto*, par. B.

²⁴ Id., *Sul detto comune* cit., p. 158.

²⁵ Id., *Il conflitto delle facoltà* (1798), in *Scritti di filosofia della religione*, a cura di G. Riconda, Mursia, Milano 1989, p. 290.

²⁶ Ci discostiamo qui dalla traduzione di Merker [*N.d.T.*].

²⁷ Kant, *Sul detto comune* cit., p. 160.

²⁸ Ivi, p. 161. Al riguardo e per ulteriori indicazioni cfr. H. Hofmann, *Das Postulat der Allgemeinheit des Gesetzes*, in Id., *Verfassungsrechtliche Perspektiven* cit., p. 275.

²⁹ M. Kriele, *Einführung in die Staatslehre*, Westdeutsch Verlag, Opladen 1994⁵, p. 19.

³⁰ Al riguardo, M. Landmann, *Der Souveränitätsbegriff bei den französischen Theoretikern*, Veit, Leipzig 1896, pp. 94 sgg.

³¹ Al riguardo, H. Hofmann, *Zur Idee des Staatsgrundgesetzes*, in Id., *Recht-Politik-Verfassung. Studien zur Geschichte der politischen Philosophie*, Metzner, Frankfurt am Main 1986, pp. 261 sgg.; H. Mohnhaupt, D. Grimm, *Verfassung*, Duncker & Humblot, Berlin 1995.

³² Al riguardo, R. Dreier, *Recht-Staat-Vernunft*, Suhrkamp, Frankfurt am Main 1991, pp. 35 sgg., 41.

³³ Al riguardo, Hofmann, *Repräsentation* cit., pp. 203 sg.

³⁴ U.K. Preuss, *Zu einem neuen Verfassungsverständnis*, in G. Frankenberg (a cura di), *Auf der Suche nach der gerechten Gesellschaft*, Fischer, Frankfurt am Main 1994, p. 124.

³⁵ Al riguardo, H. Hofmann, *Individuum und allgemeines Gesetz. Zur Dialektik in Kleists «Penthesilea» und «Prinz von Homburg»*, in Id., *Verfassungsrechtliche Perspektiven* cit., pp. 314 sgg.

³⁶ Al riguardo, C. Cesa, *Entscheidung und Schicksal: die fürstliche Gewalt*, in D. Henrich, R.-P. Horstmann (a cura di), *Hegels Philosophie des Rechts*, Klett-Cotta, Stuttgart 1982, pp. 185 sgg.; L. Siep, *Hegels Theorie der Gewaltenteilung*, in H.-Chr. Lucas, O. Pöggeler (a cura di), *Hegels Rechtsphilosophie*, Frommann-Holzboog, Stuttgart-Bad Cannstatt 1986, pp. 387 sgg.

³⁷ G.W.F. Hegel, *Lineamenti di filosofia del diritto. Diritto naturale e scienza*

dello Stato (1821), a cura di G. Marini, Laterza, Roma-Bari 1993, par. 300 [trad. it. modificata, *N.d.T.*].

[38] Al riguardo, Hofmann, *Repräsentation* cit., pp. 313 sgg.

[39] Al riguardo, R. Bubner, *Geschichtsprozesse und Handlungsnormen*, Suhrkamp, Frankfurt am Main 1984, pp. 184 sgg.

[40] G.F.W. Hegel, *Vorlesungsnachschrift*, in Id., *Die Philosophie des Rechts. Die Vorlesung von 1819/20 in einer Nachschrift*, a cura di D. Henrich, Suhrkamp, Frankfurt am Main 1983, p. 51. Al riguardo, cfr. l'*Introduzione* del curatore, ivi, pp. 13 sgg.

[41] Al riguardo, Bubner, *Geschichtsprozesse* cit., pp. 203 sgg.

[42] Al riguardo, R. Forst, *Kontexte der Gerechtigkeit. Politische Philosophie jenseits von Liberalismus und Kommunitarismus*, Suhrkamp, Frankfurt am Main 1994, *passim*; A. Honneth (a cura di), *Kommunitarismus*, Campus, Frankfurt am Main 1995[3]; W. Kymlicka, *Introduzione alla filosofia politica contemporanea* (1990), Feltrinelli, Milano 1996, pp. 222 sgg.; Ch. Zahlmann (a cura di), *Kommunitarismus in der Diskussion*, Rotbuch, Berlin 1992.

[43] Walzer, *Sfere di giustizia* cit.; A. MacIntyre, *Dopo la virtù. Saggio di teoria morale* (1981), Feltrinelli, Milano 1988; M. Sandel, *Il liberalismo e i limiti della giustizia* (1982), Feltrinelli, Milano 1994.

[44] C. Taylor, *Der Irrtum der negativen Freiheit*, in *Negative Freiheit? Zur Kritik des neuzeitlichen Individualismus* (1985), a cura di H. Kocyba, Suhrkamp, Frankfurt am Main 1992, pp. 118 sgg.

Parte quarta

[1] Su questo punto, con la relativa documentazione, P. Koller, *Gesellschaftsauffassung und soziale Gerechtigkeit*, in G. Frankenberg (a cura di), *Auf der Suche nach der gerechten Gesellschaft*, Fischer, Frankfurt am Main 1994, pp. 138 sgg.; H. Hofmann, *Vielfalt, Sicherheit und Solidarität statt Freiheit, Gleichheit, Brüderlichkeit?*, in J. Bizer (a cura di), *Sicherheit, Vielfalt, Solidarität. Symposium zum 65. Geburtstag E. Denningers*, Nomos Verlag-Gesellschaft, Baden-Baden 1998, pp. 112 sgg.

[2] E. Bernstein, *Die Arbeiterbewegung*, Rütten & Loening, Frankfurt am Main 1910, p. 134.

[3] J.S. Mill, *Saggio sulla libertà* (1859), Il Saggiatore, Milano 1981.

[4] Id., *Principi di economia politica* (1847), vol. II, UTET, Torino 1983; al riguardo, V. Bartsch, *Liberalismus und arbeitende Klassen*, Westdeutsch Verlag, Opladen 1982, pp. 243 sgg., 264; P. Hauer, *Leitbilder der Gerechtigkeit in den marktwirtschaftlichen Konzeptionen von Adam Smith, John Stuart Mill und Alfred Müller-Armack*, Lang, Frankfurt am Main 1991, pp. 234 sgg.

[5] G. Schmoller, *Über einige Grundfragen der Socialpolitik und der Volkswirtschftslehre*, Duncker & Humblot, Leipzig 1904[2], p. 85.

[6] Il progetto era di Oskar von Nell-Breuning. Cfr. al riguardo i suoi commenti all'enciclica sociale del 1932.

[7] Cfr. Bundesministerium für Arbeit und Sozialordnung, Bundesvereinigung Deutscher Arbeiterverbände, Deutscher Gewerkschaftsbund (a cura di), *Weltfriede durch soziale Gerechtigkeit*, Nomos Verlag-Gesellschaft, Baden-Baden 1994.

[8] Al riguardo, H. Hofmann, *Bilder des Friedens oder die vergessene Gerechtigkeit*, Privatdruck der Siemens Stiftung, München 1997, pp. 65 sgg.

[9] Al riguardo, Id., *Grundpflichten und Grundrechte*, in Id., *Verfassungsrechtliche Perspektiven. Aufsätze aus den Jahren 1980-1994*, Mohr, Tübingen 1995, p. 74. Su quanto segue cfr. G.A. Ritter, *Entstehung und Entwicklung des Sozialstaates in vergleichender Perspektive*, in «Historische Zeitschrift», 243, 1986, pp. 1-90.

[10] L. von Stein, *Geschichte der sozialen Bewegung in Frankreich von 1789 bis auf unsere Tage* (1850), a cura di G. Salomon, Drei Masken, München 1921 (rist. Nachdruck, Darmstadt 1959), vol. III, pp. 37 sgg. Qui anche le citazioni seguenti. Al riguardo, G. Stratenwerth, *Zum Prinzip des Sozialstaats*, in G. Müller (a cura di), *Staatsorganisation und Staatsfunktionen im Wandel. Festschrift für Kurt Eichenberger*, Helbing & Lichtenhahn, Basel 1982, pp. 84 sgg.

[11] L. von Stein, *Gegenwart und Zukunft der Rechts- und Staatswissenschaft Deutschlands* (1876), in Id., *Geschichte der sozialen Bewegung* cit., vol. III, p. 215.

[12] J. Ofner, *Studien sozialer Jurisprudenz*, Hölder, Wien 1894, p. 76.

[13] H. Heller, *Gesammelte Schriften*, vol. II, Sijthoff, Leiden 1992², p. 291.

[14] Nello specifico, cfr. H.F. Zacher, *Das soziale Staatsziel*, in J. Isensee, P. Kirchhof (a cura di), *Handbuch des Staatsrechts der Bundesrepublik Deutschland*, vol. I, Müller, Heidelberg 1995², pp. 1045 sgg.; E. Schwark, *Wirtschaftsordnung und Sozialstaatsprinzip*, fasc. 69, Öffentliche Vorlesungen der Humboldt-Universität, Berlin 1996.

[15] Von Stein, *Gegenwart und Zukunft* cit., p. 207.

[16] W. Eucken, *Grundsätze der Wirtschaftspolitik*, Francke, Bern 1952.

[17] W. Röpke, *Jenseits von Angebot und Nachfrage*, Rentsch, Erlenbach 1958.

[18] A. Müller-Armack, *Wirtschaftsordnung und Wirtschaftspolitik*, Rombach, Freiburg im Breisgau 1976².

[19] Cfr. A.K. Sen, *On Economic Inequality*, Oxford University Press, Delhi 1973; Id., *Etica ed economia* (1987), Laterza, Roma-Bari 1988; Id., *La diseguaglianza: un riesame critico* (1992), Il Mulino, Bologna 1994.

[20] Al riguardo, ad esempio, O. Höffe (a cura di), *Über John Rawls' Theorie der Gerechtigkeit*, Suhrkamp, Frankfurt am Main 1977; D. Mapel, *Social Justice Reconsidered*, University of Illinois Press, Urbana 1989; E.F. Paul (a cura di), *The Just Society*, Cambridge University Press, Cambridge 1995. Per la storia di questa discussione sulla giustizia sociale cfr. R.W. Baldwin, *Social Justice*, Pergamon Press, Oxford 1966; W.G. Runciman, *Relative Deprivation and Social Justice*, Gregg Revivals, Aldershot 1966; E. Küng, *Wirtschaft und Gerechtigkeit*, Mohr, Tübingen 1967; A.M. Honoré, *Social Justice*, in R.S. Summers (a cura di), *Essays in Legal Philosophy*, Clarendon Press, Oxford 1968, pp. 61-94. Su quanto segue cfr. K. Günther, *Was heisst: «Jedem das Seine»? Zur Wiederentdeckung der distributiven Gerechtigkeit*, in Frankenberg (a cura di), *Auf der Suche* cit., pp. 168 sgg.; P. Koller, *Die Idee der sozialen Gerechtigkeit*, in W. Krawietz (a cura di), *Objektivierung des Rechtsdenkens: Gedächtnisschrift für Ilmar Tammelo*, Duncker & Humblot, Berlin 1984, pp. 97-135; Id., *Soziale Güter und soziale Gerechtigkeit*, in H.-J. Hoch et al. (a cura di), *Theorien der Gerechtigkeit*, in «Archiv für Rechts- und Sozialphilosophie», 56, 1994, pp. 79-104.

[21] D. Miller, *Social Justice*, Clarendon Press, Oxford 1976.

[22] M. Walzer, *Sfere di giustizia* (1983), trad. it. di G. Rigamonti, Feltrinelli, Milano 1987, p. 11.

[23] Qui bisognerebbe pensare anche ai diritti acquisiti e ai diritti naturali del singolo. Per quanto riguarda questo criterio di distribuzione cfr. S.I. Benn, R.S. Pe-

ters, *Social Principles and the Democratic State*, Allen & Unwin, London 1973⁹, pp. 137 sgg.

²⁴ Al riguardo, è sintomatico L.T. Hobhouse, *The Elements of Social Justice* (1922), in Id., *Principles of Sociology*, Routledge Thoemmes, London 1993, per la determinazione del fine di una buona vita comune in armonia.

²⁵ Cfr. la sua *Introduzione ai principi della morale e della legislazione* (1789), UTET, Torino 1998.

²⁶ J.S. Mill, *L'utilitarismo* (1864), Il Saggiatore, Milano 1991, pp. 11 sgg., 100 sgg.

²⁷ Bentham trovò questa celebre formula in John Priestley (1733-1804), *The First Principles of Government*, 1768, ma l'avrebbe potuta trovare anche in Francis Hutcheson (1694-1746), *L'origine della bellezza* (1725), Aesthetica, Palermo 1988. Per l'origine e la diffusione di questa idea, cfr. D. Baumgardt, *Bentham and the Ethics of Today*, Octagon Books, New York 1952, pp. 33 sgg.; E. Halevy, *The Growth of Philosophic Radicalism*, Faber and Faber, London 1966, pp. 22 sgg.

²⁸ Al riguardo, W. Kersting, *Recht, Gerechtigkeit und demokratische Tugend. Abhandlungen zur praktischen Philosophie der Gegenwart*, Suhrkamp, Frankfurt am Main 1997, pp. 239 sgg.

²⁹ Al riguardo, J. Rawls, *Liberalismo politico* (1992), a cura di S. Veca, Edizioni di Comunità, Milano 1994.

³⁰ Ivi, p. 356.

³¹ Al riguardo, H. Dreier, *Dimensionen der Grundrechte*, Hennies & Zinkeisen, Hannover 1993.

³² J. Rawls, *Die Idee des politischen Liberalismus*, Suhrkamp, Frankfurt am Main 1992, p. 356.

³³ Al riguardo, H. Hofmann, *Legittimità contro legalità. La filosofia politica di Carl Schmitt* (1964), ESI, Napoli 1999, pp. 134 sgg.

³⁴ F.A. von Hayek, *Il miraggio della giustizia sociale* (1976), in Id., *Legge, legislazione e libertà*, trad. it. di P.G. Monateri, Il Saggiatore, Milano 1986, pp. 181-363.

³⁵ Cfr., ad esempio, O. Issing, *Der Sozialstaat auf dem Prüfstand*, in «Deutsche Bundesbank», 71, 1997, pp. 1 sgg.

³⁶ Von Hayek, *Il miraggio della giustizia sociale*, cit., pp. 268, 295 sg.

³⁷ Cfr. al riguardo già l'ingannevole «discorso del ricco» in J.-J. Rousseau, *Sull'origine e i fondamenti della ineguaglianza* (1755), in Id., *Scritti politici*, a cura di P. Alatri, UTET, Torino 1970, pp. 87-88.

³⁸ Al riguardo, Koller, *Die Idee der sozialen Gerechtigkeit*, cit., pp. 108 sgg., 124, 131 sgg.

³⁹ Al riguardo, Kersting, *Recht* cit., pp. 243 sgg.

⁴⁰ A. Baumgarten, *Der Weg des Menschen. Eine Philosophie der Moral und des Rechts* (1933), Mohr, Tübingen 1933, p. 520.

Bibliografia

1. *Letteratura principale*

Agostino, *De civitate Dei*, trad. it. *La città di Dio*, Città Nuova, Roma 1978.

Aristotele, *Politica*, in Id., *Opere complete. Politica. Trattato dell'economia*, vol. IX, Laterza, Roma-Bari 1989.

Id., *Etica Nicomachea*, a cura di M. Zanatta, Rizzoli, Milano 1997[6].

Austin, J., *Lectures on Jurisprudence or the Philosophy of Positive Law* (1873), Murray, London 1885.

Bacone, F., *Novum organum scientiarum* (1620), trad. it. *Nuovo Organo*, a cura di E. De Mas, in *Opere filosofiche*, Laterza, Bari 1965.

Bentham, J., *Introduction to the Principles of Moral and Legislation* (1789), trad. it. *Introduzione ai principi della morale e della legislazione*, UTET, Torino 1998.

Bierling, E.R., *Zur Kritik der juristischen Grundbegriffe*, vol. II, Perthes, Gotha 1883.

Id., *Juristische Prinzipienlehre*, vol. I, Mohr, Freiburg im Breisgau-Leipzig 1894; vol. V, Mohr, Tübingen 1917.

Bodin, J., *De le République* (1576), trad. it. *I sei libri dello Stato*, a cura di M. Isnardi Parente, D. Quaglioni, UTET, Torino 1964-97.

Cicerone, *De legibus*, trad. it. *Le leggi*, in Id., *Opere politiche e filosofiche. Lo Stato. Le leggi. I doveri*, vol. I, UTET, Torino 1974.

Id., *De re publica*, trad. it. *Dello stato*, Mondadori, Milano 1994.

Id., *Tusculanae disputationes*, trad. it. *Le Tuscolane*, Mondadori, Milano 1996.

Cusano, N., *De concordantia catholica* (1433), trad. it. *La concordanza universale*, a cura di P. Gaia, in Id., *Opere religiose*, UTET, Torino 1971.

Descartes, R., *Discours de la méthode pour bien conduire sa raison et cher-*

cher la vérité dans les sciences (1637), trad. it. *Discorso sul metodo*, in *Opere*, vol. I, Laterza, Bari 1967.

Dworkin, R., *Taking Rights Seriously* (1977), trad. it. *I diritti presi sul serio*, Il Mulino, Bologna 1982.

Epitteto, *Diatribe. Manuale. Frammenti*, a cura di G. Reale, Rusconi, Milano 1982.

Fichte, J.G., *Grundlage des Naturrechts nach Prinzipien der Wissenschaftslehre* (1796), Akademie Verlag, Berlin 1971 (trad. it. a cura di L. Fonnesu, *Fondamento del diritto naturale secondo i principi della dottrina della scienza*, Laterza, Roma-Bari 1994).

Geiger, T., *Vorstudien zu einer Soziologie des Rechts*, Luchterhand, Neuwied a. Rh. 1964².

Grozio, U., *De iure belli ac pacis* (1625), Scientia, Aalen 1993.

Habermas, J., *Moralbewusstsein und kommunikatives Handeln*, Suhrkamp, Frankfurt am Main 1983.

Id., *Faktizität und Geltung*, Suhrkamp, Frankfurt am Main 1994⁴ (trad. it. *Fatti e norme. Contributi ad una teoria discorsiva del diritto e della democrazia*, a cura di L. Ceppa, Guerini e Associati, Milano 1996).

Hart, H.L.A., *Recht und Moral*, a cura di N. Hörster, Vandenhoeck & Ruprecht, Göttingen 1971.

Id., *The Concept of Law* (1961), trad. it. *Il concetto di diritto*, Einaudi, Torino 1991².

Hegel, G.W.F., *Werke*, a cura di E. Moldenhauer, K. Markus Michel, 20 voll., Suhrkamp, Frankfurt am Main 1969-71, ivi: *Grundlinien der Philosophie des Rechts oder Naturrecht und Staatswissenschaft im Grundrisse*, vol. VII (trad. it. *Lineamenti di filosofia del diritto. Diritto naturale e scienza dello Stato in compendio*, a cura di G. Marini, Laterza, Roma-Bari 1999); *Vorlesungen über die Philosophie der Geschichte*, vol. XII (trad. it. *Lezioni sulla filosofia della storia*, a cura di G. Calogero, C. Fatta, vol. IV, La Nuova Italia, Firenze 1963).

Id., *Die Philosophie des Rechts. Die Mitschriften Wannenmann (Heidelberg 1817/18) und Homeyer (Berlin 1818/19)*, a cura di K.-H. Ilting, Klett-Cotta, Stuttgart 1983.

Id., *Philosophie des Rechts. Die Vorlesung von 1819/20 in einer Nachschrift*, a cura di D. Henrich, Suhrkamp, Frankfurt am Main 1983.

Id., *Vorlesungen über Naturrecht und Staatswissenschaft Heidelberg 1817/18 mit Nachträgen aus der Vorlesung 1818/19*, a cura di P. Wannenmann, C. Becker *et al.*, Meiner, Hamburg 1983.

Hobbes, T., *De cive* (1642), trad. it. *De cive. Elementi filosofici sul cittadino*, a cura di T. Magri, Editori Riuniti, Roma 1999⁴.

Id., *Leviathan, or the Matter, Form, and Power of a Commonwealth* (1651), trad. it. *Leviatano*, a cura di A. Pacchi, Laterza, Roma-Bari 1989.

Kant, I., *Werke*, a cura della Preussischen Akademie der Wissenschaften, de Gruyter, Berlin 1902 sgg. (rist. Berlin 1968), ivi: *Grundlegung zur Metaphysik der Sitten*, vol. IV, pp. 385-463 (trad. it. *Fondazione della metafisica dei costumi*, Laterza, Roma-Bari 1993[4]); *Die Metaphysik der Sitten*, vol. VI, pp. 203-493 (trad. it. *La metafisica dei costumi*, Laterza, Roma-Bari 1996[4]); *Über den Gemeinspruch: Das mag in der Theorie richtig sein, taugt aber nicht für die Praxis*, vol. VIII, pp. 273-313 (trad. it. *Sul detto comune: «ciò può essere giusto in teoria, ma non vale per la prassi»*, in Id., *Stato di diritto e società civile*, a cura di N. Merker, Editori Riuniti, Roma 1982); *Zum ewigen Frieden*, vol. VIII, pp. 341-86 (trad. it. *Per la pace perpetua*, in Id., *Stato di diritto e società civile* cit.).

Kelsen, H., *Reine Rechtslehre* (1934), Deuticke, Wien 1960[2] (trad. it. *La dottrina pura del diritto*, Einaudi, Torino 1975[3]).

Laun, R., *Recht und Sittlichkeit* (1924), Springer, Berlin 1935[3].

Locke, J., *Two Treatises of Government* (1690), trad. it. *Due trattati sul governo*, a cura di L. Pareyson, UTET, Torino 1948.

Luhmann, N., *Rechtssoziologie*, Westdeutscher Verlag, Opladen 1987[3] (trad. it. *Sociologia del diritto*, Laterza, Roma-Bari 1977).

Id., *Das Recht der Gesellschaft*, Suhrkamp, Frankfurt am Main 1993.

Machiavelli, N., *Il Principe* (1513), a cura di G. Inglese, Einaudi, Torino 1995.

Marco Aurelio, *Colloqui con se stesso*, Mondadori, Milano 2001.

Marx, K., *Manifest der kommunistischen Partei*, in Id., *Frühschriften*, a cura di S. Landshut, Körner, Stuttgart 1953, pp. 525-60 (trad. it. *Manifesto del partito comunista*, Mursia, Milano 1977).

Mill, J.S., *Utilitarianism* (1864), trad. it. *L'utilitarismo*, Il Saggiatore, Milano 1991.

Montesquieu, Ch.-L. de, *De l'esprit des lois* (1748), trad. it. *Lo spirito delle leggi*, Rizzoli, Milano 1989.

Nozick, R., *Anarchy, State, and Utopia* (1974), trad. it. *Anarchia, Stato e utopia*, Le Monnier, Firenze 1981.

Pascal, B., *Pensées* (1670), trad. it. *Pensieri*, Mondadori, Milano 1994.

Platone, *La Repubblica*, a cura di F. Sartori, Laterza, Roma-Bari 1994.

Id., *Politico*, in *Opere complete*, vol. II, *Cratilo, Teeteto, Sofista, Politico*, Laterza, Roma-Bari 1995.

Id., *Leggi*, in *Tutte le opere. Minosse. Leggi. Epinomide. Lettere*, a cura di E.V. Maltese, Newton & Compton, Roma 1997.

I Presocratici. Testimonianze e frammenti, a cura di G. Giannantoni *et al.*, Laterza, Roma-Bari 1981.

Pütter, J.S., *Neuer Versuch einer Juristischen Encyclopädie und Methodologie* (1767²), Olms, Hildesheim 1998.

Radbruch, G., *Gesetzliches Unrecht und übergesetzliches Recht*, in «Süddeutsche Juristenzeitung», 1, 1946, pp. 105 sgg. (ora in *Gesamtausgabe*, vol. III, a cura di A. Kaufmann, W. Hassemer, C.F. Müller juristischer Verlag, Heidelberg 1990, pp. 83-93 e in Id., *Rechtsphilosophie*, a cura di R. Dreier, Müller, Heidelberg 1999, pp. 211-19).

Rawls, J., *A Theory of Justice* (1971), trad. it. *Una teoria della giustizia*, Feltrinelli, Milano 1999⁷.

Id., *Liberalismo politico*, a cura di S. Veca, Edizioni di Comunità, Milano 1994.

Rousseau, J.-J., *Discours sur l'inégalité* (1755), trad. it. *Sull'origine e i fondamenti della ineguaglianza*, a cura di G. Preti, in *Scritti politici*, UTET, Torino 1970.

Id., *Contrat social* (1762), trad. it. *Il contratto sociale*, in *Scritti politici*, cit.

Scheler, M., *Der Formalismus in der Ethik und die materiale Wertethik* (1913), trad. it. *Il formalismo nell'etica e l'etica materiale dei valori. Nuovo tentativo di fondazione di un personalismo etico*, San Paolo, Cinisello Balsamo 1996.

Schopenhauer, A., *Sämtliche Werke*, a cura di W. Frhr von Loehneysen, 5 voll., Wissenschaftliche Buchgesellschaft, Darmstadt 1976 sgg., ivi: *Die Welt als Wille und Vorstellung*, voll. I-II, 1980-82 (trad. it. *Il mondo come volontà e come rappresentazione*, a cura di G. Riconda, Mursia, Milano 1969⁴); *Preisschrift über die Grundlage der Moral*, vol. III, 1980, pp. 629-815 (trad. it. *Memoria sul fondamento della morale*, in *I due problemi fondamentali dell'etica. 1. Sulla libertà del volere. 2. Sul fondamento della morale*, Boringhieri, Torino 1961).

Seneca, *Tutti gli scritti in prosa: dialoghi, trattati e lettere*, a cura di G. Reale, Rusconi, Milano 1994.

Sofocle, *Antigone*, in C. Diano (a cura di), *Il teatro greco. Tutte le tragedie*, Sansoni, Firenze 1970.

Stammler, R., *Die Lehre von dem richtigen Rechte* (1902), Wissenschaftliche Buchgesellschaft, Darmstadt 1964.

Id., *Richtiges Recht*, in Id., *Rechtsphilosophische Grundfragen*, Stämpfli, Bern 1928.

Stein, L. von, *Geschichte der sozialen Bewegung in Frankreich von 1789 bis auf unsere Tage* (1850), a cura di G. Salomon, Drei Masken, München 1921 (rist. Nachdruck, Darmstadt 1959).

Stoici antichi. Tutti i frammenti, a cura di R. Radice, Rusconi, Milano 1998.

Thomasius, C., *Fundamenta iuris naturae et gentium etc.* (1705), Scientia, Aalen 1979.

Tommaso d'Aquino, *Summa Theologica*, trad. it. *Somma Teologica*, Edizioni Studio Domenicano, Bologna 1996.

Id., *De regimine principum* (1256 ca.), trad. it. *Il potere politico*, a cura di A. Passerin d'Entrèves, in *Scritti politici*, Massimo, Milano 1985.

Walzer, M., *Spheres of Justice. Defense of Pluralism and Equality* (1983), trad. it. di G. Rigamonti, *Sfere di giustizia*, Feltrinelli, Milano 1987.

Weber, M., *Wirtschaft und Gesellschaft* (1922), Mohr, Tübingen 1972⁵ (trad. it. *Economia e società*, vol. I, Edizioni di Comunità, Milano 1995).

Welcker, K.T., *Die letzten Gründe von Recht, Staat und Strafe* (1813), Scientia, Aalen 1964.

2. *Studi su questioni specifiche*

Albert, H., *Rechtswissenschaft als Realwissenschaft*, Nomos Verlag-Gesellschaft, Baden-Baden 1993.

Alexy, R., *Theorie der Grundrechte*, Suhrkamp, Frankfurt am Main 1994².

Id., *Begriff und Geltung des Rechts*, Alber, Freiburg im Breisgau 1994².

Apel, K.-O., *Zum Problem einer rationalen Begründung der Ethik im Zeitalter der Wissenschaft*, in M. Riedel (a cura di), *Rehabilitierung der praktischen Philosophie*, vol. II, Rombach, Freiburg 1974, pp. 13-22.

Berman, H.J., *Law and Revolution. The Formation of the Western Legal Tradition* (1983), trad. it. *Diritto e rivoluzione: le origini della tradizione giuridica occidentale*, Il Mulino, Bologna 1998.

Brand, G., *Die Lebenswelt*, de Gruyter, Berlin 1971.

Bubner, R., *Geschichtsprozesse und Handlungsnormen*, Suhrkamp, Frankfurt am Main 1984.

Bydlinski, F., *Juristische Methodenlehre und Rechtsbegriff*, Springer, Wien 1991².

Carrino, A., *L'ordine delle norme. Stato e diritto in Hans Kelsen*, ESI, Napoli 1992³.

Dreier, H., *Rechtslehre, Staatssoziologie und Demokratietheorie bei Hans Kelsen*, Nomos Verlag-Gesellschaft, Baden-Baden 1990².

Id., *Gustav Radbruch und die Mauerschützen*, in «Juristenzeitung», 1997, pp. 421 sgg.

Id., *Recht-Moral-Ideologie*, Suhrkamp, Frankfurt am Main 1981.

Id., *Recht-Staat-Vernunft*, Suhrkamp, Frankfurt am Main 1991.

Duso, G., *Der Begriff der Repräsentation bei Hegel und das moderne Problem der politischen Einheit*, Nomos Verlag-Gesellschaft, Baden-Baden 1990.

Dux, G., *Rechtssoziologie*, Kohlhammer, Stuttgart 1978.

Engisch, K., *Auf der Suche nach der Gerechtigkeit*, Piper, München 1971.

Esser, J., *Grundsatz und Norm in der richterlichen Rechtsfortbildung des Privatrechts* (1956), Mohr, Tübingen 1990[4].

Forschner, M., *Die stoische Ethik*, Wissenschaftliche Buchgesellschaft, Darmstadt 1995[2].

Forst, R., *Kontexte der Gerechtigkeit*, Suhrkamp, Frankfurt am Main 1994.

Frankenberg, G. (a cura di), *Auf der Suche nach der gerechten Gesellschaft*, Suhrkamp, Frankfurt am Main 1994.

Geismann, G., *Ethik und Herrschaftsordnung*, Mohr, Tübingen 1974.

Günther, K., *Was heisst «Jedem das Seine»? Zur Wiederentdeckung der distributiven Gerechtigkeit*, in Frankenberg (a cura di), *Auf der Suche* cit., pp. 151-81.

Haller, R., *Neopositivismus. Eine historische Einführung in die Philosophie des Wiener Kreises*, Wissenschaftliche Buchgesellschaft, Darmstadt 1993.

Hare, R.M., *The Language of Morals* (1952), trad. it. *Il linguaggio della morale*, Ubaldini, Roma 1968.

Hauer, P., *Leitbilder der Gerechtigkeit in den marktwirtschaftlichen Konzeptionen von Adam Smith, John Stuart Mill und Alfred Müller-Armack*, Lang, Frankfurt am Main 1991.

Hayek, F.A. von, *Il miraggio della giustizia sociale* (1976), in Id., *Legge, legislazione e libertà*, trad. it. di P.G. Monateri, Il Saggiatore, Milano 1986, pp. 181-363.

Henrich, D., Horstmann, R.P. (a cura di), *Hegels Philosophie des Rechts*, Klett-Cotta, Stuttgart 1982.

Hoerster, N., *Verteidigung des Rechtspositivismus*, Metzner, Frankfurt am Main 1989.

Höffe, O., *Politische Gerechtigkeit. Grundlegung einer kritischen Philosophie von Recht und Staat*, Suhrkamp, Frankfurt am Main 1994[2] (trad. it. *Giustizia politica: fondamenti di una filosofia critica del diritto e dello Stato*, Il Mulino, Bologna 1994).

Id., *Kategorische Rechtsprinzipien. Ein Kontrapunkt der Moderne*, Suhrkamp, Frankfurt am Main 1990.

Id. (a cura di), *Über John Rawls' Theorie der Gerechtigkeit*, Suhrkamp, Frankfurt am Main 1977.

Höffner, J., *Statik und Dynamik in der scholastischen Wirtschaftsethik*, Westdeutscher Verlag, Köln 1955.

Id., *Kolonialismus und Evangelium*, Paulinus-Verlag, Trier 1972[3] (con il titolo *Christentum und Menschenwürde*, Paulinus-Verlag, Trier 1947[1]).

Hofmann, H., *Legitimität und Rechtsgeltung. Verfassungstheoretische*

Bemerkungen zu einem Problem der Staatslehre und der Rechtsphilosophie, Duncker & Humblot, Berlin 1977.

Id., *Hugo Grotius*, in Id., *Recht-Politik-Verfassung. Studien zur Geschichte der politischen Philosophie*, Metzner, Frankfurt am Main 1986, pp. 31-57.

Id., *Gebot, Vertrag, Sitte. Die Urformen der Begründung von Rechtsverbindlichkeit*, Nomos Verlag-Gesellschaft, Baden-Baden 1993.

Id., *Verfassungsrechtliche Perspektiven. Aufsätze aus den Jahren 1980-1994*, Mohr, Tübingen 1995.

Id., *Repräsentation. Studien zur Wort- und Begriffsgeschichte von der Antike bis ins 19. Jahrhundert*, Duncker & Humblot, Berlin 1998[3].

Id., *Bilder des Friedens oder die vergessene Gerechtigkeit*, Privatdruck der Siemens Stiftung, München 1997.

Id., *Das Recht des Rechts, das Recht der Herrschaft und die Einheit der Verfassung*, Duncker & Humblot, Berlin 1998.

Hollerbach, A., *Art. Rechtsethik*, in *Staatslexikon der Görres-Gesellschaft*, Herder, Freiburg im Breiagau 1988[7], vol. IV, pp. 692-94.

Honneth, A. (a cura di), *Kommunitarismus*, Campus, Frankfurt am Main 1995[3].

Kaufmann, W., *Jenseits von Schuld und Gerechtigkeit*, Hoffmann und Campe, Hamburg 1974.

Kempski, J. von, *Recht und Politik*, Kohlhammer, Stuttgart 1965.

Kersting, W., *Die politische Philosophie des Gesellschaftsvertrags*, Wissenschaftliche Buchgesellschaft, Darmstadt 1994.

Id., *Recht, Gerechtigkeit und demokratische Tugend. Abhandlungen zur praktischen Philosophie der Gegenwart*, Suhrkamp, Frankfurt am Main 1997.

Koller, P., *Die Idee der sozialen Gerechtigkeit*, in W. Krawietz (a cura di), *Objektivierung des Rechtsdenkens: Gedächtnisschrift für Ilmar Tammelo*, Duncker & Humblot, Berlin 1984, pp. 97-135.

Id., *Soziale Güter und soziale Gerechtigkeit*, in H.-J. Hoch et al. (a cura di), *Theorien der Gerechtigkeit*, in «Archiv für Rechts- und Sozialphilosophie», 56, 1994, pp. 79-104.

Id., *Theorie des Rechts*, Böhlau, Wien 1997[2].

Kriele, M., *Einführung in die Staatslehre. Die geschichtlichen Legitimitätsgrundlagen des demokratischen Verfassungsstaates*, Westdeutscher Verlag, Opladen 1994[4].

Kunz, K.-L., *Die analytische Rechtstheorie, eine «Rechts»-theorie ohne Recht?*, Duncker & Humblot, Berlin 1977.

Kymlicka, W., *Introduzione alla filosofia politica contemporanea* (1990), Feltrinelli, Milano 1994.

Larenz, K., *Richtiges Recht. Grundzüge einer Rechtsethik*, Beck, München 1979.

Maluschke, G., *Philosophische Grundlagen des demokratischen Verfassungsstaates*, Alber, Freiburg-München 1982.

Martin, M., *Legal Realism. American and Scandinavian*, Lang, New York-Berlin 1997.

Miller, D., *Social Justice* (1976), Clarendon Press, Oxford 1998.

Montada, L., *Gerechtigkeitsansprüche und Ungerechtigkeitserleben in den neuen Bundesländern*, in W.R. Heinz, S. Hormuth (a cura di), *Arbeit und Gerechtigkeit im ostdeutschen Tranformationsprozess*, Leske & Biedrich, Opladen 1997, pp. 231 sgg.

Müller, J.P., *Demokratische Gerechtigkeit. Eine Studie zur Legitimität rechtlicher und politischer Ordnung*, Dt. Taschenbuch-Verlag, München 1993.

Nef, H., *Gleichheit und Gerechtigkeit*, Polygraphischer Verlag, Zürich 1941.

Olivecrona, K., *Gesetz und Staat*, Munksgaard, Kobenhavn 1940.

Pöggeler, O., Lucas, H.-C., *Hegels Rechtsphilosophie im Zusammenhang der europäischen Verfassungsgeschichte*, Frommann-Holzboog, Stuttgart-Bad Cannstatt 1986.

Popper, K.R., *The Open Society and Its Enemies* (1945), trad. it. *La società aperta e i suoi nemici*, a cura di D. Antiseri, Armando, Roma 1974.

Pross, W., *«Natur», Naturrecht und Geschichte*, in «Internationales Archiv für Sozialgeschichte der deutschen Literatur», 3, 1978, pp. 38-67.

Raiser, T., *Das lebende Recht*, Nomos Verlag-Gesellschaft, Baden-Baden 1995[2].

Ritter, G.A., *Entstehung und Entwicklung des Sozialstaates in vergleichender Perspektive*, in «Historische Zeitschrift», 243, 1986, pp. 1-90.

Röhl, K.F., *Die Gerechtigkeitstheorie des Aristoteles aus der Sicht sozialpsychologischer Gerechtigkeitsforschung*, Nomos Verlag-Gesellschaft, Baden-Baden 1992.

Sandel, M., *Liberalism and the Limits of Justice* (1982), trad. it. *Il liberalismo e i limiti della giustizia*, Feltrinelli, Milano 1994.

Schneiders, W., *Naturrecht und Liebesethik. Zur Geschichte der praktischen Philosophie im Hinblick auf Christian Thomasius*, Olms, Hildesheim 1971.

Schwark, E., *Wirtschaftsordnung und Sozialstaatsprinzip*, Öffentliche Vorlesungen der Humboldt-Universität, Berlin 1996.

Somló, F., *Juristische Grundlehre*, Meiner, Leipzig 1927[2], parzialmente ripreso in W. Maihofer (a cura di), *Begriff und Wesen des Rechts*, Wissenschaftliche Buchgesellschaft, Darmstadt 1973, pp. 421-57.

Steinvorth, U., *Stationen der politischen Theorie*, Reclam, Stuttgart 1983[2].

Strauss, L., *Natural Right and History* (1953), trad. it. *Diritto naturale e storia*, Neri Pozza, Venezia 1957.

Taylor, C., *Philosophical Papiers* (1985), trad. ted. parziale *Negative Freiheit? Zur Kritik des neuzeitlichen Individualismus*, a cura di H. Kocyba, Suhrkamp, Frankfurt am Main 1992.

Viehweg, T., *Topik und Jurisprudenz*, Beck, München 1974[5].

Vogel, H.-H., *Der skandinavische Rechtsrealismus*, Metzner, Frankfurt am Main 1972.

Wolf, J.-C., *John Stuart Mills «Utilitarismus»*, Alber, München 1992.

Wolf, U., *Das Problem des moralischen Sollens*, de Gruyter, Berlin 1984.

3. Manuali

Bydlinski, F., *Fundamentale Rechtsgrundsätze*, Springen, Wien-New York 1988.

Coing, H., *Grundzüge der Rechtsphilosophie*, de Gruyter, Berlin-New York 1993[5].

Hassemer, W., Kaufmann, A., *Einführung in die Rechtsphilosophie und Rechtstheorie der Gegenwart*, Müller, Heidelberg 1994[6].

Henkel, H., *Einführung in die Rechtsphilosophie. Grundlagen des Rechts*, Beck, München-Berlin 1977[2].

Kaufmann, A., *Rechtsphilosophie*, Beck, München 1997[2].

Kaufmann, M., *Rechtsphilosophie*, Alber, Freiburg-München 1996.

Koller, P., *Theorie des Rechts*, Böhlau, Wien 1997[2].

Radbruch, G., *Rechtsphilosophie* (1914), Köhler, Stuttgart 1963[6] (nuova ed. Müller, Heidelberg 1999).

Rüthers, B., *Rechtstheorie. Begriff, Geltung und Anwendung des Rechts*, Beck, München 1999.

Schapp, J., *Freiheit, Moral und Recht. Grundzüge einer Philosophie des Rechts*, Mohr, Tübingen 1994.

Seelmann, K., *Rechtsphilosophie*, Beck, München 1994.

Smid, S., *Einführung in die Philosophie des Rechts*, Beck, München 1991.

Welzel, H., *Naturrecht und materiale Gerechtigkeit*, Vandenhoeck & Ruprecht, Göttingen 1990[4] (trad. it. *Diritto naturale e giustizia materiale*, Giuffrè, Milano 1965).

Zippelius, R., *Rechtsphilosophie*, Beck, München 1994[3].

Indice

Mandelstam

Manuali Laterza

23. Pevsner, N., *Storia dell'architettura europea*, 1992
24. Sylos Labini, P., *Elementi di dinamica economica*, 1992
25. Frabboni, F., *Manuale di didattica generale*, 1992
26. Bonfiglioli, L. - Volpicella, A., *Manuale di didattica per la scuola materna*, 1992
27. Musti, D., *Storia greca*, 1992
28. Jacques, F. - Scheid, J., *Roma e il suo Impero*, 1992
29. Greco, E., *Archeologia della Magna Grecia*, 1992
30. Bretone, M., *Storia del diritto romano*, 1992
31. Mammarella, G., *Storia d'Europa dal 1945 a oggi*, 1992
32. Meister, K., *La storiografia greca*, 1992
33. Borghi, B.Q. - Guerra, L., *Manuale di didattica dell'asilo nido*, 1992
34. Guidi, A. - Piperno, M. (a cura di), *Italia preistorica*, 1992
35. Mecacci, L., *Storia della psicologia del Novecento*, 1992
36. Canevaro, A. - Cives, G. - Frabboni, F. - Frauenfelder, E. - Laporta, R. - Pinto Minerva, F., *Fondamenti di pedagogia e di didattica*, 1993
37. Sinclair, T.A., *Il pensiero politico classico*, 1993
38. Lyons, J., *Lezioni di linguistica*, 1993
39. Ferrari, V., *Funzioni del diritto*, 1993
40. Trisciuzzi, L., *Manuale di didattica per l'handicap*, 1993
41. Domenici, G., *Manuale della valutazione scolastica*, 1993
42. Sobrero, A.A. (a cura di), *Introduzione all'italiano contemporaneo*, vol. I, 1993
43. Sobrero, A.A. (a cura di), *Introduzione all'italiano contemporaneo*, vol. II, 1993
44. Di Nolfo, E., *Storia delle relazioni internazionali. 1918-1992*, 1994
45. Margueron, J.C., *La Mesopotamia*, 1993
46. Bonfanti, P. - Frabboni, F. - Guerra, L. - Sorlini, C., *Manuale di educazione ambientale*, 1993
47. Peroni, R., *Introduzione alla protostoria italiana*, 1994
48. Colarizi, S., *Storia dei partiti nell'Italia repubblicana*, 1996
49. Maragliano, R., *Manuale di didattica multimediale*, 1994; 1998
50. Ponzio, A. - Calefato, P. - Petrilli, S., *Fondamenti di filosofia del linguaggio*, 1999
51. Aldcroft, D.H., *L'economia europea dal 1914 al 1990*, 1994

52. Luiselli Fadda, A.M., *Tradizioni manoscritte e critica del testo nel Medioevo germanico*, 1994
53. Barbero, A. - Frugoni, C., *Dizionario del Medioevo*, 1998
54. Melchiori, G., *Shakespeare. Genesi e struttura delle opere*, 1999
55. Del Panta, L. - Rettaroli, R., *Introduzione alla demografia storica*, 1994
56. Fforde, M., *Storia della Gran Bretagna. 1832-1992*, 1994
57. Guidi, A., *I metodi della ricerca archeologica*, 1998
58. Frabboni, F. - Pinto Minerva, F., *Manuale di pedagogia generale*, 2001
59. Berruto, G., *Fondamenti di sociolinguistica*, 1995
60. Cambi, F., *Storia della pedagogia*, 1995
61. Cassese, S., *La nuova costituzione economica. Lezioni*, 2000
62. Alpa, G., *Il diritto dei consumatori*, 1999
63. Jean, C., *Geopolitica*, 1995
64. Valentini, F., *Il pensiero politico contemporaneo*, 1995
65. Boero, P. - De Luca, C., *La letteratura per l'infanzia*, 1995
66. Gentili, B., *Poesia e pubblico nella Grecia antica. Da Omero al V secolo*, 1995
67. Contento, G., *Corso di diritto penale*, vol. I, 1996
68. Contento, G., *Corso di diritto penale*, vol. II, 1996
69. Crespi, F., *Manuale di sociologia della cultura*, 1996
70. Gaja, G., *Introduzione al diritto comunitario*, 1996
71. Greco, G. - Rosa, M. (a cura di), *Storia degli antichi stati italiani*, 1996
72. Fabris, A., *Introduzione alla filosofia della religione*, 1996
73. Hargreaves Heap, S. - Hollis, M. - Lyons, B. - Sugden, R. - Weale, A., *La teoria della scelta. Una guida critica*, 1996
74. Ferraris, L.V. (a cura di), *Manuale della politica estera italiana 1947-1993*, 1996
75. Romero, F. - Valdevit, G. - Vezzosi, E., *Gli Stati Uniti dal 1945 a oggi*, 1996
76. Pierantoni, R., *La trottola di Prometeo. Introduzione alla percezione acustica e visiva*, 1996
77. Toscano, M.A. (a cura di), *Introduzione al servizio sociale*, 1996
78. Trisciuzzi, L. - Fratini, C. - Galanti, M.A., *Manuale di pedagogia speciale. Nuove prospettive e itinerari psico-pedagogici*, 1996

79. Mancini, P., *Manuale di comunicazione pubblica*, 1996
80. Lavagetto, M. (a cura di), *Il testo letterario. Istruzioni per l'uso*, 1996
81. Carrera Díaz, M., *Grammatica spagnola*, 1997
82. Grassi, C. - Sobrero, A.A. - Telmon, T., *Fondamenti di dialettologia italiana*, 1997
83. Cesa, C. (a cura di), *Guida a Hegel. Fenomenologia, Logica, Filosofia della natura, Morale, Politica, Estetica, Religione, Storia*, 1997
84. Ponzio, A., *Metodologia della formazione linguistica*, 1997
85. Oliverio Ferraris, A. - Bellacicco, D. - Costabile, A. - Sasso, S., *Introduzione alla psicologia dello sviluppo*, 1997
86. D'Angelo, P., *L'estetica italiana del Novecento*, 1997
87. Berti, E. (a cura di), *Guida ad Aristotele. Logica, Fisica, Cosmologia, Psicologia, Biologia, Metafisica, Etica, Politica, Poetica, Retorica*, 1997
88. Le Gentil, G. - Bréchon, R., *Storia della letteratura portoghese*, 1997
89. Cardarelli, F. - Zeno-Zencovich, V., *Il diritto delle telecomunicazioni. Principi, normativa, giurisprudenza*, 1997
90. Demetrio, D., *Manuale di educazione degli adulti*, 1997
91. D'Orta, C. - Garella, F. (a cura di), *Le amministrazioni degli organi costituzionali. Ordinamento italiano e profili comparati*, 1997
92. Marconi, D. (a cura di), *Guida a Wittgenstein. Il «Tractatus», dal «Tractatus» alle «Ricerche», Matematica, Regole e Linguaggio privato, Psicologia, Certezza, Forme di vita*, 1997
93. Meneghetti, M.L., *Le origini delle letterature medievali romanze*, 1997
94. Ferrari, V., *Lineamenti di sociologia del diritto*, 1. *Azione giuridica e sistema normativo*, 1997
95. Volpi, F. (a cura di), *Guida a Heidegger. Ermeneutica, Fenomenologia, Esistenzialismo, Ontologia, Teologia, Estetica, Etica, Tecnica, Nichilismo*, 1997
96. Barbera, A. (a cura di), *Le basi filosofiche del costituzionalismo*, 1997
97. Gastaldi, S., *Storia del pensiero politico antico*, 1998
98. Bernardini, P., *Il diritto dell'arbitrato*, 1998
99. Broglio, A., *Introduzione al Paleolitico*, 1998

100. Brandt, R., *La lettura del testo filosofico*, 1998
101. Domenici, G., *Manuale dell'orientamento e della didattica modulare*, 1998
102. Mamiani, M., *Storia della scienza moderna*, 1998
103. Pocar, V. - Ronfani, P., *La famiglia e il diritto*, 1998
104. Donati, P., *Manuale di sociologia della famiglia*, 1998
105. Giardino, C., *I metalli nel mondo antico. Introduzione all'archeometallurgia*, 1998
106. Filoramo, G. - Massenzio, M. - Raveri, M. - Scarpi, P., *Manuale di storia delle religioni*, 1998
107. Catania, A., *Manuale di teoria generale del diritto*, 1998
108. Ferraris, M. (a cura di), *Guida a Nietzsche. Etica, Politica, Filologia, Musica, Teoria dell'interpretazione, Ontologia*, 1999
109. Bertolucci, V. - Alvar, C. - Asperti, S., *L'area iberica*, 1999
110. Walter, H., *L'avventura delle lingue in Occidente*, 1999
111. Cosmacini, G. - Rugarli, C., *Introduzione alla medicina*, 2000
112. Castignone, S., *Introduzione alla filosofia del diritto*, 1998
113. Genovesi, G., *Storia della scuola in Italia dal Settecento a oggi*, 1998
114. Bianco, F., *Introduzione all'ermeneutica*, 1998
115. Maragliano, R., *Nuovo manuale di didattica multimediale*, 1998
116. Alpa, G. - Bonell, M.J. - Corapi, D. - Moccia, L. - Zeno-Zencovich, V., *Diritto privato comparato. Istituti e problemi*, 1999
117. Dalla Chiara, M.L. - Toraldo di Francia, G., *Introduzione alla filosofia della scienza*, 1999
118. Attinà, F., *Il sistema politico globale. Introduzione alle relazioni internazionali*, 1999
119. Cometa, M., *Guida alla germanistica. Manuale d'uso*, 1999
120. Fabietti, U., *Antropologia culturale. L'esperienza e l'interpretazione*, 1999
121. Ferrara, R. - Fracchia, F. - Olivetti Rason, N., *Diritto dell'ambiente*, 1999
122. Sarracino, V. - Iavarone, M.L., *La scuola elementare come scuola di base. Saperi, organizzazione, riforme*, 1999
123. Ceserani, R., *Guida allo studio della letteratura*, 1999
124. Curi, F., *La poesia italiana nel Novecento*, 1999
125. Viola, F. - Zaccaria, G., *Diritto e interpretazione. Lineamenti di teoria ermeneutica del diritto*, 1999

126. Carchia, G. - D'Angelo, P. (a cura di), *Dizionario di estetica*, 1999
127. Francovich, R. - Manacorda, D. (a cura di), *Dizionario di archeologia. Temi, concetti e metodi*, 2000
128. Volli, U., *Manuale di semiotica*, 2000
129. Cambi, F., *Manuale di filosofia dell'educazione*, 2000
130. De Juliis, E.M., *I fondamenti dell'arte italica*, 2000
131. Di Nolfo, E., *Storia delle relazioni internazionali. 1918-1999*, 2000
132. Fumagalli Beonio Brocchieri, Mt., *Il pensiero politico medievale*, 2000
133. Losano, M.G., *I grandi sistemi giuridici. Introduzione ai diritti europei ed extraeuropei*, 2000
134. Ainis, M. (a cura di), *Dizionario costituzionale*, 2000
135. Cremaschi, M., *Manuale di geoarcheologia*, 2000
136. Assante, G. - Giannino, P. - Mazziotti, F., *Manuale di diritto minorile*, 2000
137. Livolsi, M., *Manuale di sociologia della comunicazione*, 2000
138. Musselli, L. - Tozzi, V., *Manuale di diritto ecclesiastico. La disciplina giuridica del fenomeno religioso*, 2000
139. Crespi, F. - Jedlowski, P. - Rauty, R., *La sociologia. Contesti storici e modelli culturali*, 2000
140. Ainis, M. - Martines, T., *Codice costituzionale*, 2001
141. Bettoni, C., *Imparare un'altra lingua. Lezioni di linguistica applicata*, 2001
142. Mannori, L. - Sordi, B., *Storia del diritto amministrativo*, 2001
143. Fassò, G., *Storia della filosofia del diritto*, vol. I. *Antichità e medioevo*, 2001
144. Fassò, G., *Storia della filosofia del diritto*, vol. II. *L'età moderna*, 2001
145. Fassò, G., *Storia della filosofia del diritto*, vol. III. *Ottocento e Novecento*, 2001
146. Dallapiazza, M., *Storia della letteratura tedesca*, Dal Medioevo al Barocco, 2001
147. Kindl, U., *Storia della letteratura tedesca*, Dal Settecento alla prima guerra mondiale, 2001
148. Dallapiazza, M. - Santi, C., *Storia della letteratura tedesca*, Il Novecento, 2001

149. Cantarella, G.M. - Polonio, V. - Rusconi, R., *Chiesa, chiese, movimenti religiosi*, 2001
150. Corrao, P. - Gallina, M. - Villa, C., *L'Italia mediterranea e gli incontri di civiltà*, 2001
151. Alpa, G. - Bessone, M., *Elementi di diritto privato*, 2001
152. Tesi, R., *Storia dell'italiano. La formazione della lingua comune dalle origini al Rinascimento*, 2001
153. Formigari, L., *Il linguaggio. Storia delle teorie*, 2001
154. Bessone, M., *Imprese e società. Lineamenti di diritto commerciale*, 2001
155. Ikenberry, G.J. - Parsi, V.E. (a cura di), *Manuale di Relazioni Internazionali. Dal sistema bipolare all'età globale*, 2001
156. Ikenberry, G.J. - Parsi, V.E. (a cura di), *Teorie e metodi delle Relazioni Internazionali. La disciplina e la sua evoluzione*, 2001
157. Martinelli, A. - Chiesi, A.M., *La società italiana*, 2002
158. Dal Lago, A. - De Biasi, R. (a cura di), *Un certo sguardo. Introduzione all'etnografia sociale*, 2002
159. Armone, A. - Lelli, L. - Summa, I., *Manuale del dirigente scolastico*, 2002
160. Frabboni, F., *Il curricolo*, 2002
161. Pinto Minerva, F., *L'intercultura*, 2002
162. Boscolo, P., *La scrittura nella scuola dell'obbligo*, 2002
163. Rossi, B., *Pedagogia degli affetti*, 2002
164. Metitieri, F. - Ridi, R., *Biblioteche in Rete. Istruzioni per l'uso*, 2002
165. Ricolfi, L., *Manuale di analisi dei dati. Fondamenti*, 2002